KB199519

리라이팅 클래식 009

물질과 기억,
시간의 지층을 탐험하는 이미지와 기억의 미학

리라이팅 클래식 009

물질과 기억, 시간의 지층을 탐험하는 이미지와 기억의 미학

초판1쇄 발행 2006년 11월 22일
초판6쇄 발행 2018년 11월 22일

지은이 황수영
펴낸이 유재건 • **펴낸곳** (주)그린비출판사 • **주소** 서울시 마포구 와우산로 180, 4층
전화 02-702-2717 • **이메일** editor@greenbee.co.kr • **신고번호** 제2017-000094호

ISBN 89-7682-968-9 04160   89-7682-928-X (세트)

철학이 있는 삶 **그린비출판사** http://greenbee.co.kr

리라이팅
클래식
009

물질과 기억,
시간의 지층을 탐험하는
이미지와 기억의 미학

황수영 지음

그린비

| 일러두기 |

1 『물질과 기억』의 인용은 박종원이 옮긴 『물질과 기억』(아카넷, 2005년)을 사용하였으며, 본문 중 인용한 뒤 괄호 안에 쪽수만 명기했다. 『물질과 기억』을 제외한 베르그손의 다른 저작들은 본문 괄호 안에 한국어 번역본의 책제목과 쪽수로 표시했다.

2 본문에 인용한 베르그손 저작의 인용문은 대부분 한국어 번역본을 그대로 따랐으나 간혹 원전을 참고하여 수정한 곳도 있다. 본문에 인용한 다른 모든 인용문도 인용한 책의 국내 번역문을 언제나 그대로 따르지는 않았다.

3 본문의 프랑스어 표기는 원어 발음에 가깝게 표기하는 것을 원칙으로 했다. 특히 Bergson 을 '베르그송'이 아닌 '베르그손'으로 표기하는 이유에 대해서는 본문에 들어가기 전 따로 정리해두었다. 그밖의 외래어 표기는 〈국립국어연구소〉에서 2002년에 펴낸 '외래어 표기법'에 근거하여 표기했다.

4 단행본과 잡지에는 겹낫표(『 』)를, 논문이나 논설 · 단편 · 미술이나 영화 작품 등에는 낫표(「 」)를 사용했다.

책머리에

아이야 오늘처럼 온통 세상이 짙푸른 날에는
지나간 날들을 떠올리지 말자
바람이 불면
허기진 시절을 향해 흔들리는
기억의 수풀
시간은 소멸하지 않고
강물은 바다에 이르러 돌아오지 않는다
― 이외수, 「오월」 중에서

시간은 소멸하지 않는데, 강물은 바다에 이르러 돌아오지 않는다. 무언가는 남고 무언가는 사라진다. 무엇이 남고 무엇이 사라지는가? 상처를 준 사건은 지나가지만 기억의 지층 속에서 상처들은 화석화되기는커녕 잡초처럼 무성하게 자란다. 하지만 이 책『물질과 기억』은 오래된 과거의 향수를 불러일으키거나 지나간 상처를 치유하는 책은 아니다. 바로 이런 이유로 벤야민이나 시오랑과 같이 인간의 비극에 예민한 감성으로 맞선 사람들은 베르그손을 비난한다. 시오랑은 베르그손에 관해 오랫동안 쓰고자 계획했던 박사학위논문을 포기하면서 그는 '삶의 비극을 무시했기 때문에 유죄'라고 선언해버린다. 이 점에서 우리는 삶의 이면을 예술적 아이러니로서 표현하고 비극 속에 존재하는 아름다움을 짤막한 아포리즘의 형태로 재치있게 일깨우며 순간의 현기증을 치유하는 천재 작가 시오랑의 비난을 감수하도록 하자.

그러나 베르그손의 시간과 기억의 철학은 비극의 이론을 제시하거나 상처의 역사를 되짚는 것은 아니다. 그것은 과거 그 자체의 냉엄한 현존을 드러내는 것이다. 그것은 과거의 불가피한 있음을 전제하고 과거라는 개념, 과거의 분류학, 과거의 작동방식을 조명한다. 마치 들뢰즈가 영화에 대해서 시도했던 '이미지와 기호의 분류학'과 같다. 이 현대의 천재철학자는 베르그손에게서 그 사상만이 아니라 철학적 방법과 태도까지도 고스란히 빌려왔다. 그러므로 나는 시간의 지층을 탐험하기 위해 지층의 형태와 구조, 그것을 이루는 요소들, 작동하는 양상을 다루는 베르그손의 방식을 존중하려 한다. 그것은 바람과 돌과 폭풍과 화산활동과 해일과 …… 자연의 온갖 마술에 대면하여 투쟁하다 잊혀진 생명의 기록을 찾아내는 가장 성실한 방법이다.

『물질과 기억』은 1896년에 쓰여졌다. 지금부터 한 세기도 더 지난 19세기 말의 작품이다. 이 시기는 생각하기에 따라 상당히 먼 거리일 수도 있다. 그렇지만 독자는 대부분의 고전을 대할 때 그러한 것처럼 단지 필요한 메시지를 포획하기 위해 다른 기대를 접거나, 특히 최근의 감각에 비추어볼 때 고풍스럽게 느껴질 것을 각오하고 독서에 임할 필요는 없다. 이 책은 어떤 도전이든 받아들일 태세를 갖추고 있으며, 시간의 시련에도 마모되지 않는 빛의 스펙트럼을 내부에 품고 있다. 이 스펙트럼을 분석하는 것은 각자의 몫이지만 내가 먼저 발견할 수 있었던 그 중의 일부를 독자에게 소개하려 한다. 내가 이 책을 쓰기로 결정한 것은 거기서 나오는 갖가지 색조들이 결코 바래지 않은 채로 독자에게 다가갈 것이라고 확신했기 때문이다.

『물질과 기억』이라는 책의 이해는 그 제목에 대한 이해로부터 시작되어야 한다. 물질과 기억이라는 쌍은 영원의 차원에서 존재하는 양극단의 실체들인 물질과 정신의 쌍을 거부하면서 등장한다.『물질과 기억』은 시간의 차원에서 존재하는 것들에 대한 분석이다. 시간의 차원에서 물질은 단지 이미지일 뿐이고 정신은 기억일 뿐이다. 이미지와 기억은 우리가 접하는 가장 구체적 실재들이다. 따라서 그것들은 우리에게 나타나는 것들, 즉 현상의 전체이다. 그러나 배후의 어떤 실체도 거부되는 점에서 그것들은 존재하는 것들의 전체이다. 시간은 이것들의 배경을 이루는 광대한 차원이라기보다는 그것들의 존재방식 자체이다. 이런 의미에서 이 책은 시간의 존재론이라 할 수 있다.

일상적으로 시간의 특성은 새로운 것이 나타날 때 이전 것은 사라진다는 것이다. 순차성 혹은 계기성(succession)이라 불리는 이 특징이 인간에게 지나간 것에 대한 회한과 다가올 미래에 대한 불안을 낳았다. 철학의 발생기부터 인간을 사로잡은 허무에 대한 의식이 철학자들로 하여금 참으로 존재하는 것을 영원의 세계에 거주하도록 만들었다. 이제 참존재와 거짓존재 간에 위계가 설정되고 영원한 것이 시간적인 것을 지배하는 역전이 일어난다. 베르그손의 철학 전체는 이 오래된 역전에 대한 도전이다. 시간은 흘러가고 사건들은 나타나자마자 지나가버린다. 그러나 그것은 외양일 뿐이다. 돌과 흙과 바람, 우주의 먼지들, 그리고 꿈틀거리는 신체들, 이것들은 외부만이 아니라 각각의 내부를 가지고 있다. 거기서는 아무것도 사라지지 않는다. 무엇보다도 우리 기억 속에서 시간은 소멸하지 않은 채로 남아 있다.

인간은 지나간 것들의 허무함을 극복하고 그것들의 공과를 심판하기 위해 신을 창조했다. 신의 기억 속에서는 아무것도 그냥 지나쳐지지 않는다. 하지만 모든 것을 품고 있는 이 영원의 존재는 어느 날엔가 홀연히 증발해버렸다. 그 역량의 한계는 정확히 인간의 상상력의 한계와 일치하기 때문이다. 그러나 왜 다른 곳에서 찾으려 하는가? 과거는 그 자체로 보존되고 자신의 어느 것도 잃어버리지 않는다. 그것은 현재의 옆에서 숨쉬고 있다. 바로 우리 옆에 존재하는 모든 것들, 그 내부의 지층들에서 자신의 흔적을 드러낸다. 그것은 나의 습관 속에, 성격 속에, 역사 속에, 본능 속에, 기억 속에서 모습을 나타낸다. 『물질과 기억』은 바로 이 지층들에 대한 분석이다.

이 책은 『물질과 기억』의 내용을 살아 있는 현재로 이해하기 위해 애썼다. 삶에 매인 현재는 지루할 틈 없이 지나간다. 우리가 모든 고전을 현재로 이해한다면 그 거리는 줄어들고 지루함은 호기심으로 바뀔 것이다. 현재를 고립시키지 않기, 현재를 과거와 더불어 직조하기, 다가올 미래를 낯설어하지 않기, 결국 시간의 연속성을 있는 그대로 받아들이기야말로 『물질과 기억』이 전해주는 미덕을 내면화하는 것이다.

이 책의 1장에서 나는 『물질과 기억』이 역사적 배경과 당대의 문제상황 속에서 어떻게 탄생할 수 있었는지를 보여주려고 했다. 이 부분은 철학사와 과학사의 많은 자료들을 검토하고 있지만, 나는 베르그손에 이르는 통로를 밝히는 데 주력했다. 이 책 2, 3, 4, 5장은 차례로 원전의 1, 2, 3, 4장에 해당한다. 원전의 1장은 이미지 존재론이라는 기본적인 철학적 입장으로부터 물질과 생명현상을 새롭게 이해하려는 시도이다. 여기서 나는 관련된 생물학 지식과 철학사적 내용을 개입시켜 설명하고자 했다. 원전의 2장은 당대 신경생리학의 발달을 검토하면서 습관과 기억의 현상을 탐구한다. 이 부분은 베르그손 심신이론의 구체적 실마리를 제공한다. 여기서 나는 내용에 대한 이해와 더불어 오늘날의 신경과학에 비추어 베르그손의 생각이 어떤 의미를 가질 수 있는가를 보여주고자 했다. 베르그손에게서 신경생리학에 대한 반성은 단순히 과학적 탐구가 아니라 인간의 조건을 탐구하는 철학적 인간학을 구성한다. 원전의 3장은 베르그손의 기억이론이 가장 독창적인 형태로 제시되는 단원이다. 순수기억의 실재성을 주장하는 이 부분은 베르그손의 지속의 철학으로부터 이해해야 하기 때문에 다른 저서들의 내용을 참조하였다. 원전의 4장은 심신이론을 넘어서서 베르그손의 철학 전체가 파동과 리듬의 우주론으로 집약되는 아주 매력적인 단원이다.

마지막으로 부록에서 이미지 개념의 철학사적 기원과 베르그손의 이미지 개념을 다룬 내용을 첨가했다. 이 책의 2장을 읽다가 이미지 개념에 관해 모호한 부분이 있다면 부록을 미리 읽어도 좋다.

이 책을 출간하기까지 '연구공간 수유+너머'에서 2년 반 동안 진행된 '생명의 철학' 세미나의 도움이 컸다. 거기서 나는 생물학과 신경과학의 최근 성과들을 접하고 이에 비추어 베르그손의 생각을 재정리할 수 있었다. 함께 토론하고 즐거운 대화를 나눈 친구들 미나·병찬·성관·성찬·승현·연우·태호·지영·진부·희선, 그리고 나의 시인친구 은영에게 고마움을 전한다.

2006년 10월

황수영

물질과 기억,
시간의 지층을 탐험하는
이미지와 기억의 미학

들어가기 전에 _ 베르그손의 발음에 대하여

베르그손이라는 이름의 정확한 불어 발음에 대해서 참고로 알려둔다. 현지 발음
을 표기하는 데는 발음기호와 음운규칙이라는 두 요소를 가장 기본적으로 고려
해야 한다. 일제시대에 시작된 '베르그송' 이라는 표기법은 발음기호와 현지의
음운관행을 알지 못하고 단지 불어의 일반적 발음 규칙만을 적용한 일본식 발음
이다. 물론 우리도 상당기간 이렇게 발음해왔고 각 나라의 관습을 존중한다면
이것을 굳이 교정해야 할 의무는 없을 것이다. 그러나 서로 폐쇄되어 있던 시대
의 문화는 개방 사회가 되면서 변화하기 마련이다. 앞으로 프랑스에서 공부할
이들이 많아지고 지적인 교류가 확대될 것을 감안한다면 현지의 발음을 존중하
는 것이 바람직할 것 같다. 최근 우리나라의 외국어 표기법도 점차 현지의 발음
에 가깝게 바뀌는 것을 볼 수 있다. 특히 프랑스어의 가장 큰 특징은 경음을 주
로 사용한다는 것인데 이것을 영어식으로 격음으로 표기하는 것은 전적으로 잘
못된 것이다. 영어권의 음운법에는 경음 표기법이 없기 때문에 불가피한 것이지
만 우리말 표기에서는 경음과 격음을 구분할 수 있기 때문에 굳이 영어식 발음
을 따를 필요가 없는 것이다. 따라서 프랑스 학회나 프랑스 철학회에서는 그간
에 격음으로 표기하던 것을 경음으로 바꾸고 있다. 예를 들면 라캉이 아니라 라
깡이라 해야 하고, 메를로 퐁티는 메를로 뽕띠라고 해야 맞다. 그러나 s 발음의
경우에는 영어표기와 동일한 상황이어서 그대로 둔다. 가령 샌더슨(Sanderson)
이나 사르트르보다 쌘더슨이나 싸르트르가 더 정확하지만 이것은 프랑스 학계
만의 문제가 아니라 전체적인 조율이 필요한 문제이다.

　　　프랑스에서는 외국 출신 인물의 경우 현지 발음을 존중해주는 전통이 있
다. 베르그손의 부계는 폴란드계였다. 조상의 성(姓)인 베르 존넨베르크(Ber
Sonnenberg)가 베르크손(Berkso(h)n)으로 변하였고, 그의 아버지가 프랑스에
정착하면서 성이 프랑스식으로 변형되어 Bergson이 되었다. 프랑스어 발음 사
전(Léon Warnant, Dictionnaire de la prononciation française dans sa norme
actuelle, Duculot, Paris, 1987)에는 이것의 발음이 〔bɛrk-sɔːn〕으로 표시되어
있다. 독일어권 내지 동구권의 발음으로는 베르크손이 맞을지 모른다. 그러나

베르그손은 프랑스에서 활동했던 명백한 프랑스 철학자이므로 프랑스에 고유한 음운규칙을 따라야만 한다. 프랑스어 발음에서는 격음인 k나 c 발음의 경우 r과 결합하여 부드럽게 발음되는 경우를 제외하고 단독으로 발음되지는 않으며 대부분 받침으로만 기능한다. 예를 들어 Bach(바흐)라는 독일어 이름을 프랑스식으로 발음하게 되면 발음기호 [bak](박)으로 표현되는 한 음절이 된다. Kant(칸트)를 프랑스식으로 발음할 경우 발음기호는 [kã:t]이며 '깡뜨'로 발음된다. 그들은 음운관행상 칸트라는 발음을 할 수가 없다. 칸트는 독일 철학자이기 때문에 우리가 독일식으로 표기해야 하는 것은 당연하지만 베르그손은 프랑스 철학자이므로 출신지역의 발음보다는 프랑스식 음운규칙을 우선적으로 고려해야 하는 것이다.

　　베르그손은 발음기호 [bɛrk]와 [sɔ:n]으로 이루어진 이음절의 고유명사이다. 발음기호를 무리하게 우리말로 표현하자면 '벩-손'이 될 것이다. 엄밀히 말하면 불어의 r은 우리말의 'ㄹ'과 'ㅎ'을 합한 발음이다. 그러나 이 둘을 동시에 표현하는 것은 불가능하고 우리가 그 동안 사용해왔던 관행에 비추어볼 때 프랑스어의 r는 'ㅎ'보다는 'ㄹ'로 표기되므로 이에 따르기로 한다. 또한 r은 분명한 음가를 갖기 때문에 우리말에서는 이를 한 음절로 올리는 경향이 있다. 여기서 문제가 되는 것은 음가 [k]인데 이 경우 다른 모음과 결합하여 독립적으로 발음되는 것이 아니라 한 음절의 끝에서 받침 역할만을 한다. 만국공통으로 발음기호 [k]는 받침에서 g라는 음가를 표현한다는 점을 고려한다면 우리말 표현에서는 'ㄱ'의 음가를 가질 수밖에 없다. 그러므로 베르그손의 프랑스어 발음을 그나마 원어에 가깝게 우리말로 표기하자면, '벡손' 내지 '벨륵손'을 빨리 읽을 때 나는 발음 정도가 될 것이다. 그러나 위에서 고려한 여러 제한 사항들을 볼 때 이러한 표기도 정확한 프랑스식 표기는 아니며 우리에게도 상당히 낯설다. 게다가 언어라는 것이 그 사용에 중요한 목적이 있다면 이제까지 베르그송이라는 4음절의 형태로 발음해온 우리의 관행에 비추어볼 때도 너무 심한 변형은 혼동을 초래할 수 있어 우려된다.

　　4음절이라는 우리의 관행을 존중할 경우 첫째, 둘째 음절과 마지막 음절인 '베르-손'은 논의의 여지가 별로 없는 것이지만 셋째 음절에 초점을 맞추면 문제가 생긴다. 앞서 말했듯이 프랑스인들이 출신지 발음을 참조하긴 하지만 현지의 발음을 그대로 하는 것은 아니고, 그렇게 할 수도 없으며, 따라서 프랑스식 음운규칙에 맞게 수정을 가할 수밖에 없고 이것은 우리도 마찬가지다. 여기서 '벩-손' 또는 '베륵손'이라는 프랑스 발음에 가장 가까운 것은 무엇일까. 만약 굳이 [k]라는 음가를 그대로 살리고자 한다면 베르끄손이 된다. 그러나 받침으로만 기능하는 'ㄱ'이라는 음가를 살려 베르그손으로 표현하는 것이 베륵손이라는 원발음에 더 가까울 것 같다. 물론 여기서 받침을 한 음절로 살려 4음절로 하는 것은 어디까지나 그간에 우리가 사용하던 관행을 따른 것이다. 베르그손과 비슷한 경우로 발음기호에서 [maʀks]로 표기되는 독일의 마르크스(Marx) 또는 맑스를 비교할 수 있다. 그러나 마르크스는 독일 철학자이므로 우리말의 4음절 표기에서는 '크'가 살아날 수 있지만 프랑스인인 베르그손은 다르다. 마르크스의 프랑스식 발음은 우리말로 '마륵스' 정도로 표기될 것이다. 게다가 그의 이름은 전체가 한 음절이며 x가 [ks]로 발음되므로 우리식으로 '크스'라고 할 수도 있지만, [k]와 [s]가 하이픈(-)에 의해 두 음절로 분리되어 있는 베르그손의 경우는 다르다. 무엇보다 베르그손의 경우는 철자에 g가 들어 있어서 'ㄲ'보다는 'ㄱ'로 표기하는 것이 일반인들에게도 더 자연스러워 보일 것이다. 이 g라는 철자는 아무 역할도 하지 않는 것이 아니다. 실제로 베르그손의 형용사형인 bergsonien[bɛʀgsɔnjɛn, 베르그소니앙]에서는 g의 음가가 되살아난다.

사실 발음기호는 발음을 위한 형식적 지침을 제공할 뿐이다. 또한 일반적으로 고유명사는 정확히 발음기호를 따르지 않는다. 예를 들어 Jankélévitch라는 유명한 현대철학자는 러시아 출신으로 프랑스에서 활동한 사람이어서 인명사전의 발음기호에는 [jan-ke-le-vitʃ](양껠레비치)로 되어 있으나 많은 프랑스 사람들이 이것을 무시하고 장껠레비치라고 읽는다. Durkheim의 발음기호는 [dyʀ-kɛm](뒤르껨)이지만 보통 뒤르께임으로 읽는다. 이런 경우에 우리는 그들의 실질적 사용방식을 따라 장껠레비치나 뒤르께임으로 표기해주는 것이 낫다. 이런 다수의 예들은 프랑스 사람들이 어원을 존중한다고 해도 발음기호 자체보다는 일차적으로 자신들의 음운관행을 따른다는 것을 보여준다. 이와 같은 이유로 우리는 베르그손이라는 표기를 채택하기로 하였다.

1장
베르그손 그리고 『물질과 기억』

베르그손(왼쪽)과 조레스(오른쪽)

고등사범학교 시절부터 가까운 사이였던 두 사람은 완전히 다른 방향으로 각자의 재능을 발휘했다. 한 사람은 철학에서, 한 사람은 정치에서. 하지만 두 사람은 서로에 대한 관심의 끈을 놓지 않았고, 결국 조레스가 암살당한 사건은 베르그손의 삶의 궤적을 크게 바꾸어놓았다.

1. 철학자의 삶—빠리의 영국신사

유대계 프랑스 철학자 앙리 베르그손은 1859년 10월 18일 빠리에서 태어났다. 앙리의 부친 미카엘 베르그손은 유대계 폴란드 출신의 프랑스 이민자로서, 고국에서 재능을 키웠고 서유럽에서 활동하기를 원한 피아니스트이자 작곡가였으나 프랑스에서 성공하는 데는 어려움이 있었던 것 같다. 그는 앙리가 네 살 때 스위스로 건너가 제네바 음악원의 교수를 지냈으나 4년 만에 실직하여 빠리로 되돌아온다. 그리고는 개인교습 등으로 어렵게 삶을 꾸려가던 가운데 장남인 10세의 앙리만 남겨놓고 가족(부인과 네 아이들)과 함께 영국 런던으로 이주한다. 유대계 영국인인 베르그손 모친의 삶의 터전이 그곳이었기 때문이었을 것이다. 앙리는 왜 어린 나이에 홀로 남았을까? 그는 이미 아홉 살 때 국비 장학생으로 리쎄 보나빠르뜨에 입학하였고 스프랭제 기숙사에 장학생으로 들어갔다. 이것은 그의 재능에 대한 자연스런 보상이었지만, 당시 빠리 시민의 상당수를 차지하던 중하류층 소부르주아의 궁핍한 생활 속에서 소년 앙리가 자신의 재능을 키울 기회를 갖지 못했을지도 모르는 상황을 고려한다면 틀림없는 행운이었다. 실제로 1850년까지 노동자 가정에서는 열 살쯤부터 일을 시작하는 어린이들이 많았다. 프랑스에서 초등교육이 의무화된 것은 1881년에 이르러서였다.

만약 베르그손이 그와 같은 행운을 갖지 못해 가족을 따라 영국으로 갔다면 어떻게 되었을까? 그는 평범한 인물로 남았을까 아니면 재능을 인정받아 거기서도 성공했을까? 그렇다면 과학자가 되었을까 아니면 거기서도 철학에 매진하여 영국경험론의 전통을 잇는 경험주의자가 되었을까? 고교 때부터 수학에 비상한 재능을 보여 스승의 애정을 한 몸에 받았던 베르그손이 철학으로 진로를 바꾸게 된 데는 프랑스 유심론 철학의 전통을 이어받은 라슐리에(J. Lachelier)의『귀납의 기초에 관하여』라는 책의 독서가 결정적인 역할을 한 것으로 알려져 있다. 그렇다면 영국에서 베르그손은 수학자나 과학자가 되었을 가능성이 높다. 아마도 우리는 수학에서 비어그슨(Bergson의 영국식 발음)의 정리나 물리학에서 비어그슨의 법칙 같은 것을 교과서에서 볼 수 있었을지도 모른다. 더 가까이는 최근의 프랑스 철학의 향방도 결정적으로 달라져 있을 것이다. 베르그손이 없는 현대 프랑스 철학은 아마도 신칸트주의적 인식론이나 꽁뜨적인 실증주의의 후예로 남았을 가능성이 높다.

이런 일들을 상상하는 것은 흥미로운 일이지만 실제로 일어날 개연성은 크지 않았다. 프랑스는 그 역사적 굴곡 속에서 이미 많은 외국인 이민자들을 받아들였고, 나뽈레옹 이후에는 우수한 인재를 키우는 전통이 확립되어 있었다. 게다가 산업사회로 변모하는 과정에서 도시는 이미 대가족의 전통에서 벗어나 혼란에 직면해 있었다. 이러한 당시 상황을 고려할 때 어린 앙리 홀로 남게 된 것은 결코 이례적인 일은 아니었고, 그 역시 이런 상황을 의식하고 있었던 것 같다.

그러나 그가 "더 이상 예의바를 수 없는 소년", "최고로 우수한 학생"이었다는 여러 지인들의 전언은 친지나 친척도 없는 상황에서 부모와 떨어져 완벽한 홀로서기를 해야 했던 소년 앙리의 자기극복 노력이 어느 정도였는가를 말해주는 것 같아 놀라운 만큼 안쓰럽기도 하다. 앙리는 이때부터 정신의 '노동자'가 되기를 결심한 것일까. 고등사범학교에 입학한 후에도 아니 병마가 그의 기력을 앗아간 삶의 마지막 순간에 이르기까지, 베르그손은 놀라운 집중력과 성실함·진지함으로 자신에게 주어진 시간을 수고스런 정신노동으로 채웠다.

고등사범학교에서의 베르그손의 삶도 겉보기에는 특별한 것이 없었다. 그는 비사교적인 편이었으며 여전히 겸손하고 예의바른 학생이었다. 친구들은 까페에서 그를 보기 어려웠다. 그는 하루종일 도서관에 묻혀 살았으며 몇몇 동료들 이외에는 접근하기가 어려운 편이었다. 게다가 그가 풍기는 영국적 분위기, 모친의 덕택으로 어린 시절부터 영어를 유창하게 구사하고 스튜어트 밀과 스펜서에 몰두했던 것, 철학보다는 자연과학에 열정을 가졌고 당시 고등사범학교를 지배하던 신칸트학파의 분위기를 혐오했던 것 등은 당시 그의 동료들에게 매우 이질적인 느낌을 주었던 것 같다. 한마디로 그는 빠리의 영국신사였던 셈이다. 이런 베르그손과 대조적으로 프랑스풍의 화려한 수사와 재치, 확고한 자신감으로 친구들의 인기를 독차지한 인물이 있었는데, 그는 베르그손과 철학적 재능을 다투었으며 후에 프랑스 사회당의 창시자이자 지도자가 된 장 조레스(Jean Jaurés)이다. 두 사람은 각기 20세기 초반 프랑스의 학문과 정치에서 거장이 되었고, 오늘날의 프랑스를 가능하게 한 두 분야의 기념비적인 존재로 꼽힌다는 점에서 그들의 인연은 흥미롭다. 완전히 다른 성격을 가진 두 라이벌, 수사적 기교와 열정을 지닌 연설가와 논리적이고 섬세하며 조용한 사상가, 장과 앙리는 서로를 경계했을 법도 한데 의외로 잘 어울렸으며 나중까지 친분을 유지했다.

사실 밖으로 드러나는 두 사람의 성격 차이에도 불구하고 공통점을 지적하기가 어렵지 않다. 베르그손이 진리의 문제를 해명하는 데 극단적인 열정을 가지고 있었다면, 조레스는 사회정의를 구현하는 데 극단적인 열정을 불태웠다. 어떤 의미에서는 둘 다 이상주의자였고 극단주의자였던 셈이다. 그들은 이러한 사실을 모르지 않았다. 그들은 각각 한 가지 일에 대한 열정으로 인해 미처 실현할 수 없었던 다른 일을 상대방에게서 발견할 수 있었다. 그들은 서로를 상호보완적 존재로 생각했을지도 모른다. 이런 정황으로 볼 때 1914년 1차 대전이 일어나기 전, 반전을 외치던 조레스가 한 극우민족주의자에 의해 암살되었을 때 베르그손이 느꼈을 충격과 절망을 짐작할 수 있다. 베르그손의 학문적 생애에서 최초의 외도라고 할 수 있는 사건은 그 이후에 일어났던 것이다.

사실 베르그손은 전쟁이 일어나기 전까지는 어떤 두드러진 외적 활동도 하지 않았고 오직 순수한 학문적 관심으로 점철된 삶을 살았다. 그는 22세에 교수자격시험에 합격하고 끌레르몽-페랑 고교에서 교사로 근무하던 중 30세에 소르본느에서 『의식에 직접 주어진 것들에 관한 시론』(1889)으로 박사학위를 취득한다. 33세에 루이즈 뇌뷔

르제(L. Neuburger)와 결혼하고 외동딸 잔느를 낳았으며 가족과의 조용한 생활 그리고 동료, 제자들과의 학문적 만남 이외에는 사람들과 거의 접촉하지 않았다. 37세에 『물질과 기억』(1896)을 발표하여 학계의 명성을 얻은 뒤 모교인 고등사범학교의 전임강사가 된 베르그손은 41세에 꼴레주 드 프랑스의 교수가 되고 그 해에 『웃음, 희극의 의미에 관한 시론』(1900)을, 그리고 48세에 『창조적 진화』(1907)를 출판하여 세계적 명성을 얻는다.

반면 조레스는 젊었을 때부터 학문 활동이나 개인적 삶보다는 사회 문제들을 적극적으로 해결하고자 하는 의지를 가졌고 이를 행동에 즉각 옮기는 사람이었다. 그는 독일 사회주의에 관한 논문으로 박사학위를 받은 후 고등학교 교사로 있다가 26세에 하원에 진출하여 여섯 번 당선되었다. 그는 프랑스에 사회주의를 뿌리내리게 한 장본인이었다. 1981년 사회당이 최초로 정권을 잡았을 때 미떼랑 대통령이 제일 먼저 한 일이 그의 무덤에 가서 사회당의 상징인 장미꽃을 꽂은 일이었다는 일화는 유명하다. 그는 무엇보다도 평화와 반전을 위해 자신의 전 생애를 헌신하였다. 식민지 지배를 둘러싸고 영국, 프랑스, 독일의 긴장이 고조됨에 따라 전쟁의 기운이 현실로 다가올 때 누구보다 앞서서 이를 경고하고 저지하려 한 행동가가 조레스였다.

프랑스는 1789년의 혁명 이후 잔인한 폭력사태가 벌어질 때마다 좌파의 몰락을 경험했다. 더구나 베르그손이 11세이던 1870년에는 보불전쟁으로 빠리가 독일(프러시아)에 함락되었고, 뒤이은 꼬뮌혁명에 대한 정부의 대대적 유혈진압으로 한동안 프랑스혁명 때보다 더 끔찍한 충격과 공포에 휩싸여 있었다. 나뽈레옹 3세의 제2제정을 끝내고 제3공화국을 수립하는 데 혁명적 전통에 반대해온 보수세력이 주요한 역할을 한 것은 바로 이 상처 때문이었다. 따라서 주로 우익민족주의자들로 구성된 국회에서 10분의 1도 안 되는 소수정파였던 사회당이 목소리를 내기는 쉽지 않았다.

　프랑스에서 사회당이 부상하고 서서히 국민적 지지를 받을 수 있었던 것은 사회주의를 프랑스인의 기질과 민족주의에 맞게 변형한 조레스의 재능과 대중을 압도하는 그의 탁월한 연설 능력에 기인한다. 우익민족주의자들이 독일에 대항하여 전쟁준비를 강변하고 있을 때 반전을 외치는 사회주의자들은 나라를 분열시키는 친독주의자들로 보였다. 그러나 조레스는 사회주의가 바로 민족의 자유를 지키는 보루이며, 노동계급은 언제나 민족의 독립과 자유를 수호해왔다는 것을 열정적으로 주장하면서 반전문제에서는 독일 사민당과 연대를 늦추지 않았다. 전쟁에 관해서도 철학교사 출신의 조레스는 다른 사회주의자들과는 달리 단지 자본주의의 문제가 아니라 인류 본성의 문제라는 좀더 거시적인 관점에서 접근했다.

　전쟁에 대한 조레스의 시각은 나중에 전쟁과 국제분쟁의 원인을 인간 본성에서 찾는 베르그손의 마지막 저서 『도덕과 종교의 두 원천』(1932)에 반영되어 있다. 조레스가 암살당하고 1차 대전이 발발했던 1914년, 55세의 베르그손은 전쟁이 끝나는 1918년까지 모든 강의를 중단하고 프랑스를 대표하는 외교사절로서 스페인과 미국 등지를 오가며 전쟁의 종식을 위해 행동하는 지식인의 길을 걷게 된다. 1차 대전에서 프랑스는 131만 명의 사망자를 냈다. 많은 사람들이 조레스가 옳았다고 뒤늦게 한탄했다. 베르그손은 전쟁이 끝난 후에도 1921년부터 1925년 류머티즘이 발병할 때까지 국제연맹 산하 지적 협력 국제위원회(유네스코의 전신)에서 아인슈타인, 퀴리부인 등과 함께 전쟁 방지를 위한 국제적 차원의 노력을 계속했다.

프랑스 철학의 두 거장 데까르뜨와 멘 드 비랑은 모두 50대에 생을 마감했다. 이 나이는 철학자가 그간의 업적을 정리해 풍성한 결실을 보여주고 독자에게 인생에 대한 현명한 조언을 해줄 수 있는 때가 아닌가? 그러나 베르그손에게 전쟁 경험은 삶의 전환점이었고, 어찌 보면 그에게 두번째의 아주 다른 인생을 살 것을 명했던 것 같다. 건강이 허락할 때까지 할 수 있는 한 최선을 다했던 베르그손은 은퇴하고서는 전쟁과 인간사회에 대한 인류학적 고찰을 시도한다. 이런 상황으로 인해 베르그손은 『창조적 진화』의 자연철학으로부터 상당 기간의 공백 끝에 인류학과 윤리학적 성찰로 넘어간다. 베르그손 철학에서 종종 지적되는 사회철학의 부재에는 아마 이런 상황도 중요한 요인이 될 것이다.

그러나 이와 같은 노력도 헛되이 베르그손은 생애의 마지막에 이르러 다시 한번 가공할 세계대전을 경험하게 된다. 말년에 이르러 두 차례의 대규모 전쟁을 경험한 베르그손에게 그의 학문적 작업은 어떤 의미로 다가왔을까. 우리는 그에게 가장 행복한 순간이 학문적 활동을 할 때였다는 것을 어렵지 않게 짐작할 수 있다. 베르그손은 죽기 직전 혼수상태에서 꼴레주 드 프랑스에서 하던 강의를 떠올렸던 듯 다음과 같은 말을 했다고 전해진다. "여러분, 5시입니다. 강의는 끝났습니다." 베르그손은 꼴레주 드 프랑스에서 강의의 마지막을 항상 이 말로 끝맺었다고 한다. 그는 자신의 인생도 그 말로 마감하고 싶었던 것이 아닐까? 전쟁으로 인한 두번째 인생이 아니었다면 그것은 아마 실현되었을지도 모른다. 육체의 노동자이든 영혼의 노동자이든, 불행한 삶이든 행복한 삶이든 시대는 모두에게 삶의 대가를 요구했던 것이다.

2. 『물질과 기억』, 심리학인가 형이상학인가?

『물질과 기억』은 1896년 베르그손이 37세가 되던 해에 출간되었다. 베르그손이 첫 저서인 『의식에 직접 주어진 것들에 관한 시론』(이하 『시론』)으로 박사학위를 받은 지 7년 만의 일이다. 첫 저작에서 베르그손은 뛰어난 문학적 감수성으로 의식의 내면을 관찰하면서 각각의 의식상태들이 고정될 수 없게끔 매순간 질적으로 변화한다는 주장을 한다. '의식상태의 지속'이라는 개념으로 표현된 이 생각은 이해하기 쉽게 말하자면 프루스트로 대표되는 이른바 의식의 흐름이라는 문학 사조를 탄생시킨 철학적 바탕이라고 할 수 있다. 이 책은 비록 출간 당시에는 많은 주목을 끌지 못했으나 의식상태의 심층적 관찰과 묘사는 많은 시인과 작가들을 두고두고 매료시켰다. 다른 한편 명확한 주장과 엄밀한 근거를 제시하는 이 책의 탁월한 논증적 구도는 까다로운 철학적 사고를 하는 사람들에게도 좋은 모범이 되었다.

박사학위논문이라는 말에 해당하는 프랑스어는 떼즈(thése)이다. 이 말은 본래 '주장'이라는 뜻을 가지고 있다. 학위논문 심사과정은 자신의 주장을 내세운 다음 그것을 여러 가지 근거를 통해 충분히 지지하고 방어하는 과정이다. 베르그손의 철학은 바로 첫 저서에서 내세운 주장을 그의 학문적 생애 전체에 걸쳐 지지하고 방어하는 과정이었다고 해도 틀리지 않는다. 『물질과 기억』도 바로 그러한 과정으로 이해할 수 있다. 이 책의 핵심 주제는 기억이다. 앞의 저서와 연결해서 생각해보면, 의식상태들은 조각조각 흩어져 시간과 함께 사라지는 것이 아니라 흐름으로서 그 전체가 기억으로 보존된다. 결국 첫 저작에서 관찰된 의식상태의 지속은 이 책에서 기억이라는 좀더 구체적인 현상으로 탈바꿈하는 것이다.

철학적 동기에서 볼 때 『물질과 기억』은 정신과 신체의 관계를 탐구하려는 의도로 씌어졌다. 심신관계의 문제는 데까르뜨 이후에 철학의 중요한 분야로 자리잡았다. 데까르뜨의 심신이론은 제기된 당시부터 여러 가지 반론에 부딪혔으나 베르그손이 활동하던 시기에는 뇌신경생리학의 발달로 문제점들이 구체적으로 지적되었는데, 이런 이유로 철학자들 내부에서도 과학으로 모든 것을 설명하려는 경향이 나타난다. 베르그손 자신도 당대 과학의 발달에 많은 자극을 받았으나, 그는 과학으로 설명할 수 없는 부분을 분명히 인정하고 이 영역을 철학적 성찰에 남겨놓으려 한다. 정신과 신체를 연결하는 매개고리로 베르그손이 선택한 것은 기억이었다. 물론 정신적 기억에서 신체적 기억까지 다양한 종류의 기억현상을 구체적으로 알기 위해서는 심리학이나 생물학, 생리학, 병리학에서 다루는 내용을 참조해야 했고, 베르그손은 첫 저서를 낸 후 6년간 이 분야들에서 직접 심층적인 연구를 했다. 그러나 과학으로 인간의 의식까지도 남김없이 설명할 수 있다고 생각하는 '과학주의적' 태도에 대해서는 가차없이 비판하고 있다.

사실 첫 저서에서도 그는 의식상태를 양적으로 계산할 수 있다고 주장하는 심리물리학의 입장과 한판 대결을 시도하면서 의식상태가 질적 변화라는 자신의 주장을 정당화한다. 이런 점에서 두 저서는 비슷한 전개 방식을 보여준다. 그러나 『물질과 기억』에서 보이는 과학적 탐구는 그 세밀함과 풍부함에서 첫 저서를 뛰어넘는다. 특히 신체적 습관의 기억을 집중적으로 다루는 이 책의 2장에서 베르그손은 실어증이라는 병리적 현상을 분석하는데, 거기서 등장하는 과학적 논의들과 철학적 통찰력은 양쪽 분야에서 동시에 탁월한 분석과 종합의 능력을 보여준다.

　당대에 실어증은 뇌신경생리학의 탄생을 촉진한 현상으로 주목받고 있었다. 뇌신경생리학은 뇌신경계의 이상으로 생긴 질병을 통해 그 생리적 작동방식을 연구하는 학문이다. 겉보기에는 말을 못하는 것으로 나타나는 실어증이 대뇌손상에서 기인한다는 것이 1861년 프랑스의 신경외과 의사 뽈 브로까(Paul Broca)에 의해서 알려졌다. 브로까는 좌뇌의 일부가 손상되면 언어장애가 나타나는 것을 발견했다(우리에게 잘 알려진 뇌경색〔뇌졸중〕으로 인한 언어장애도 좌뇌 손상 때문이다). 브로까의 발견을 계기로 뇌의 해부학이 발달하고 실어증을 비롯한 많은 뇌손상 질병이 연구되었다. 영국에서도 스펜서와 밀의 영향을 받은 존 휼링스 잭슨(John Hughlings Jackson)이 같은 분야에서 탁월한 업적을 남겼다. 베르그손은 이런 과학적 탐구들을 꼼꼼히 참조하면서 독창적인 결론을 이끌어낸다. 베르그손은 첫 저서를 쓰기 전인 27세 때 「최면상태의 무의식적 위장에 대하여」라는 논문을 『철학 잡지』에 제출한 적이 있다. 이 시기에 이미 물리학과 생물학에서 시작된 자연과학에 대한 베르그손의 관심이 심리생리학에까지 이어지고 있는 것을 알 수 있다.

그러나 운명의 장난일까. 베르그손이 34세 되던 해에 태어난 외동딸 잔느는 선천적 농아, 즉 실어증이었다. 이때는 이미 『물질과 기억』을 구성하는 기본적 생각들이 무르익었을 때이지만 우리는 개인적인 측면에서 딸에 대한 연민이 이 책의 구성에 중요한 동기의 일부가 되었으리라는 짐작을 할 수 있다. 실제로 이 책의 2장에서 주장하는 두 가지 기억의 분류는 실어증이 보여주는 다양한 양상을 통해 증명된다. 다양하다는 표현만으로는 부족할 정도로 이 장 후반부의 모든 논의는 실어증의 양상들과 거기서 어떤 철학적 결론을 이끌어낼 수 있는가 하는 문제에 집중되어 있다. 그러나 프랑스에서 베르그손 연구가들은 이에 대한 언급을 별로 하고 있지 않은데, 아마도 베르그손 자신이 그 이야기를 거의 하지 않았기 때문에 이를 존중하는 의미로 그런 것이 아닐까 싶다. 실제로 이 신중한 철학자는 개인적인 인생 여정과 자신의 철학 전개 사이의 어떤 관련성도 스스로 언급하고 있지 않다. 전쟁 이후에 그가 전쟁에 대한 인류학적 고찰을 행하고 있다는 사실 외에 우리가 추측할 수 있는 것은 그의 철학은 오로지 자신의 학문적 관심에 의해 진행되고 있다는 것뿐이다. 아무튼 시간과 지속의 철학자는 이 책에 이르러 습관과 기억의 병리학자, 무의식과 의식의 지형도를 그리는 심리학자로 변모한다.

물론 이 책 『물질과 기억』은 단순히 심리생리학에 머무르지 않는다. 베르그손은 심리학에서 형이상학에 이르기까지 두 영역을 가로지르며 풍부한 예들과 흥미로운 이론들을 제시한다. 형이상학은 고대 그리스인들이 그러했듯이 근원에 대한 물음을 제기하고 문제를 전체로서 보려는 태도를 일컫는다. 그것은 비록 과학과 같이 한정된 범위 내에서 확정된 답을 제시할 수는 없지만 인간 정신의 능력이 허락하는 한, 근원의 문제에 해답을 제시하려는 꾸준한 노력이기도 하다. 학자에 따라서는 형이상학을 신화와 과학의 중간에 있는 것으로 보고 과학의 발달에 따라 점차 사라지게 될 과거적 잔재라고 말하는 경우도 있다. 꽁뜨와 같은 실증주의자가 그러하다. 이런 입장을 대체로 과학주의라고 할 수 있는데, 베르그손이 활동하던 19세기 말에는 인간에 대한 과학적 탐구가 발달하면서 17세기 물리학의 발달 이후에 나타난 과학주의가 다시 한번 맹위를 떨치고 있었다. 그러나 베르그손은 형이상학의 의미를 강조하면서 그것에 과학을 보완하는 중요한 역할을 부여한다. 과학은 일정한 관점을 가지고 상징이나 분석적 방법을 통해서 문제를 재구성하는 외적 인식이다. 반대로 형이상학은 전체적 관점 아래 직관적인 방법을 통해 문제의 핵심에 접근하는 내적 인식이다. 이와 같은 이념에 따라 베르그손은 이 책에서 양쪽 분야를 오가며 과학으로는 접근이 한정되어 있는 심신(心身)문제를 지속의 형이상학으로 조명하고자 한다.

이 책의 매력은 무엇보다 이러한 현기증 나는 지그재그에 있다. 그러나 그러한 매력을 즐기기 위해서는 상당한 노력이 요구된다. 심리학과 철학 양쪽 분야에 대한 심층적 이해가 필요하기 때문이다. 심리학이라고는 하지만 프로이트의 작업과 같은 정신치료의 분야를 생각하면 안 된다. 베르그손이 자주 인용하는 예들은 실어증과 같은 언어장애 외에도 기초적인 지각장애 또는 기억상실과 같은 기억의 질병으로 주로 병리학적 영역에 속한다. 이 분야는 전형적인 신경생리학의 영역이지만 베르그손은 병리학적 예들에서 출발하여 정신의 통일적 작용방식을 탐구하는 철학적 심리학의 영역으로 넘어갈 뿐만 아니라, 지각을 생물학적 토대 위에서 조명하면서 이것을 다시 지속이라는 우주적 시간의 과정에 통합시킨다. 그러나 이 말은 베르그손이 과학과 철학을 뒤섞고 있다는 뜻은 아니다. 그는 철저하게 과학적 토대에 입각해서 관찰 내용을 하나하나 분석하는 과정을 보여준다. 그리고 나서 그것들 전체의 통합적 의미를 파악하는 지점에 이르러서는 과학적 해석을 넘어서는 철학적 통찰을 제시한다. 이 책이 출간과 동시에 철학과 심리학의 양쪽 분야에서 커다란 관심을 불러일으켰던 것은 베르그손이 양쪽 분야 모두에서 보여준 정확하고도 풍부한 통찰력 때문이다. 당대의 포괄적인 과학적 자료를 검토하는 이 책은 역사적으로 19세기의 과학주의를 염두에 둘 때 제대로 이해될 수 있다. 그러나 19세기 과학주의가 무엇을 의미하는가는 간단히 넘어갈 수 있는 문제가 아니다. 여기에는 아마도 서양의 근대 철학 전체가 연루되어 있다고 말할 수 있을 매우 복잡한 역사적 전개 과정이 있다.

3. 『물질과 기억』의 철학사적 배경

데까르뜨 학파부터 생기론자들까지

근대 철학의 아버지라 불리는 르네 데까르뜨, 그는 "코기토, 에르고 숨"(Cogito, ergo sum) 즉 "나는 생각한다. 고로 나는 존재한다"는 유명한 말을 통해 의식에서 출발하는 근대적 주관주의를 탄생시켰다. 우리 바깥에 대상이 존재함을 의심하지 않았던 고대 그리스 철학자들과 달리 데까르뜨는 모든 인식을 회의하고 확실성을 찾아 주관의 세계로 들어간 것이다. 이렇게 해서 인간 내면의 영역이 심도 있게 탐구되기 시작했다. 한편 수학자이자 물리학자였던 그는 자연 세계에 대해서는 수학적 법칙이 지배하는 엄밀한 인과적 기계론을 내세워 근대 기계론의 창시자가 되었다. 물질의 운동은 초자연적인 신비로운 힘에 의해 이루어지지 않는다. 데까르뜨는 중세신학의 입장과 결별하면서 물질은 공간 속에서 오직 수학적 법칙에 따라 엄밀한 인과적 연쇄를 이루며 운동한다는 고전적 기계론을 확립하였다.

정신의 세계와 자연 세계라는 서로 다른 두 영역에서 각각 시대의 획을 긋는 독창적인 이론을 창안한 데까르뜨의 철학은 인간에 대한 이해에도 자연스럽게 연결되었다. 인간은 생각하고 느끼고 상상하는 정신을 가진 동시에 팔다리를 움직이고 생리적 작용으로 신체를 유지하는 존재이다. 데까르뜨는 정신은 오로지 사유하는 속성만을 가지고 있고, 공간을 차지하고 있지 않으며, 따라서 불가분(不可分)적이라고 한다. 프랑스어로 사유를 의미하는 '빵세'(pensée)는 영어의 'thinking'과 달리 단지 지적으로 생각하는 능력만이 아니라 감각하고 의지하고 상상하는, 일반적인 의식작용을 모두 포함한다. 한편 신체는 물질과 똑같이 공간을 차지하고 있고, 부분들로 분할할 수 있으며, 기계적 법칙의 지배를 받는다. 그것들은 각각 존재하기 위해 다른 것을 필요로 하지 않는 독립적인 존재라는 의미에서 '실체'라고 불린다. 데까르뜨의 용어로 정신은 사유 실체이며, 물질은 '공간을 차지하고 있다'(extend)는 의미에서 연장 실체이다. 이렇게 볼 때 정신과 신체는 완전히 다른 본성을 가지고 다른 세계에 속해 있어서 상호작용이 불가능하다. 이것을 '심신이원론'이라 한다.

　그런데 데까르뜨는 이렇게 두 실체를 분리해놓고서 인간 내부에서는 정신과 신체가 밀접하게 결합되어 있고 상호작용을 할 수 있다고 주장한다. 상호작용이란 한 쪽이 다른 쪽에 영향을 미칠 수 있을 때, 즉 양자 사이에 인과적 작용이 있을 때 가능하다. 내가 팔을 움직이려는 의지가 원인이 되어 내 팔이 움직인다. 이런 사태를 인과적 작용이라 한다. 그러나 데까르뜨에서 의지와 신체는 본성이 다르고 원칙적으로 공통점이 없기 때문에 양자 사이에 인과적 영향은 논리적으로 불가능하다. 이런 비판은 데까르뜨 시대에 이미 제기되었고 나중에 말브랑슈나 스피노자, 라이프니츠와 같은 근대 철학의 거장들에 의해 '심신평행론'으로 대치되었다.

심신평행론이란 정신과 신체가 각각 독자적 원리로 활동하며 서로 영향을 주고받을 수 없지만 두 활동이 알 수 없는 원인에 의해 서로 일치하게 되어 있다는 이론이다. 라이프니츠는 이 일치가 '예정조화'에 의해 이루어진다고 했다. 그러나 예정조화라는 말이 풍기는 신학적 뉘앙스는 사태를 더 악화시킨다. 대체 누가 미리 조화를 만들어 놓았다는 말인가? 이런 생각에 반대하는 사람들은 모든 것을 물질의 작용으로 설명하는 유물론적 입장으로 점차 기울어지기 시작한다. 여기서는 생각이나 의지와 같은 정신작용도 대뇌의 분자운동의 결과라고 본다. 그런데 또 이 결과라는 말이 무엇을 의미하는지 명확하지가 않다. 대뇌의 분자운동은 의식의 원인으로 간주된 물질의 운동일 뿐이지 의식작용 그 자체는 아니다. 여기서도 여전히 의식현상은 수수께끼로 남아 있다. 도대체 내가 내 의지로 내 팔을 움직인다는 사소한 사실을 설명하는 데 이처럼 복잡한 이론들이 필요할까 하는 회의가 생길 정도이다. 혹시 이 이론들의 문제는 의식과 물질이라는 두 존재를 극단적으로 분리한 데서 생기는 것이 아닐까? 의식은 데까르뜨가 말한 것처럼 그렇게 물질과 다른 것일까? 그리고 신체는 순수한 물질일까? 베르그손은 이러한 질문을 하게 된다. 그런데 베르그손이 이러한 질문을 제기하는 것은 생물학의 발달과 밀접한 관련이 있다. 과학으로 접근할 수 없는 순수정신과 오로지 물리학의 대상인 물체 사이에 생물학의 대상인 생명체가 있다. 심신관계를 바로 생물학적 입장에서 이해하려고 하는 것이 베르그손의 태도이다. 생물학은 역사적으로 복잡한 과정을 겪고 탄생한다.

프랑스는 근대 이후 서양 역사의 격동기에서 매번 그 중심에 있었던 만큼 프랑스 철학 역시 유럽의 다른 나라보다 훨씬 더 정치적 상황과 긴밀한 관련을 맺으며 전개되었다. 데까르뜨가 정신과 신체의 이원론을 주장한 것이 순수하게 학문적인 관심에서 비롯한 것은 아니라는 지적이 있다. 그가 활동하던 17세기는 아직도 교회와 신학이 거대한 힘을 행사하고 있을 때였다. 데까르뜨는 중세 스콜라 철학의 전통에서 벗어나 자연과학이 연구될 수 있는 영역을 확보하기 위해 물질에 대해서는 기계론을 주장하였으나 정신만은 신이 관장하는 영역으로 남겨두어야 했다는 것이다. 그런데 이때 정신은 기독교에서 말하는 불멸의 영혼과 일치하고, 인간만이 고유하게 소유하고 있는 것이다. 동물은 그러한 정신을 갖고 있지 않으며 오로지 생리적 과정으로만 삶을 유지하는데, 이 과정은 물질과 마찬가지로 기계적 법칙에 종속된다. 동물을 자동기계와 정확히 같은 것으로 보는 이런 입장을 '동물기계론'이라 한다. 인간 신체의 생리적 작용도 동물과 같이 기계적 법칙을 따른다. 이러한 기계론적 입장에 따라 하비(W. Harvey)의 혈액순환의 원리와 같은 생리학적 업적이 이루어졌다. 프랑스에서 교회의 권력이 다소 약화된 18세기 초에는 라메트리(J. La Mettrie)가 인간기계론을 주장하였다. 인간기계론은 신체의 생리현상만이 아니라 정신조차도 물리적 과정으로 보기 때문에 인간도 동물과 마찬가지로 자동기계라고 본다.

18세기 중반에 정치적 자유주의를 지향하는 계몽주의자들, 즉 디드로, 달랑베르, 돌바끄 등은 라메트리의 인간기계론을 신학에 저항하는 진보적 입장으로 채택하였다. 이들에 의하면 관념론이나 이원론적 형이상학은 인간을 정신이라는 애매모호한 영역에 놓음으로써 그 운명을 신이나 교회가 좌우할 수 있다고 생각하게 한다는 것이다. 결국 그것은 왕권과 교권에 봉사하는 철학이다. 따라서 권위에 저항하고 자유로운 인간사회를 만들기 위해 철학에서도 물질과 신체 및 정신을 하나의 동일한 기계적 법칙으로 설명하는 보편적 기계론을 수립할 필요가 있었다. 비록 인간의 자유의지를 설명할 수 없다는 난점이 있었음에도 불구하고 계몽주의자들은 기계론을 혁명 정신의 토대로 삼았다. 인간이 하나의 기계로 취급되면 모든 것이 유물론적으로 설명된다. 디드로는 유물론적 생리학 위에서 의식을 신경계와 대뇌의 메커니즘에 기초한 자극과 반응 체계로 설명한다. 자극과 반응은 동물의 생리현상을 기계적으로 설명할 때 사용되는 개념인데 인간 정신도 그 연장선상에서 이해되고 있는 것이다. 따라서 의식현상은 대뇌 분자운동의 부산물이다. 이는 근본적으로 인간의 정신현상을 물리화학으로 완벽하게 설명할 수 있다는 생각이다. 그러나 여기서 생명체의 작용은 설 자리를 잃는다. 생물학을 물리화학에 종속시키는 이런 완고한 태도는 곧 한계에 부딪힐 수밖에 없었다.

18세기 후반에는 기계론적 생명관에 반발하는 생리학자들이 점차 증가하게 된다. 이들은 기계론이 생명현상의 독특성을 무시한다고 비판하면서 생명의 영역을 독자적으로 탐구할 것을 주장하였는데, 이 입장을 '생기론'(vitalisme)이라 한다. 생기론은 이미 18세기 초반의 독일 의사 슈탈(G. E. Stahl)에게서 싹이 보이고 그 세기의 중후반에는 바르떼즈(P. Barthez), 비샤(M. Bichat) 등 프랑스 몽뻴리에 학파를 중심으로 하여 점차 지지를 얻게 되는데, 혁명 정신의 퇴조와 더불어 19세기 중반까지 세력을 확장하였다. 이들은 본래 의사 겸 생리학자로서 출발하였다. 특히 질병의 연구와 치료를 목적으로 하는 의사들은 생명체가 스스로를 치유하고 각 부분의 조화를 이루는 등 기계에서는 볼 수 없는 현상을 나타내는 데 주목했다. 생기론자들은 이런 독특한 생명현상을 설명하는 원리로서 '생명원리'라는 것을 가정했는데, 이것은 물리주의와 생물학주의의 최초의 대립이라고 볼 수 있다. 이들에 이르러 생물학은 물리화학에서 독립된 분과로 연구되기 시작했고 생리학, 해부학, 발생학 등 다양한 분야에서 성과를 거두었다. 그러나 생기론은 물리주의자들에 의해 일종의 형이상학으로 오해되어 과학적으로 결점이 있는 입장이라는 비판을 받았다. 실제로 드리슈(H. Drisch) 같은 19세기 후반의 독일 생기론자는 '엔텔레키'라는 생명적 실체를 주장하기도 했다. 물리학을 모범으로 하는 과학의 입장에서는 수학적 법칙에 따르는 물질 이외의 실체를 가정하는 것은 증명이 불가능한 형이상학으로 후퇴하는 것이며 따라서 불확실한 이론이 된다. 이런 이유로 미국의 심리철학자인 데닛(D. Danett)은 생기론을 오늘날 역사의 쓰레기더미 속에 묻힌 이론이라고 혹평하기도 한다.

이러한 오해와 혹평은 영미권에서는 일반적이지만, 프랑스에서는 그렇지 않다. 20세기의 생명철학자 깡길렘(G. Canguilhem)은 생기론이 형이상학이 아니라 생물학의 독립을 주장하는 학문적 작업 가설에 불과하다고 본다. 즉 그것은 무엇보다도 물리화학에서 자유로운 방식으로 생명현상을 설명하려는 시도일 뿐, 생명이라는 실체를 주장하겠다는 목적을 가진 것은 아니라는 것이다. 사실 실증주의의 창시

〈도표 1〉 데까르뜨에서 계몽주의에 이르는 계보와 생기론의 등장

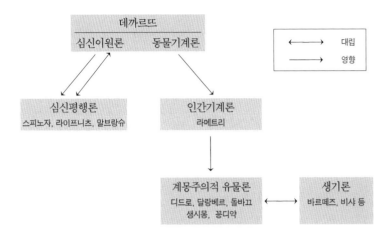

자인 꽁뜨나 실험생리학의 창시자인 베르나르(C. Bernard)의 업적도
이런 영향 아래 탄생하였다. 꽁뜨는 인간과 사회를 이해하는 데 생물
학적 지식이 토대가 된다고 보았는데, 여기에는 비샤와 같은 생기론
자의 영향이 크게 작용했다. 베르나르도 겉으로는 생기론을 비판하지
만 원자나 분자 수준에서 파악할 수 없는 생명의 고유한 현상이 있다
고 본 데서 꽁뜨와 생기론을 이어받는다. 비록 '생명원리'와 같은 모
호한 개념은 효력을 상실했지만 거시적으로 볼 때 생기론의 가장 큰
업적은 물리화학으로 완벽하게 환원되지 않는 생물학의 고유한 태도
를 확립한 것이다. 이 태도는 역사적으로 중요한 의미를 갖는다.

　　물리적 환원주의와 생물학의 독자성을 주장하는 학파 간의 대립
은 데까르뜨 학파와 생기론자들 사이에서 시작된 이래로 오늘날까지
반복되고 있다. 오늘날 미국을 중심으로 하는 과학철학 그리고 주로

미국의 학문을 받아들인 우리 학계에서는 이 싸움이 이미 종결되었으며, 모든 생물학적 현상은 물리화학으로 설명될 수 있다는 것이 상식이 된 것처럼 이야기한다. 이 생각은 특히 분자생물학의 발달로 DNA 분자구조에서 생명의 기초적 현상을 낱낱이 해독할 수 있다는 입장이 대두하면서 더욱 탄력을 받게 되었다. 그러나 미국 내에서조차 과도한 물리주의를 경계하는 목소리는 존재한다. 진화생물학자 마이어(E. Mayr)는 진화라는 거시적 현상에서 물리적인 방식으로 법칙화되고 예측이 가능한 것은 없으며 그것은 오히려 역사라는 인문학적 고찰에 더 합당하다는 견해를 제시하고 있다. 에델만(G. Edelman)이라는 신경생리학자도 물리주의가 인간의 인지활동이나 심리현상을 수리물리학적으로만 파악하고 생물학적 기초를 무시하는 것은 치명적인 난점이라고 지적한다. 베르그손의 경우에도 생물학은 물리화학으로 완전히 환원되지 않는 고유한 부분을 가지고 있는데 이 부분은 직관적 경험을 중시하는 철학적 고찰을 필요로 한다고 본다.

감각주의와 심리생리학—뗀느와 리보

다시 프랑스로 돌아가 보자. 프랑스 내부의 정치적 상황은 혁명 이후에도 여러 격동을 거치면서 직접적으로 학문풍토에 영향을 주었으나 베르그손이 학문활동을 시작한 19세기 후반에는 대체로 안정된다. 이 즈음 물리적 환원주의와 생물학의 독자성을 주장하는 입장의 대립은 온건한 모습으로 다시 등장한다. 온건하다는 것은 그것이 생물학의 발달이라는 새로운 상황 위에서 나타났기 때문에 기계론적 유물론과 생기론처럼 근본적 입장의 대립은 아니라는 말이다. 19세기 중반에는 두 입장 모두 거의 퇴조하고 대신 좀더 구체적인 관찰과 실험에 기초한 실험생리학이 등장한다. 19세기 중반의 프랑스는 1848년의 노동자혁명의 과격함으로 인해 보수회귀 성향을 보였다. 대학의 강단에서는 꾸쟁(V. Cousin)이라는 정치적 야망을 가진 철학자가 프랑스 고유의 철학, 특히 데까르뜨의 기계론과 계몽주의적 유물론을 혁명의 철학이라 하여 배척하고 애매한 절충주의와 독일에서 수입된 관념론을 정규 커리큘럼으로 채택하고 있었다. 따라서 전통과의 단절이 있었고, 당시의 상황에 별로 위험하지 않은 것으로 생각된 영국의 밀과 스펜서, 독일의 칸트·헤겔·셸링의 철학이 가르쳐졌다. 대신 대학 밖에서 더욱 생산적인 성과가 이루어졌다.

계몽주의의 후계자인 실증주의자 오귀스뜨 꽁뜨도 꾸쟁의 배척으로 인해 대학에 발붙이지 못했으나 대학 밖에서 점차 영향력을 확대하고 있었다. 꽁뜨는 일반적인 계몽주의자들과는 달리 생물학의 독자성을 주장했고, 그의 실증주의 정신 아래 끌로드 베르나르의 『실험의학 연구 입문』이 등장한다. 베르그손이 『물질과 기억』에서 주목하는 두 심리학자인 뗀느(H. Taine)와 리보(Th. Ribot)가 나타난 것도 이때쯤이다. 뗀느는 대학의 절충주의를 거부하고 대표적인 계몽주의자 꽁디약의 감각주의를 이어받는다. 한편 리보는 프랑스의 과학적 심리학의 창시자로 불리며 생물학적 토대 위에서 심리학과 병리학을 연구한다. 베르그손은 뗀느보다는 리보 쪽에 호의적이다. 둘 다 실증주의자들이라고 할 수 있지만 뗀느는 실험보다는 논리적 추론을 선호하며 정신현상을 설명할 때는 일종의 물리주의적 입장을 취한 반면,

리보는 실험에 의지하여 실제적 관찰 결과를 중시하였고 명백한 생물학적 태도 위에 서 있었다. 결국 심리학에서 뗀느와 리보의 대립은 새롭게 나타난 물리주의와 생물학주의의 대립이라고 볼 수 있다.

꽁뜨, 베르나르, 리보는 생명현상에서 정상적인 것과 병리적인 것이 엄격히 구분되지 않으며, 그 중 하나를 연구하는 것이 다른 것을 알 수 있는 열쇠가 된다는 데에서 같은 생각을 하고 있었다. 리보는 질병에 대한 연구가 정상상태를 알 수 있는 길을 제공한다며 병리학에 몰두했다. 베르그손 역시 이런 생각을 가지고 있다. 『물질과 기억』의 2장과 3장은 다수의 병리학적 사례들을 인용하고 있는데, 이것도 위와 같은 이유에서이다. 생기론자들이 본래 의사로서 건강과 질병에 대한 탐구에서 시작하였고 이것이 인간의 생명적 특성에 대한 이해를 촉진한 것처럼, 병리학의 연구도 이러한 맥락에서 중요하다. 그 중 리보의 작업은 생리심리학적 인간 이해에 견인차의 역할을 했다.

리보는 심리현상이 기초적인 물리 조건에 좌우된다는 단순한 설명을 거부하였다. 가령 신경계의 어떤 부분을 전기자극하면 특정한 심리현상이 유발된다고 보는 것이 물리주의의 입장이다. 이것이 실험에서 사실로 드러난다 해도 실제의 삶에서 생명체는 신체의 작용에서 비롯하는 생리적 과정을 거친다. 즉 인간은 심리생리학적으로 통합된 존재이지 외적인 물리적 자극에 의해 완벽하게 결정되는 존재가 아니다. 따라서 신체에 대한 생리학적 연구가 심리학에 필수불가결한 것으로 강조되었다. 그런데 신체는 자극을 받아들일 뿐 아니라 운동적 반응을 내보내는 기관이기도 하다. 뗀느와 같은 철학자는 심리현상을 설명할 때 오직 물리적 자극을 받아들이는 감각적 기능만을 강조하고

〈도표 2〉 뗀느의 감각주의와 리보의 심리생리학의 대립

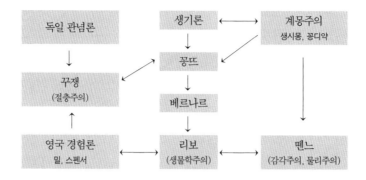

신체의 운동을 부차적인 것으로 간주했다. 리보는 이런 입장을 편협하다고 비판하면서 운동을 심리생리학적 과정에서 필수적인 요소로 고려해야 한다고 주장하였다. 이것은 당시에 프랑스뿐만 아니라 영국의 다윈과 베인, 잭슨, 독일의 분트, 미국의 제임스와 같은 학자들도 공유하는 생각이었다. 생물학에 기반을 둔 심리학자들은 이 점에서 공통성을 보이고 있다. 베르그손은 이 입장을 전적으로 수용하였다. 『물질과 기억』에서 운동은 심리생리학적 현상의 기초가 될 뿐만 아니라 정신과 신체 그리고 전 우주적 과정을 잇는 다리가 되고 있다.

신체적 운동과 의지적 노력—꽁디약과 멘 드 비랑

그런데 심리현상에서 신체적 운동은 대체 무슨 역할을 하는 것일까? 프랑스에서 인식론과 심리학 분야에 신체적 운동 개념이 등장하기 시작한 것은 다시 계몽주의의 시기로 거슬러 올라간다. 인식론은 '우리

가 외부세계를 어떻게 알 수 있는가 라는 질문을 던지고 그 과정을 연구하는 철학 분야이다. 영국에서는 그것이 주로 경험적이고 심리적인 과정으로 연구되었고, 그 결과 심리학이 발달하게 되었다. 프랑스의 계몽주의자들은 영국 경험론을 기꺼이 받아들였는데, 그 중 꽁디약이라는 철학자는 여기에 한 가지 수정을 가했다. 꽁디약은 영국 경험론과 마찬가지로 감각경험을 가장 중요한 인식의 원천이라고 보았으며, 감각에 대한 중요한 저서 『감각론』을 출간한 후에 감각주의자로 불렀다. 경험론의 창시자 로크(J. Locke)의 학설에는 한 가지 모순이 있는데, 그것은 인식의 원천이 오로지 감각일 뿐이며 감각들은 수동적으로 정신에 주어지는 내적 상태(관념)에 불과하다고 주장하면서도 외부세계가 존재한다는 것을 소박하게 확신한 것이다. 버클리(G. Berkeley)는 이것을 비판하면서 우리는 지각(그는 감각의 종합을 지각으로 불렀다)의 다발(뭉치)만 인식할 뿐 외부세계에 대해서는 알 수 없다고 했다. 다만 각 감각들 사이에는 차이가 있는데 시각이나 청각은 공간지각, 즉 대상의 3차원적 형태를 지각할 수 없고 오직 촉각만이 공간지각을 할 수 있다고 주장했다. 즉 우리는 대상을 만져보면 그것이 가진 입체성을 지각할 수 있다는 것이다.

그러나 촉각이 단독으로 공간지각을 하는 것은 아니다. 꽁디약은 촉각도 수동적으로 느끼는 상태에서는 부드러움, 따가움 같은 인지적 특징이 없이 그저 수동적인 감각에 불과할 뿐이라는 것을 알아챘다. 그는 촉각기관을 능동적으로 움직일 수 있을 때만 공간지각이 가능하다고 보았다. 즉 손을 능동적으로 움직여 대상의 형태를 탐색할 때에만 그것이 가진 입체성을 파악할 수 있다. 꽁디약은 촉각도 주관적 감각에 불과하다고 본 버클리와 달리 공간지각을 외부세계로 향하는 창문으로 간주했기 때문에 촉각적 경험에서 출발해도 외부대상을 인식할 수 있다고 주장하였다. 여기서 꽁디약의 제자 데스뛰 드 트라시(A. Destutt de Tracy)는 다음과 같은 질문을 던졌다. "촉각이 운동할 때만 대상을 지각할 수 있다면 중요한 것은 촉각인가, 운동인가?" 그리고 나서 그는 중요한 것은 운동을 하려는 노력이며, 그것은 촉각만이 아니라 모든 감각에서 동시에 나타난다고 생각했다. 그는 또 운동을 할 때 느껴지는 감각을 '운동감각'이라 하고, 시각·청각·후각·미각·촉각의 다섯 가지 감각과 구분하여 '여섯번째 감각'이라고 표현했다.

데스뛰 드 트라시의 생각을 받아들인 '의지적 노력'의 철학자 멘드 비랑은 실제로 우리의 모든 감각에 운동성이 개입하기 위해서는 의지적 노력이 있어야 하고, 이것이 결국 감각들로 하여금 인지작용을 가능하게 한다는 사실을 보여주었다. 예를 들면 시각은 수동적으로 인상을 받아들이는 것이 아니라 눈동자 주변의 근육이 의지적·능동적으로 움직여 대상에 초점을 맞출 때 성립된다. 인상을 단지 받아들이는 상태에서는 인식은 성립하지 않는다. 인지작용 즉 지각은 운동성이 개입해야 가능하다. 이런 식으로 그는 자극을 받아들이는 감수성과 의지적 운동성은 생명이라는 하나의 뿌리에서 나온 두 줄기라고 말했다. 의지적 운동을 할 때 느끼는 운동감각은 오늘날 생리학에서 자기 몸의 여러 부분의 위치와 움직임을 느끼는 고유한 감각이라는 의미에서 '고유감각'이라 불린다. 이 용어는 19세기 말 영국의 신경생리학자 셰링턴(C. S. Sherrington)이 붙였다. 또한 제6감이라는 말도 자주 사용된다.

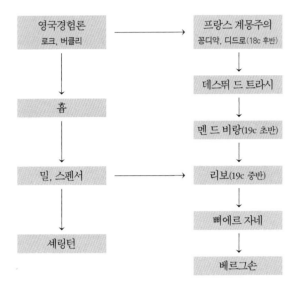

〈도표 3〉 신체적 운동과 의지적 노력 개념의 형성 계보

영국경험론
로크, 버클리

→

프랑스 계몽주의
꽁디약, 디드로(18c 후반)

흄

데스뛰 드 트라시

밀, 스펜서

→

멘 드 비랑(19c 초반)

리보(19c 중반)

셰링턴

삐에르 자네

베르그손

　멘 드 비랑의 관찰은 프랑스에서 생리학과 심리학을 결합한 실증적이고도 철학적인 연구로 평가되었고, 심리학과 인식론에서 중요한 성과로 인정되었다. 심리적 현상인 의지적 노력을 생리학은 별로 주목하지 않았는데, 그것은 생리학이 근본적으로 인간을 수동적인 기계와 같이 취급하기 때문이다. 로크, 버클리 등 영국 경험론자들은 인간을 수동적 존재로 보는 데서 생리학의 입장과 크게 다르지 않은 가정을 가지고 있다. 꽁디약과 데스뛰 드 트라시, 멘 드 비랑을 거치면서 프랑스에서는 생리학이 심리학과 결합하여 의지의 능동적 기능을 고려해야만 인간을 전체로서 파악할 수 있다는 사실을 보여주었다. 예를 들면 병리학은 의지적 노력이나 주의집중 기능에 장애를 가진 환

자가 정확한 인식을 할 수 없음을 종종 보여준다. 몽유병 같은 것도 의지적 노력이 결핍된 상태를 보여주는 예이다. 의지와 주의를 강조한 심리생리학자 리보는 이런 점을 적극 받아들인다.

베르그손의 고등사범학교 동기이자 심리병리학자인 삐에르 자네(Pierre Janet)도 멘 드 비랑과 리보의 뒤를 이어 의지의 결핍을 보여주는 병리학적 사례들, 특히 자동적 운동을 하는 몽유병 환자들의 행동을 세밀히 관찰하여 의지적 노력이 우리의 심리생리학적 삶을 이루는 필수적인 요소임을 보여주었다. 리보와 자네 둘 다 멘 드 비랑의 영향을 받고 있지만, 리보는 신체적 운동이라는 생리적 과정에 더 집중한 반면 자네는 의식과 '잠재의식'(le subconscient)의 분열현상을 깊이 탐구했다. 자네는 프로이트 이전에 이미 '잠재의식'이라는 말을 프랑스에 소개한 인물이다. 물론 정신분석학에서 말하는 무의식과 자네의 잠재의식에는 차이가 있다. 자네의 잠재의식은 순수한 병리학적 차원에 머문다. 베르그손은 리보의 심리생리학적 연구와 자네의 잠재의식 연구에 많은 영향을 받았다. 『물질과 기억』은 이 두 심리학자들이 이룩한 성과 위에서 진행된다고 말할 수 있다.

뇌신경생리학의 발달과 관념연합론—브로까, 스펜서, 잭슨

마지막으로 중요하게 지적해야 하는 것은 뇌신경생리학의 발달이다. 앞서 보았듯이 실어증 연구는 뇌신경생리학 발달의 촉매 역할을 했다. 프랑스의 브로까는 1861년 심한 언어장애를 가진 반신불수 환자 르보르뉴라는 사람을 진료했는데, 이 환자는 들은 말을 이해하기는

〈그림 1〉 측면에서본 대뇌피질과 위에서 본 뇌의 구조

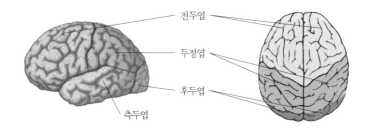

전두엽
두정엽
후두엽
측두엽

했지만 스스로는 '땅'(tan)이라는 한마디밖에 발음하지 못했다. 브로까는 환자가 죽은 후 뇌를 해부하여 좌측 뇌의 앞부분(전두엽)이 심하게 손상된 것을 발견했다. 이 부분을 브로까 영역이라 부르고 이런 증상을 보이는 실어증을 브로까 실어증이라 부른다. 이 외에도 좌측 뇌의 관자놀이(측두엽) 부분이 손상되었을 경우에는 남의 말을 그대로 따라 할 수는 있지만 이해하는 능력을 상실한다. 이 영역도 발견자인 독일의 의사 베르니케(C. Wernicke)의 이름을 따서 베르니케 영역이라고 불려졌고 그러한 실어증을 베르니케 실어증이라 부른다. 이후에 의사들은 많은 실어증 환자들의 뇌를 관찰하여 좌측대뇌반구가 언어기능을 담당하고 있다는 결론을 내리기에 이르렀으며, 19세기 말에는 브로까와 베르니케 영역 외에도 200군데 이상의 영역에서 특정한 증상과의 관련성을 찾아낼 수 있었다. 이렇게 해서 대뇌의 각 부분에 해당 기능과의 관련성을 명시한 '뇌지도'를 만들 수 있게 되었다(그림 2). 여기서부터 인간의 모든 기능이 뇌의 특정한 영역에 할당되어 있다고 보는 '뇌기능 국재화(localisation cérébrale) 이론'이 대두하게 된다.

〈그림 2〉 뇌지도 그림

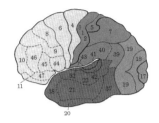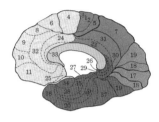

그림에 표시된 숫자는 뇌의 각 부위를 기능별로 구분한 것이다. 왼쪽은 뇌 표면의 분류이고 오른쪽은 뇌 내부의 분류이다. 이러한 분류가 19세기 말에 시작된 대뇌 국재화이론의 기초가 되었다.

이 국재화론은 정신의 기능이 뇌 부위의 활동과 정확하게 일치한다고 보는 지극히 유물론적인 사고방식이다. 당시의 종교적 사고방식에 따르면 이 생각은 아주 위험한 발상이기도 했다. 기독교와 데까르뜨의 이원론 전통에서는 정신이나 영혼은 신체와 무관하게 존재한다는 생각이 지배적이었기 때문이다. 디드로와 같은 계몽주의적 유물론자들은 이미 이원론적 형이상학을 배척하고 뇌의 구조와 기능으로 정신현상을 모두 설명했지만 그것이 해부학적으로 증명된 것은 브로까에 의해서였다. 그러나 이 입장은 너무 단순하고 너무 명료한 만큼 많은 문제점을 노출하기도 했다.

베르그손은 종교적 이유와는 다른 이유에서 국재화론을 비판한다. 그것은 국재화론이 정신의 통일적 기능을 설명하지 못하고 특히 기억의 존재를 뇌물질에 의존하여 설명하기 때문이다. 뇌가 정신활동의 많은 부분을 관장하고 있는 것은 사실이지만 극단적인 환원주의는 경계해야 한다는 것이다. 오늘날의 많은 신경생리학자들도 뇌 부위에 따라 정신활동을 설명하는 극단적인 환원주의에는 동의하지 않는다.

〈도표 4〉 대뇌 국재화론과 관념연합론의 결합

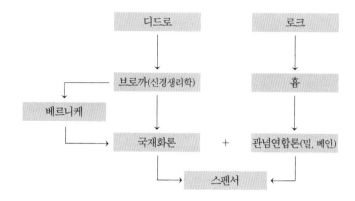

가령 언어기능은 좌뇌에만 고정된 것이 아니라 좌우의 뇌 전체가 동시에 기능하면서 유연하게 움직일 때 작동한다는 것이다. 특정 부위에서 특정 기능이 활성화되는 것은 정도 차에 지나지 않으며 더 중요한 것은 모든 부분의 유기적 협동이다.

　　국재화론과 더불어 당시에는 관념연합론이라는 심리학의 조류가 맹위를 떨치고 있었다. 관념연합론은 영국의 경험주의 철학자 흄(D. Hume)이 정신현상을 관념들의 연합으로 설명한 이래 존 스튜어트 밀과 존 로버트 베인을 경유하여 심리학의 이론으로 자리잡았다. 관념연합론을 국재화가설과 결합시킨 사람은 영국의 진화론 철학자 스펜서이다. 스펜서는 다윈의 진화론을 기계론적으로 해석하고 그것을 사회와 우주의 진행 과정에 적용하여 자연과학과 사회과학, 철학을 일관되게 조망하는 철학을 주장하였다. 그는 또한 뇌신경계의 생리적 연구에 관념연합론의 심리적 이론을 종합하여 유물론적 심리생리학

〈그림 3〉 척수와 신경절의 형성, 뇌의 구조

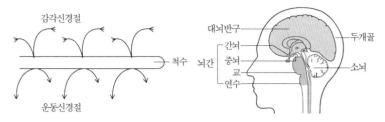

감각신경절

척수

운동신경절

대뇌반구
간뇌
뇌간   중뇌
교
연수

두개골

소뇌

척수는 감각신경을 통해 외부자극을 전달하며 운동신경을 통해 자동반사운동을 야기한다. 오른쪽 그림
에서 연수는 아래쪽으로 척수와 이어진다.

의 원조가 되었다. 이러한 바탕 위에서 19세기 중후반의 심리학자들
은 거의 모두 국재화가설을 믿었으며 생리학자들은 심리적 설명에서
관념연합론을 채택하였다. 베르그손은 이 두 입장을『물질과 기억』전
체에 걸쳐 계속 비판한다.

　다윈과 스펜서의 진화론에서 영향을 받은 영국의 뇌신경외과 전
문의 존 휼링스 잭슨은 뇌조직과 그 기능에 대해 좀더 세밀한 연구 결
과를 내놓았다. 그는 뇌척수신경계 사이의 진화론적 단계를 설정했
다. 신경계는 세 단계를 거쳐 진화한다고 보았는데, 첫번째 단계에서
척수(연수)가 나타나고, 다음에 감각신경절과 운동신경절이 나타나
며, 마지막으로 대뇌조직에서 운동과 감각을 관장하는 최고의 중심부
가 생긴다는 것이다(그림 3). 척수는 반사작용을 가능하게 하며 대뇌
피질은 의지적(자의적, volontaire) 운동을 할 수 있게 하지만, 신경계
의 세 단계 진화는 연속적으로 이루어졌으므로 의지적 운동은 반사작
용과 본질적으로 다른 것이 아니며, 둘 사이에는 정도 차이만 있다.
잭슨은 대뇌를 단지 사유하는 기관이 아니라 무엇보다도 감각과 운동

을 관장하는 기관이라고 본 점에서 뇌의 본성에 좀더 대범하게 접근하고 있으며, 결과적으로 실어증도 운동장애로 설명하게 되었다. 뿐만 아니라 다양한 뉘앙스를 나타내는 감정적 언어 혹은 기계적으로 작동하는 자동적 언어는 우측 대뇌반구와 밀접히 관련이 있다는 사실을 발견하였다. 따라서 언어활동은 좌우의 대뇌가 공통으로 작업함으로써 가능해진다.

잭슨에 대한 진화론의 영향은 신경계의 세 단계 모형 외에도 정신작용에 대한 세부적 설명에까지 미치고 있다. 잭슨에 따르면 정신작용은 대뇌에 기억된 단어들과 이미지들을 토대로 하고 거기에 의지적인 작용이 개입하여 이루어진다. 우선 단어들과 이미지들은 유사한 것들끼리 떠오르고 이것들 중 현실에 적응하기 가장 적합한 것들만이 선별되어 마지막 단계에서는 선별된 것들을 토대로 의지적 사고가 시작된다. 의식활동은 이렇게 해서 가능하게 된다. 의지적 활동을 관장하는 좌측 대뇌반구는 감정적이고 자동적인 우측 대뇌반구보다 훨씬 능동적이며 우월한 기관이다. 자동적인 활동일수록 의식의 영역에 잘 나타나지 않고, 의지적 활동만이 명료한 의식으로 나타나기 때문이다. 따라서 좌뇌야말로 의식의 해부학적 기초이다. 심리생리학에서 좌뇌의 이런 우월성은 20세기 후반까지도 일반적인 것으로 받아들여졌다. 하지만 오늘날 이 생각은 도전받고 있다.

특이하게도 잭슨은 정신의 구조와 의식활동 자체를 구분한 철학자 칸트의 영향을 받았다. 잭슨은 의식활동을 해부학적 구조와는 별개로 보고 정신과 신체의 관계를 평행론(parallélisme)적으로 설명한다. 정신활동은 신경의 상태와 관련이 있지만 둘 사이에 상호작용은

〈도표 5〉 베르그손이 반대하는 두 입장

없으며 단지 동시적으로 나타날 뿐이라는 것이다. 이 입장은 역시 다
원주의자인 헉슬리(T. Huxley) 같은 사람과는 대립된다. 헉슬리는 의
식현상이 신경분자들의 운동에서 부산물로 생겨난다고 보는 의식 부
대현상설(épiphénoménisme)을 주장하였다. 프랑스에서는 뗀느와
같은 사람이 평행론적 입장을 취했고 리보나 모즐리(H. Maudsley) 같
은 심리생리학자들이 부대현상설 쪽에 기울어져 있었다(도표 5).

　　다윈과 스펜서, 밀과 같은 영국 학자들의 이론을 잘 알고 있는 베
르그손은 잭슨과 몇 가지 중요한 점에서 공통적 견해를 가지고 있다.
신경계의 진화론적 설명으로부터 척수와 대뇌가 정도 차이만 가진다
는 것, 대뇌가 사유기관이라기보다는 운동기관이라는 것, 정신활동에
서 이미지들의 현실적 적응에 따른 선택과 억압 등은 『물질과 기억』의
주요한 전제가 되고 있다. 그러나 다른 한편 베르그손은 진화론의 기
계론적 설명 방식을 거부할 뿐만 아니라 그것이 암암리에 내포하는
목적론적 위계도 거부한다. 예를 들면 유기체를 위계적으로 이해하여
대뇌를 최고기관으로 본다든가 지적 사유와 감정 사이에 위계를 두고
좌뇌를 더 우월한 것으로 본다든가 하는 것이다. 그리고 심신평행론
이나 의식 부대현상설도 베르그손이 『물질과 기억』에서 계속 비판의
끈을 놓지 않는 입장들이다. 그것들은 과학 자체이기보다는 과학에

토대를 둔 철학적 입장이고 따라서 인간과 정신에 대한 왜곡된 견해 들을 만들어낸다는 것이 베르그손의 생각이다.

의식과 뇌의 관계를 탐구하는 것은 엄밀히 말해 과학을 벗어난 철학적 가설의 영역이다. 신경생리학자들의 일은 단지 신경계의 질병을 통해 드러나는 생리적 작동 방식을 연구하는 것이지 의식과 뇌의 인과관계를 밝히는 것이 아니다. 의식현상은 생리적 현상으로는 완벽하게 설명되지 않기 때문이다. 프로이트의 정신분석학은 바로 이런 부분을 보완하기 위해 개척된 분야이다. 베르그손의 생각에 의하면 과학자들은 자신들의 영역에 충실할 때는 부분적이나마 진리에 근접할 수 있지만 거기서 벗어나 철학적 가설을 세울 때는 문제가 생긴다. 리보와 같은 사람도 비록 생물학을 물리학으로 환원하는 것을 경계하기는 했지만 과학주의적 입장에서 벗어날 수는 없었다.

2장

이미지와 신체

「아르장뙤이유의 양귀비꽃」(끌로드 모네, 1873)

베르그손은 '거대한 이미지들의 우주 전체가 사진이자 사진기이다'라고 말한다. 사진이 운동하는 물체의 순간포착이듯이 이미지는 우주적 운동의 순간적 단면이기 때문에 그러하다. 사물은 이미지이고 빛이다. 인상주의 화가들은 이 사실을 누구보다도 잘 체득하고 있었다. 사물은 더 이상 펜끝으로 한정된 윤곽선으로 그 절대적 가치를 보장받지 않는다. 시각적 우주는 빛의 세계이며 대상은 빛으로 재구성된 이미지라는 생각은 대상의 리얼리티가 견고한 본질에 있다는 오래된 믿음을 전복시킨다.

앞에서 우리는 철학의 커다란 분류에 따르면 『물질과 기억』이 정신과 신체의 관계를 연구하는 '심신이론' 분야에 속한다는 점을 살펴보았다. 그러나 1장만을 놓고 보면 전혀 다른 시각이 가능하다. 여기서 베르그손은 주로 신체의 활동에 주목하고 있는데(물론 나중에 다룰 정신과의 결합을 염두에 두고 있다), 그 배경에는 존재론과 인식론이라는 분야가 뒤섞여 있다. 게다가 그것은 매우 특이한 존재론과 인식론이다. 존재하는 모든 것들을 이미지로 부르고 이미지들의 운동방식에서 모든 것을 일관되게 설명한다는 점에서 그것은 이미지 존재론이라고 할 수 있다. 또 한편 여기서 그 못지않게 중요한 것은 이미지들 중에서 특별한 이미지인 신체의 활동으로부터 인식의 과정이 설명된다는 점이다.

『물질과 기억』 1장의 전체 내용을 간략하게 이해하기 위해 이렇게 한번 생각해보자. 스크린 위에는 이미지들의 운동만 있다. 이미지들은 작용과 반작용이라는 가장 원초적인 장면을 연출한다. 여기서 돌연 특별한 반작용을 하는 이미지가 목격된다. 그것은 신체이다. 이 신체는 그저 다른 이미지들의 작용에 기계적으로 반작용하는 존재가 아니다. 그러면 그것은 무엇인가? 베르그손은 바로 이 특별한 이미지, 즉 신체의 활동을 설명하는 데 이 장 전체를 할당하고 있다. 이 장은 신체라는 이미지가 주인공이 되어 활약상을 보여주는 거대한 우주론적 드라마라고 할 수 있다. 그런데 신체가 활동하고 인식하는 이 모든 과정의 배경을 이루는 것은 다름 아닌 생물학이다. 그러므로 여기서 탄생하는 인식 이론은 바로 생물학적 인식론이다. 결국 이미지 존재론과 생물학적 인식론이라는 두 테마가 이 장을 이끄는 쌍두마차라고 할 수 있다. 역사적으로 보면 사진기의 발명 및 초보적인 영화의 탄생 그리고 진화론 및 신경생리학과 같은 생물학의 영향을 크게 받았음을 알 수 있다. 들뢰즈는 특히 이미지 존재론의 측면을 부각시켜 이 장을 『시네마 1: 운동-이미지』의 기본틀로 사용하고 있다.

1. 왜 이미지인가?

이 장의 시작은 아무래도 이미지라는 말을 이해하는 데 초점을 맞추어야 할 것이다. 이 용어는 일상적으로는 낯익지만 철학적으로는 별로 주목받지 못했을 뿐만 아니라 개념이나 표상·관념 같은 묵직한 용어들에 비해 그 가치가 매우 떨어지는 것으로 취급되어왔다. 베르그손은『물질과 기억』서문에서 자신의 의도를 다음과 같이 정리한다.

> 우리에게 물질은 '이미지들'의 총체이다. 그리고 우리가 이미지라는 말로 의미하는 것은 관념론자가 표상이라고 부른 것 이상의 존재, 그리고 실재론자가 사물이라고 부른 것보다는 덜한 존재, 즉 사물과 표상 사이의 중간 길에 위치한 존재이다.(22)

베르그손은 이 생각이 상식에 충실한 것이라고 본다. 철학을 잘 모르는 사람은 관념론자가 말하듯이 물질적 대상이 정신 안에만 존재한다고 하면 무척 놀랄 것이다. 반대로 실재론자가 말하듯이 그것이 색깔이나 저항, 소리와 같은 일상적·감각적 속성들과 관계없는 실체로서 존재한다고 해도 놀라기는 마찬가지일 것이다. 상식적으로 볼 때 물질적 대상은 그 자체로 존재하면서도 우리가 지각하는 대로 여러 감각적 특성을 띠고 있다. 베르그손은 이미지라는 말이 우리를 철학적 편견에 사로잡히지 않을 수 있게 해준다고 생각한다. 즉 철학자들이 사물을 본질과 현상, 실재와 외관, 실체와 속성 등으로 분리하기 이전의 상태로 돌아가 보자는 것이다.

『물질과 기억』의 첫 장, 첫 구절은 다음과 같이 시작된다.

잠시 동안 우리가 물질과 정신에 관한 이론들에 대해, 그리고 외적 세계의 실재성이나 관념성에 관한 논의들에 대해 아무것도 알지 못한다고 해보자. 그러면 나는 사람들이 사용할 수 있는 가장 막연한 의미에서의 이미지들, 즉 내가 나의 감각기관을 열면 지각되고 내가 그것들을 닫으면 지각되지 않는 이미지들 앞에 있게 된다.(37)

서문에서 밝힌 것처럼 베르그손은 모든 철학과 과학의 이론들로부터 자유로운 중립적 입장에서 출발하고자 한다. 이때 우리에게 나타나는 모든 것을 이미지라고 부른다면, 그것은 모든 선입견을 괄호 안에 넣고 출발하는 후설의 '현상' 개념과 매우 유사하다. 그러나 이미지라는 말의 세세한 뉘앙스를 이해하기 위해서는 기나긴 철학사적 맥락이 필요하다. 이 내용에 대해서는 이 책의 부록을 참조하기 바란다. 철학사의 간략한 도식은 앞으로 계속 반복되는 내용이기도 하다.

이미지란 말은 우리에게는 어떤 대상의 거울상이나 그림자 같은 정적인 뉘앙스를 띠고 있는데 여기서는 무엇보다도 철학적 편견들을 제거하기 위해 사용되었으므로 그러한 의미는 잊도록 하자. 이때 이미지들이 나타나는 모습은 단순히 운동하는 물질의 세계 그것이다.

모든 이미지들은 내가 자연의 법칙이라고 부르는 항구적인 법칙에 따라, 그것들의 모든 요소적인 부분들에서 서로에게 작용하고 반작용한다. 그리고 이 법칙들에 대한 완벽한 과학이 이 각각의 이미지들 속에서 일어날 일을 아마도 계산하고 예측하도록 해줄 것이기 때문에 이미지들의 미래는 그것들의 현재 속에 포함되어 있어야 하고, 현재에다 어떤 새로운 것도 덧붙여서는 안 된다.(37)

수학적·자연적 법칙에 따라 설명될 수 있는 이미지들의 운동은 얼핏 보면 갈릴레이와 뉴턴이 확립한 고전물리학의 세계, 기계론의 세계인 것 같다. 베르그손은 이것을 명백히 기계론이라고 부르지는 않지만,『물질과 기억』의 결론부에서 연구의 편의를 위해 그런 식으로 가정했다는 것을 시사한다(407). 따라서 적어도 물질의 운동이라는 현상에 관한 한 그가 고전물리학의 우주를 염두에 두고 있는 것은 분명해 보인다. 사실 데까르뜨나 로크, 칸트는 고전물리학의 가능성을 설명하기 위해 각기 독특한 철학적 입장을 수립했는데, 베르그손이 볼 때 그들의 입장은 매우 인위적이다. 물질의 운동을 설명하기 위해 데까르뜨나 로크처럼 실체를 가정할 필요는 없으며 칸트처럼 현상에 국한할 필요도 없다. 이런 철학사적 문제는 5장에서 더욱 상세히 논의할 것이다. 여기서는 단지 이미지들의 우주라는 측면에서 이야기를 진행해보자.

베르그손이 운동하는 물질을 이미지로 표현하는 데 대해 많은 사람들이 특이하다는 지적을 하고 있다. 무엇보다도 이미지란 말이 근대의 주관주의 철학을 거치면서 어떤 대상의 심상(心像)을 의미하는 것으로 변질되었기 때문에 그러하다. 그러나 고대 그리스로 거슬러 올라가면 이미지라는 말이 베르그손이 사용하는 어법과 그렇게 동떨어진 것이 아니다. 플라톤이 현상계를 모상(模像, eidolon)이라고 말했을 때 이 현상계는 운동하는 물질의 세계이다. 물론 그것은 이데아계에 비해 부차적 실재성만을 갖지만, 플라톤의 의도는 현상계를 완전히 부정하려는 것은 아니다. 운동하는 물질계는 모상이지만 그 존재방식을 설명해야 하는 것이다. 이것은 아리스토텔레스에게 중요한 과제가 된다. 아무튼 플라톤에게서 모상과 운동이 모순되는 것이 아니듯이 베르그손에게서도 이미지와 운동은 모순되지 않는다. 차이가 있다면 베르그손은 이미지에서 배후의 초월적 실체를 제거하고 그 자체가 실재를 표현하는 것으로 뒤바꾸어놓은 것이다.

베르그손 철학의 전체에서 볼 때 이미지는 지속의 개념으로부터 이해해야 한다. 베르그손의 지속은 무엇보다 질적 변화를 의미하는데, 이 질적 변화는 우주 전체에서 나타나는 존재방식이다. 그것은 끝없는 파동적 흐름 속에서 각 영역마다 고유한 리듬을 보여준다. 우리의 지각에 나타난 구체적 특성들은 이 연속적인 질적 변화를 우리 방식으로 순간 속에서 파악한 것이다. 바로 이 순간적으로 파악된 존재자를 베르그손은 이미지라 부른다. 그것은 매순간 변화하지만 상대적으로 안정되어 있으며 허상이나 환상은 아니다. 그것은 좀더 심층적인 우주 전체의 지속에 뿌리를 두고 있기 때문이다.

2. 행동과 지각 그리고 신체

'이미지'라는 용어는 베르그손 철학 전체에서 가장 기초적 개념인 '지속'이 물질적 현실과 어떻게 관계 맺고 있는지를 보여주는 개념이라는 점에서 매우 중요하다. 뿐만 아니라 그것은 물질로부터 신체와 의식이 어떻게 출현하는지를 보여주고, 인식의 문제를 고정적인 표상의 관점이 아니라 행동의 관점에서 다시 보도록 하는 측면에서도 기본적인 전제가 된다. 행동의 관점에서 인식을 설명하는 것, 바로 이것이 1장의 주제이다. 인식의 대상과 인식의 주체가 이미지라는 공통분모 위에서 상호작용하는 독특한 과정으로부터 인식작용이 설명된다.

이미지들의 작용과 신체의 가능적 행동

이미지들은 자연적 법칙에 따라 서로간에 작용하고 반작용한다. 거기에는 어떤 의도나 숨어 있는 힘의 작용 같은 것은 없다. 앞서 보았듯이 이런 묘사는 고전물리학이 보여주는 물질의 운동을 염두에 둔 것이다. 그러나 이런 자연적 과정에는 한 가지 이해할 수 없는 현상이 있다. 어떤 이미지는 자극이 주어지면 자동적으로 반응하기보다는 고유한 방식에 의해 선택적인 반응을 하는 것처럼 보인다. 심지어는 반응을 연기하거나 아예 하지 않을 수도 있다. 아무튼 기계적 필연성으로 보이지는 않는다.

우리는 일반적으로 이런 이미지를 생명체라고 부르지만 우리에게 가장 직접적으로 파악되는 것을 지목한다면 그것은 '나의 신체'이다. 나의 신체는 외부로부터 파악되는 동시에 내부에서도 알 수 있는 아주 특별한 이미지이다. 밖에서 들어오는 자극은 내 안에서 감각이나 감정과 같은 정념적(affectif) 상태를 야기하는데, 이것은 이미지들 간의 기계적 작용에서는 생길 수 없는 새로움이다. 즉 내 신체는 우주라고 하는 이미지들의 전체에 진정으로 새로운 무언가를 산출한다. 만약 정념을 허상이라고 하지 않는다면 이 말은 과장이 아니다. 외부에서 볼 때도 내 신체는 다른 이미지들과는 달리 받은 자극을 반응으로 되돌려주는 방식을 여러 가능성들 사이에서 어느 정도 선택하는 것처럼 보인다는 점에서 특별하다. 신체는 행동의 중심으로서 외부의 이미지들에게 자동적 과정 이외의 어떤 영향을 행사한다. 그런데 신체는 아무렇게나 행동을 선택하는 것은 아니다. 선택은 "주변의 이미지들로부터 이끌어낼 수 있는 다소간의 이점(利點)에 의해서" 이루어진다. 주변의 이미지들은 다양한 방식으로 차원을 달리 하면서 내게 다양한 국면을 드러낸다. 내 신체가 그것들에 접근하거나 멀어짐에 따라 냄새나 소리의 강도, 색의 선명도는 달라진다. 그것들과 내 신체의 거리에 따라 내가 그것들에게 행사할 수 있는 영향력도 증가하거나 감소한다. 베르그손은 이 상황을 다음과 같이 정리한다.

나의 신체를 둘러싸고 있는 대상들은 그것들에 대한 내 신체의 가능적(possible) 행동을 반영한다.(44)

이미지들은 일정한 법칙에 따라 서로 작용(action)하고 반작용(réaction)한다. 내 신체도 이미지라는 점에서 이와 다르지 않다. 그러나 반작용을 할 때 어느 정도 자발적 과정이 개입하는 것처럼 보인다는 점이 특이한데, 이런 의미에서 우리는 작용을 행동(action)으로 번역하기로 한다. 여기서 사용되는 선택과 행동이라는 말은 굳이 생물학을 끌어들이지 않아도 물질이 아닌 생명체와 관련된 것임을 쉽게 알 수 있다. 그러나 이 신체의 현상학은 실제로는 고전물리학의 세계인 물질의 운동에서 생명체의 특이성을 이끌어내는 맥락과 관련되어 있으므로, 그 생물학적 의미를 지적할 필요가 있을 것 같다. 고전적 기계론의 바탕 위에서 진화론을 확립한 다윈이나 그 후계자들에게 생명체의 독특성은 환경에 대한 적응에 있다. 그런데 잘 알려져 있다시피 다윈의 자연선택이라는 개념은 생명체가 자발적인 힘으로 환경을 선택하는 것이 아니고 반대로 환경이 살아남을 생명체들을 선택하는 것이다. 즉 이 개념은 환경과 생명체들 간의 상호작용에서 운좋게 살아남은 것들을 지시하는 것이지 생명체가 능동적으로 삶을 개척한다는 의미는 갖고 있지 않다.

베르그손의 경우에도 아직은 생명적 도약과 같은 능동적인 원리를 말하지 않는다. 이미지들 사이에서 신체가 하는 행동은 그저 수많은 가능성들 간에 이점이 있는 것으로 보이는 쪽으로 향한다는 것뿐이다. 그럼에도 불구하고 선택의 여지가 존재하는 상황은 가능성의 영역을 열어놓는다는 점에서 물질의 기계적 반응과는 다른 새로운 세계를 보여준다. 대상들이 나의 가능적 행동을 반영한다는 것은 이러한 의미이다. 오로지 기계적 필연성만 있는 물질적 운동의 세계에서 가능성의 영역이 열린다.

행동과 지각―지각은 가능적 행동과 관련된 이미지들이다

그렇다면 선택에 의해 이루어지는 신체의 행동이란 무엇인가? 가능성과 선택은 오직 행동을 위해서만 의미가 있다. 그런데 아무래도 삶이라는 과정을 생각하지 않고 신체의 행동을 말한다는 것은 불가능할 것이다. 쾌락과 공포, 안전과 위험이라는 삶의 기본적 조건들을 제외하고 행동을 이해하기는 어렵다. 이 배경을 염두에 두고 베르그손의 논의를 따라가 보자. 베르그손이 강조하고자 하는 것은 행동과 지각의 연관성이다.

　　지각(perception)이란 무엇인가? 가장 기초적인 인식 행위이다. 무언가를 가까이 혹은 먼 곳에서 포착하고 그것의 형태나 크기, 색, 소리, 맛, 냄새와 같이 감각적인 동시에 지적인 정보를 획득하는 것이다. 지각과 감각의 차이는 감각이 단지 느낌의 차원에 머무르는 데 비해 지각은 그것의 인지적 의미를 파악하는 것이다. 가령 호랑이의 울음소리를 듣고 단지 그 큰 소리에 놀라는 것이 아니라 위험이 임박했다는 것을 감지하는 것이다. 어떤 고약한 냄새를 맡고서는 단지 고통스럽다는 느낌에 머무르는 것이 아니라 그것이 유독한 것인지 아닌지를 판별하는 것이다. 즉 주어진 자극에 대한 반응을 염두에 두지 않으면 지각이라는 것은 의미가 없다. 이렇게 볼 때 지각은 행동을 위한 정보의 취득이고 어떻게 보면 예비적 행동이라 볼 수 있다.

베르그손이 지각이 행동과 관련되어 있다는 것을 강조하는 이유는 일반적으로 그것을 뇌수 안에서 생겨나는 표상의 체계로 생각하기 때문이다. 특히 근대 철학에서는 지각이 관념이나 표상의 형태로 마음 안에서 형성되어 보존되는 것이라고 본다. 이 입장은 뇌신경생리학에서는 기본 가정이기도 하고 과학적으로 확실한 사실로 간주되기도 한다. 그러나 생명의 원초적인 과정을 볼 때 이것은 너무나 인간중심적인 해석일 수가 있다. 왜냐하면 원시 단세포생물인 아메바도 어떤 방식으로든 외부세계를 '지각'해야만 행동하고 살아갈 수가 있기 때문이다. 가령 위족 같은 것을 밖으로 뻗어보는 것은 일종의 탐색, 즉 지각행위라고 할 수 있지만 그것은 동시에 반응행동이기도 하다. 여기서 지각과 행동은 접촉이라는 현상 속에서 일치한다. 아메바에게 신경계가 없기 때문에 이러한 지각은 표상을 형성하는 것과는 아무런 관련이 없다. 지각은 오직 행동과 관련된다. 인간과 같은 고등생명체에서도 사정이 달라질 수는 없다.

베르그손은 이 사실을 이해하기 위해서 다음과 같은 상상을 해보자고 제안한다. 만약 뇌와 척수에 걸쳐 뻗어 있는 내 신체의 신경계에서 유입신경을 막아버리면 무슨 일이 일어날 것인가? 유입신경이란 밖에서 들어오는 자극을 뇌에 전달하는 통로이다. 그러니까 감각섬유들의 다발을 상상으로 제거해보자는 것이다. 이때 사라지는 것은 무엇인가? 바로 나의 지각이다. 유입신경이 외부대상의 운동을 척수와 뇌에 전달하면 유출신경은 이 운동을 외부로 되돌려 보낸다. 따라서 유입신경을 절단하면 주변에서 중심을 통과해 다시 주변으로 가는 자극과 반응의 흐름이 차단된다. 이것은 이미지들의 상호작용이라는 커다란 구도에서 볼 때는 행동(반작용)이 불가능하게 된 사태를 나타낸다. 그러나 사라지는 것은 나의 지각이다. 즉 행동의 기본 메커니즘이 사라지면 지각도 불가능하다. 이미지들을 물질이라 한다면 내 신체의 작용과 관련된 이미지들은 내 가능적 행동의 대상이다. 베르그손은 바로 이 "가능적 행동에 관련된 이미지들을 물질에 대한 나의 지각"(45)이라고 한다.

실재론과 관념론의 오류

일반적으로 근대 철학은 이성에 중심을 두는 대륙 합리론과 감각경험을 강조하는 영국 경험론으로 나누어진다. 합리론에는 데까르뜨, 스피노자, 라이프니츠가 속하고 경험론에는 로크, 버클리, 흄이 속한다. 이 구분은 인간 인식의 능력을 기준으로 하는데, 근대 철학에서 가장 중요한 관심사가 인식론이었던 만큼 상식적으로 받아들이기 쉽다. 이 두 입장을 비판적으로 종합한 것은 칸트이다.

사실 로크의 경우는 외부세계의 존재를 확신한다는 점에서 데까르뜨에 가까우며 오직 관념만이 실재한다고 보는 버클리와는 거리가 상당히 멀다. 따라서 베르그손은 이들의 철학을 실재론과 관념론이라는 존재론적 구분으로 대치한다. 실재론에는 로크의 학설과 기계론적 유물론이 있고, 관념론은 버클리의 철학이 대표적이다. 베르그손은 때로 칸트의 입장도 관념론으로 분류한다. 데까르뜨는 이 두 가지 사조에 공통 기반이 되고 있으며, 그 밖에 통속적 이원론 및 평행론도 약간 변형된 형태의 데까르뜨주의라고 할 수 있다.

각 입장에 따라 인식 과정을 설명하는 방식이 다르지만 관념을 토대로 하는 지각 이론을 확립하는 점은 모두가 공통적이다. 베르그 손이 볼 때 근대 철학은 지각을 행동이 아니라 오로지 인식의 관점에서 접근한다는 문제를 가지고 있다. 그들의 입장을 다음과 같이 정리할 수 있다. "지각은 전적으로 사변적(spéculatif) 관심을 갖는다. 그것은 순수인식이다"(56). 사변적이라는 말은 지각이 호모 사피엔스, 즉 사색인으로서의 인간의 본성임을 표현한다는 것이다. 인간은 '이성적 동물'이라는 아리스토텔레스의 정의와 인간은 '생각하는 갈대' 라는 빠스깔의 유명한 말이 잘 보여주듯이 전통적으로 인간의 본성은 순수 사고에 있다고 생각되었다. 많은 철학자들이 정신적 삶은 진리를 관조(contemplation)하는 것이라고 정의했다. 진리를 관조한다는 것은 진리의 발견을 다른 무엇을 위한 수단으로서가 아니라 그 자체로 향유하는 행위를 말한다. 이것은 인간만이 가진 고귀한 특성으로 생각되었던 것이다.

그러나 베르그손은 인간을 호모 사피엔스가 아니라 호모 파베르, 즉 제작인으로 본다. 인간을 생물학적 진화의 관점에서 보면 단순한 형태에서 지금과 같은 복잡한 형태로 변화했다는 것을 인정하지 않을 수 없다. 아주 단순한 생명체도 행동을 한다. 식물도 비록 공간이동을 할 수는 없지만 광합성을 하고 내부에서는 끝없는 순환운동을 통해 신진대사를 한다. 다윈 이래로 생명이란 거친 환경 속에서 살아남기 위해 행동하고 투쟁하는 존재로 이야기된다. 호모 파베르는 이처럼 행동의 연장선상에서 도구를 제작하고 생물학적 불완전함을 보충하는 존재이다. 그렇다면 지각도 순수사색을 위한 것이 아니라, 위에서 본 바와 같이 행동의 연장으로 이해되어야 한다. 그것은 행동의 준비 과정이다. 즉 현재적 행동은 아니지만 미래에 수행해야 할 행동, 다시 말하면 가능적 행동의 영역을 미리 확보해두는 것이다.

베르그손이 이미지들의 운동에서 출발하는 것도 이 문제를 더 명확하게 하기 위해서이다. 실재론자들은 수학적 법칙들의 지배를 받는 물질의 세계를 전제하는데, 여기서 특권적 중심은 없고 모든 이미지들은 동등한 자격을 갖는다. 그러나 하나의 이미지를 중심으로 해서 나타나는 이미지들의 체계도 있다는 것을 인정해야 한다. 즉 나의 지각 세계에서는 내가 움직임에 따라 주변의 이미지들이 다르게 나타난다. 모든 이미지들을 동일선상에 놓는 실재론자들은 이러한 주관적 지각의 세계를 설명할 수가 없다. 관념론자들은 지각의 세계에서 출발한다. 거기서 이미지들의 체계는 나의 신체라는 특권적 이미지에 의해 정돈된다. 그러나 이러한 지각의 세계는 이미지들 상호간의 객관적 관계, 즉 과학의 영역에 대해서는 아무것도 말해줄 수 없다. 실재론자들은 객관적 이미지의 세계에서 주관적 지각의 세계를 도출하려 하고 관념론자들은 반대로 지각으로부터 객관세계를 도출하려고 하지만, 두 체계는 원리적으로 다른 세계에 속하기 때문에 그러한 시도는 실패할 수밖에 없다.

이러한 두 종류의 모순된 체계가 존재하는 것은 왜일까? 베르그손은 실재론이나 관념론이 모두 지각을 행동과 상관없이 순수표상의 체계로 보는 데서 이와 같은 이율배반이 나온다고 생각한다. 이미지들의 세계는 운동하는 물질의 세계이고 지각의 세계는 의식적 표상의 세계라고 본다면 두 세계가 소통할 수 있는 여지는 없다. 이 문제를 순수하게 과학주의적 입장으로 해결하려는 사람들이 있다. 앞에서도 보았듯이 데까르뜨의 이원론에서 기계론적 물질관만을 받아들인 계몽주의자들은 대뇌의 분자운동으로 의식을 설명하려 한다. 의식 부대현상설이라고 불리는 이 입장은 유입신경으로부터 자극이 뇌에 전달되면 뇌의 분자운동에서 외부세계의 표상이 부산물로 생겨난다고 주장한다. 이 경우 우주의 표상은 나의 의식에 '내재적인' 것으로 된다. 나를 중심으로 내부와 외부가 나누어진다. 그러나 표상의 세계는 이미지들의 세계와 근본적으로 다른 것이기 때문에 진정한 존재라고 볼 수 없으며, 의식은 일종의 그림자 같은 방식으로 생기는 부대현상(éphiphénomène)이다. 좀더 정확히 말하면 당시에는 의식적 표상이 뇌의 분자운동을 따라 나타나는 인광(燐光, phosphorescence)에 지나지 않는다고 보았다. 인광은 인과 같은 발광체에서 나오는 빛을 말한다. 오늘날에는 우리가 의식을 집중하고 있을 때 대뇌 앞부분이 밝게 빛난다는 것을 뇌 촬영으로 관찰할 수 있다고 한다. 그러나 이런 설명은 문제를 되돌려놓은 것에 지나지 않는다. 뇌의 분자운동 역시 물질-이미지의 운동에 불과하다. 의식을 설명하겠다고 하고서 뇌 일부분의 발광현상을 제시하는 것은 막상 설명해야 할 대상인 의식을 외면하는 것이다. 이는 결국 의식은 환영에 지나지 않는다는 결론에 다름 아니다.

그렇다면 의식현상에서 출발하는 관념론자들은 어떤가? 대체로 과학보다는 철학적 입장에 충실한 관념론자들은 특권적인 중심 혹은 주체를 놓고 그것에 의해 변형되는 지각의 세계가 가장 확실한 것으로 믿기 때문에 원칙적으로 객관적 세계의 운동을 설명할 수 없다. 버클리의 관념론이 막다른 골목에 이른다는 것은 잘 알려져 있다. 칸트의 입장도 관념론이라고 한다면(물자체 개념을 제외하고), 감성에서 받아들인 자료들을 지성으로 정돈할 때 그것들의 형식이 어떻게 일치하는가를 설명하는 문제가 남는다. 만약 그것들이 일치한다면 일종의 예정조화가 아닌가 의심할 수 있다. 만약 감성형식과 지성형식이 어떻게 일치하는지를 구체적으로 설명할 수 없다면 거기서도 과학의 성공은 이해할 수 없는 것이 된다. 사실상 구상력과 관련된 이 부분이 칸트 철학에서 가장 난해한 부분을 이룬다.

세번째로 통속적 이원론(dualisme vulgaire)의 입장을 살펴보자 (376). 베르그손은 당대의 심신평행론적 입장을 이와 같이 부르고 있다. 물질과 의식을 나누는 이원론은 본래 데까르뜨에서 유래하는데, 양자의 본성이 달라 소통이 불가능하다는 것이 문제로 지적되어 부대현상설(유물론)이나 관념론이라는 반대되는 두 개의 입장으로 나누어지게 되었다. 통속적 이원론은 의식과 물질이 서로 다른 본성을 가진다고 해도 둘 다 확실한 것으로 소박하게 인정하고 출발한다. 다만 데까르뜨에서처럼 하나가 다른 쪽에 영향을 준다는 인과관계는 부정하고 양쪽이 각각 독자적 원리로 활동하면서 어떤 알 수 없는 원인에 의해 두 과정이 일치한다고 본다. 대체로 과학자들 중에서 유물론적 입장으로 모든 것을 설명하는 데 한계를 느껴 철학이나 종교에 관심을 갖는 사람들이 이 입장을 지지한다. 우리가 앞에서 소개한 바 있는 잭슨, 뗀느 그리고 현대에는 와일더 펜필드(Wilder Penfield) 같은 학자

〈도표 6〉 심신관계 이론들

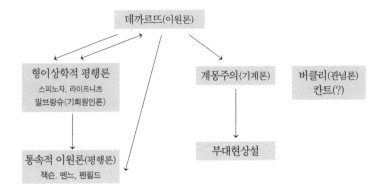

들이 여기에 속한다.

본래 평행론은 데까르뜨의 심신상호작용설을 비판한 스피노자, 라이프니츠, 말브랑슈 같은 근대 철학자들의 입장이기도 한데, 이들에게는 심신의 일치를 설명하는 형이상학적 원리가 있다. 스피노자의 경우 정신과 물체는 실체가 아니라 실체의 두 양태(mode)에 불과하다. 실체는 곧 자연이고 그것은 하나이기 때문에 두 가지로 나타나는 양태도 결국 일치할 수밖에 없다. 라이프니츠는 정신과 물체 사이에 유명한 예정조화의 원리를 가정한다. 말브랑슈는 기회원인(cause occasionnelle)이라는 개념을 창안한 사람이다. 내 의지가 신체를 움직이고자 할 때 그것이 움직이는 것은 본래 신의 뜻이고 이때 내 의지는 기회원인에 불과하다. 즉 우연히 신의 의지에 맞게 작동하는 원인이다. 또 어떤 의미에서는 칸트에서의 감성과 지성의 조화도 평행론으로 볼 수 있다. 만약 그것들의 조화가 만족스럽게 설명되지 않는다면 그것은 예정조화에 지나지 않을 수도 있다. 이와 같은 형이상학적 원리들을 거부하는 과학자들 중에서도 의식의 실재성을 믿고 싶어하는 통속적 이원론자들은 심신관계를 다음과 같이 설명한다. "의식과 뇌의 분자운동은 일치하는데 그것은 의식이 뇌의 운동을 매순간 자기 나름의 방식으로 '번역' 또는 '표현'하기 때문이다." 그렇지만 여기서도 '어떻게'에 대한 대답은 주어져 있지 않다. 그저 그렇다는 확신만 있을 뿐이다.

지금까지 살펴본 세 입장이 모두 난점을 보이는 것은, 베르그손이 보기에는 그들이 해결할 수 없는 언어로 문제를 제기하기 때문이다. 즉 지각을 사변적인 것으로 놓고 물질의 운동과 아주 다르게 취급하는 한 우리는 보람없는 논쟁, 곧 이율배반에 빠지게 된다. 그러므로 모두에게 공통된 영역에서 출발해보자. 오로지 이미지들의 운동만을 놓고 시작해야 하며 지각도 운동 또는 행동이라는 관점에서 조명해야 한다. 신경계가 진화 과정에서 차지하는 역할을 고찰해보면 그 이유가 명확히 드러난다.

신경계—행동의 선택지

지각과 행동의 관계를 이해하기 위해서는 신경계에 대한 지식이 필요하다. 지각의 문제를 많이 연구한 근대 철학자들은 생물학적 지식이 없는 상태에서 모호한 가설을 제시하는 경우가 많았다. 생물학의 입장을 존중하는 베르그손은 신경계의 역할에 중요한 의미를 부여한다. 신경계는 흔히 입력과 출력의 체계, 즉 자극과 반응 체계로 알려져 있다. 그것은 행동과 지각의 필수적인 메커니즘이다. 그러나 모든 생명체가 신경계를 가지고 있는 것은 아니다. 아메바의 예에서 본 것처럼 신경계가 없는 원시 다세포생물도 대상과 접촉하면서 이미 지각하고 반응을 한다. 접촉은 자극을 받아들이는 행동인 동시에 자극에 반응하는 행동이다. 그러나 좀더 고등한 다세포생물의 계열로 올라갈수록 이러한 생리적 작업이 분담되기 시작한다. 자극을 단지 수용하기만 하는 '감각세포'와 받은 자극에 반응하는 '운동세포'가 분화된다. 분화된 두 종류의 세포들은 서로 밀접하게 연결되어 그것들이 맞물린 관계들 전체가 곧 신경계를 이룬다. 신경계 안에서 두 종류의 세포들은 서로 멀리까지도 연결되어 있기 때문에 자극이 들어오면 적절하게 반응할 수가 있게 된다. 신경세포들 각각을 뉴런이라고 하며 각 뉴런들의 연결부를 시냅스라 한다. 신경계의 작동 메커니즘은 히드라와 같은 하등한 생물에서 인간과 같은 고등동물까지 단지 복잡성의 차이 말고는 본질적으로 같다. 고등동물의 신경세포는 몸 전체에 퍼져 있는데, 주로 척수에서 시작하여 뇌에 이르는 곳에 밀집해 있다. 척수는 감각신경절과 운동신경절로 이루어져 있고, 뇌는 어마어마하게 많은 뉴런들이 복잡한 그물망을 이루고 있는 모습이다(그림 4).

그러나 뇌가 아무리 복잡한 구조를 가지고 있다고 하더라도 기본적으로 자극을 수용하고 적절한 반응을 하는 신경계의 근본 역할에는 변함이 없다. 베르그손은 척수와 뇌의 기능을 비교하면서 그것들이 모두 행동과 관련되어 있을 뿐이라고 주장한다. 일반적으로 척수는 반사운동과 같은 자동적 행동을 담당하고, 뇌는 의지가 개입되는 자발적 운동을 담당한다. 고등뇌가 진화 과정에서 척수 다음에 나온 것

〈그림 4〉 신경세포와 인체의 신경절

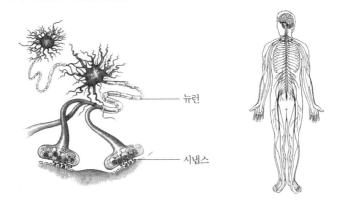

뉴런

시냅스

신경세포 각각을 뉴런이라 하며, 이는 시냅스(연접부)를 통해 다른 뉴런들과 연결된다. 오른쪽의 가는 선들은 몸 전체에 퍼져 있는 신경세포들의 통로이다. 주로 뇌에서 척수에 이르는 곳에 밀집해 있다.

은 틀림없는 사실이고 신경계의 기본 역할에 비추어 보더라도 뇌는 운동 기능의 연장으로밖에 볼 수 없다. 그러므로 척수와 뇌의 차이는 단지 복잡성의 차이에 불과하다.

그런데 지각을 단순히 인식으로 보는 사람들은 감각신경을 통해 들어온 외부의 자극이 뇌에서 표상으로 변형된다고 본다. 표상은 외부세계를 그대로 본떠 재창조된 이미지 같은 것으로 간주된다. 이 입장은 오늘날 '표상주의'라고 하는데 뇌를 운동기관보다는 사유기관으로 보는 태도에서 유래한다. 표상주의는 과거부터 지금까지 인지생물학의 주도적인 입장이었다. 사실 그것은 생물학 지식이 없던 근대 철학자들의 입장과도 정확히 같은데, 이후의 생물학 발달에도 불구하고 인식에 대한 기본 입장이 크게 달라지지 않은 것은 베르그손의 말대로 인간에 대한 사변적 이해가 여전히 남아 있기 때문일 것이다.

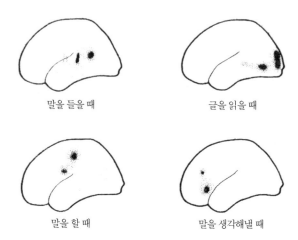

〈그림 5〉 지적 활동에 따라 활성화되는 뇌의 부위들

말을 들을 때   글을 읽을 때

말을 할 때   말을 생각해낼 때

　　오늘날에는 뇌가 운동 기능을 담당한다는 것이 대체로 인정되는 사실이다. 프랑스에서는 베르그손과 그의 영향을 받은 신경학자들 그리고 메를로-뽕띠의 지각현상학에 의해 이러한 인식이 일찍 자리 잡았다. 그러나 최근에는 PET(양전자방출 단층촬영술), MRI(자기공명영상법) 등의 기술로 뇌의 내부를 촬영할 수 있고, 따라서 지적 활동을 할 때 뇌의 어느 부분이 활성화되는지 잘 알 수 있다(그림 5). 이러한 토대 위에서 대부분의 신경생리학자들은 뇌의 본질적 기능이 운동을 담당하는 것만이 아니라 표상을 만드는 것이기도 하다는 주장을 한층 더 강화하고 있다. 그러나 여기에서는 해석상의 문제가 중요하다. 뇌가 표상 기능에 관여한다고 해도 그것이 직접적인지 간접적인지는 기계장치만으로 판별할 수 없다. 뇌가 표상기관이라는 것은 신경학자들의 전제일 뿐이다. 왜냐하면 뇌 속을 관찰해서 알 수 있는 것은 어디까지나 뉴런들의 네트워크가 활성화된다는 사실뿐이기 때문이다. 베르그손의 표현에 의하면 거기서 관찰할 수 있는 것은 오로지 운동(분자운동)뿐이며 그 외에 다른 것은 알 수 없다.

표상주의는 『물질과 기억』의 첫 장부터 베르그손에게 맹렬하게 비판받는 대상이다. 당대에도 표상주의를 비판하는 생물학의 입장이 미약하지만 존재했다. 오늘날 비표상주의라고 불리는 이 입장은 베르그손의 생각과 상당히 유사하며 생물학 발달의 초기부터 있어왔던 것이다. 현대에는 마투라나(H. Maturana)와 바렐라(F. Varella)라는 두 생물학자가 인식활동의 생물학적 기초를 연구하면서 표상주의를 비판하고 있다. 그들에 따르면 신경계가 표상을 가지고 작업한다는 생각은 인지 과정을 쓸데없이 애매하고 복잡하게 만든다. 표상주의는 두뇌를 입력과 출력을 바탕으로 작동하는 컴퓨터와 같은 것으로 취급하는데, 컴퓨터와 같은 기계의 기능은 인간과 기계의 상호작용 위에서만 이루어지기 때문에 상당히 인공적이다. 반면에 신경계는 어느 누가 설계한 것이 아니라 오랜 기간의 진화를 통해 다양한 환경과 상호작용하면서 스스로를 역동적으로 조직하는 과정에서 나타난 자연적 결과다. 즉 신경계의 활동은 단지 외적 정보를 입수하는 것이 아니라 생명체의 삶과 행동 그리고 그것을 둘러싼 환경과의 상호작용 전체와 관련된다.

그렇다면 신경계가 생기고 점차 복잡한 구조로 진화하면서 달라진 것은 무엇인가? 마투라나와 바렐라에 의하면, "그것은 유기체의 구조가 아주 복잡하고 신축성 있게 됨에 따라 가능한 행동방식의 영역이 '넓어졌다'는 데 있다"(마투라나, 『인식의 나무』, 144).

이런 생각은 지각과 인식 그리고 행동에 대한 베르그손의 생각을 그대로 옮겨놓았다고 말할 수 있을 정도로 비슷하다. 감각신경이 특정한 외부 자극을 받아들이고 신경중추인 뇌가 단독으로 표상을 만든다는 주장은 신경계와 외적 자극이라는 두 가지 요소만을 고려하고 그것들을 우주의 나머지 부분으로부터 고립시킬 수 있다는 것을 가정한다. 베르그손은 다음과 같이 반문한다.

그러나 신경계는 그것에 영양을 공급하는 유기체 없이, 유기체는 그것이 호흡하는 환경 없이, 이 환경은 그것이 머물고 있는 지구 없이, 지구는 그것이 주위를 선회하는 태양 없이 살아 있는 것으로 생각할 수 있는가?(50)

뇌의 분자운동은 표상을 만드는 것이 아니라 외적 세계의 일부를 이루고 있을 뿐이다. 그리고 지각과 행위, 그것을 관장하는 신경계는 이 외부세계와 더불어 변화한다. 그렇다면 고등뇌의 역할도 척수와 하나를 이루고 있으며, 단지 받아들인 운동에 반사적으로 반응하는 것이 아니라 필요한 반응을 선택하게 하는 것일 뿐이다. 의지의 역할은 바로 선택에 있다. 실제로 뇌 안에 있는 무수한 뉴런들의 네트워크는 들어온 자극에 반응할 수 있는 무한한 선택지들을 보여준다. 신경계가 발달할수록 뉴런들의 수와 조합 가능성은 더욱 증가하고, 행동할 수 있는 선택의 폭은 더욱 넓어진다. 따라서 지각도 더 풍부해지는데 베르그손은 이러한 풍부함을 "생명체의 선택 앞에 놓여진 비결정성의 몫의 증가"라고 이해한다.

반복해서 예를 들면, 하등한 동물에게 접촉은 행동인 동시에 지각이다. 거기에는 선택의 여지가 거의 없다. 그러나 신경계가 나타나고 복잡해지면서 생명체는 더욱 많은 행동방식을 알게 된다. 생명체는 주저하고 즉각적 반응을 연기하면서 더 나은 행동을 준비한다. 점차 접촉보다는 시각이나 청각에 의해 더 많은 대상들과 관계를 맺는다. 고등동물일수록 시각과 청각에 더 많이 의존하는데, 이 기관들은 자극에 직접 반응하기보다는 거리를 두고 생각할 수 있게 한다. 대상이 이득을 약속하든, 위협을 하든 간에 '지불기한'은 연기될 수 있다. 베르그손은 이와 같이 넓어진 지각의 폭이 인간에게 대상의 수와 거리를 '선험적으로'(a priori) 평가할 수 있게 해준다고 본다. 즉각적 반응을 연기하면서 우리는 미래에 해야 될 행동을 그려본다. 예를 들면 우리를 위협하는 대상의 수나 크기, 거리를 헤아려보고 위험의 가능성 및 대처 방법을 타진한다. 그런데 대상들의 수량적이고 논리적인 관계 및 사건들 간의 인과관계를 파악하는 것은 우리가 날 때부터 가지고 있는 사고의 기본틀로부터 가능하다. 이것이 칸트가 '지성의 선험적 형식'이라고 부른 것이다. 그러나 지각과 지성의 형식은 근원을 알 수 없이 절대적으로 주어진 능력이 아니라 진화의 과정을 거치면서 환경에 잘 적응하고 살아남기 위해 신경계가 만들어낸 구조이다.

3. 의식적 지각의 출현 — 순수지각과 기억

그렇다면 표상주의적 입장을 반박하는 베르그손에게 표상은 어떤 의미를 갖는 것일까? 베르그손이 지각을 행동의 관점에서 설명하려 한다고 해서 표상이 아무 의미도 없다는 것은 아니다. 우리가 표상을 가지고 상상하고 생각한다는 것은 부인할 수 없는 사실이다. 다만 표상주의자들은 지각이 단지 감각신경의 경로를 따라 외적 자극을 전달한 다음 뇌에서 표상을 만드는 행위로 멈춘다고 보는 데 문제가 있다.

　　베르그손은 여기서 두 가지를 비판한다. 하나는 표상주의자들이 감각과 운동을 서로 다른 본성으로 취급하는 것이다. 베르그손은 지각이 감각신경과 운동신경에 두루 걸쳐 있으며, 자극을 받아들이고 그것에 대해 반응하는 생명체의 활동 전체와 관련된다고 본다. 신경계의 생물학적 의미를 살펴본 지금 우리는 그것들이 하나의 체계 안에서 긴밀히 결합되어 있으며 신경계는 바로 '감각-운동 체계'로 구성된다는 것을 알고 있다. 두번째 비판은 표상이 뇌피질 분자운동의 산물이라는 생각과 관련된다. 부대현상설이든, 평행론이든 간에 표상의 형성 과정을 동일하게 설명하고 있다. 베르그손은 여기서 들어온 자극에 대해 뇌가 적극적인 역할을 하여 표상을 만들어낸다는 생각을 문제삼는다. 그러면 베르그손의 생각을 들어보기로 하자.

표상이 형성되는 것은 의식의 탄생과 밀접한 관계가 있다. 생명체가 자극에 자동적으로 반응하는 단계에서는 표상도 생겨나지 않는데, 그것은 의식이 깨어날 필요가 없기 때문이다. 그렇기 때문에 표상의 형성을 의식적 지각의 기초로 보게 되는 것이다. 베르그손은 표상이 형성되는 과정을 두 단계로 나누어 설명한다. 하나는 표상이 나타나기 위한 기본적 조건, 다른 하나는 표상이 이루어지는 구체적 조건과 관련된다. 기본적 조건이란 원칙적으로 대상에서 직접 유래한다고 가정된 '순수지각'이 나타날 조건이고, 구체적 조건은 주관적 기억이 부가되어 풍부한 내용을 가진 '현실적 지각'이 나타날 조건이다. 첫번째 조건부터 이야기해보자.

순수지각이 나타날 조건

표상이 나타날 기본적 조건을 보기 위해서는 이미지 존재론으로 되돌아가야 한다. 이미지 존재론의 의미는 의식에서 출발하는 근대적 관념론을 거부하고 새로운 실재론을 세우는 것이다. 근대 철학의 아버지 데까르뜨나 경험론의 창시자인 로크는 모두 실재론자들이기는 하지만 의식 안으로 들어가 관념을 가장 확실한 인식으로 간주하는 데서 관념론의 싹을 키우고 있다. 표상을 뇌피질의 분자운동으로 설명하는 심리생리학자들도 우리 내부의 과정을 더욱 중요시하기는 마찬가지다. 반대로 베르그손은 우리 밖에서, 즉 외부 이미지들로부터 출발하여 의식현상을 설명하려고 시도한다. 앞서 우리는 지각이 가능적 행동과 관련된 이미지들이라는 것을 보았다. 이미지들은 서로 기계적 법칙에 따라 작용하고 반작용하지만, 신체라는 특권적 이미지는 이미지들의 작용에 대해 반작용을 선택할 수 있는 생명체이다. 이 선택은 즉각적 반응을 더 나은 미래의 행동을 위해 유보 또는 연기하는 것으로 시작된다. 행동을 유보하면서 생명체는 다음번에 수행할 행동의 영역 안에 있는 대상들에 관심을 기울인다. 가능적 행동과 관련된 이 관심의 대상들이 곧 지각이다. 이렇게 볼 때 이미지들의 전체와 생명체라는 특수한 이미지가 관심을 기울이는 이미지들의 관계는 전체와 부분의 관계이고, 전체에서 부분으로 가기 위해서는 무언가를 덧붙이는 것이 아니라 제거하면 된다. 들뢰즈의 용어로 말하면 지각은 가산(더하기)이 아니라 감산(빼기)을 통해서 이루어진다고 할 수 있다.

그러면 이미지들 전체에서 신체의 가능적 행동에 관련된 이미지들만을 지각하는 것이 어떻게 의식적 표상이 되는 것일까? 그리고 모든 것을 이미지의 운동으로 설명하고 지각조차 신체라는 이미지의 행동에 관련된 것으로 설명하는 베르그손의 이미지 존재론에서 표상은 대체 어떤 위치를 갖는 것일까? 들뢰즈는 『시네마 1 : 운동-이미지』 4장에서 이 부분을 해석하면서 다음과 같이 용어를 명료하게 정리하고 있다. 들뢰즈는 운동하는 물질을 운동이미지(image-mouvement)라 하고, 행동·지각·정념을 운동이미지들의 세 가지 변이태(variation)로 본다. 운동이미지가 신체라는 특수한 이미지의 작용이 될 때 행동이미지(image-action)가 된다. 그리고 신체의 행동과 관련된 이미지, 즉 표상을 지각이미지(image-perception)라고 부른다. 그밖에 정념이미지(image-affection)에 대해서는 다음 절에서 살펴보기로 하자. 그러므로 나의 관심과 상관없이 운동하는 이미지들 전체를 운동이미지라 하면 나의 관심을 끄는 이미지들은 지각이미지이다. 운동이미지들은 현존하는(présent) 것이고 지각이미지들은 재현된(représenté) 것 또는 표상된 것이다. 전체와 부분 간에 본질적인 차이는 없듯이 현존과 표상 간에도 본질적인 차이는 없다. 둘 다 이미지들이기 때문이다. 운동하는 이미지들 전체에서 나의 관심을 끄는 이미지들을 고립시켜 운동을 제거한 상태로 외피만을 포착할 수 있다면 그것이 바로 표상이 된다. 이렇게 이해했을 때 지각이미지, 즉 표상은 새롭게 창조되는 것이 아니라 이미지들 전체에서 분리되었다는 사실 자체에 의해 생겨난다.

이것은 말장난이 아닐까? 물질 전체를 이미지로 놓았고 지각적 표상도 이미지로 놓았기 때문에 전자에서 후자가 나오는 것은 당연하다. 그러나 물질과 표상을 똑같은 이미지로 놓을 수가 있을까? 근대 철학에서는 물질을 실체로 놓고 표상을 이미지와 같이 취급하다 보니 둘 사이에 공통점을 찾을 수 없어 그것들의 관계를 설명하는 데 실패했던 것이 사실이다. 그러나 공통점을 만들기 위해 두 가지를 다 이미지로 놓고 시작하는 것은 그 가정 자체가 문제를 회피하는 것이 아닐까? 그러나 여기에는 앞서 말했듯이 베르그손의 지속의 형이상학 전체가 관련되어 있다. 지속의 철학에서는 거시적 의미에서 질적 변화로 이해된 운동만이 실재한다. 개개의 물체들은 실체가 아니라 운동의 순간적 단면, 즉 이미지에 불과하다. 제논의 역설이 운동을 정지점들의 합으로 재구성하기 때문에 결국 운동을 부정하게 되었다면, 거꾸로 베르그손은 운동에서 출발하여 정지점들을 운동의 잠정적 휴지 상태로 본다. 우리가 고정된 것으로 파악하는 물체의 형태나 성질들은 운동의 순간적 상태이다. 이것이 바로 이미지이고 지각표상은 신체라는 이미지에 포착된 이미지(물체)들이다.

운동과 정지를 완전히 다른 두 현상으로 분리하고 정지에서 운동을 재구성하는 제논의 역설은 확실히 논리적으로 치명적인 난점을 가진 것처럼 보인다. 정지점들을 무한히 합쳐보아야 원리상 운동은 그것들과 다른 것이기 때문이다. 운동에서 출발하여 정지를 설명하는 베르그손의 입장이 이런 면에서는 난점을 덜 가지고 있는 것처럼 보인다. 아무튼 그의 요점은 물질적 실체가 부정되었기 때문에 물질과 지각 사이에는 정도 차만 존재한다는 것이다. 그렇다면 버클리의 관념론에 가까워지는 것이 아닐까? 차이점은 이렇다. 버클리는 지각에서 출발하여 물질적 세계도 지각의 세계로 환원시킨다. 그러나 베르그손은 거꾸로 이미지-물질의 세계에서 출발하여 지각을 물질의 일부로 본다. 이미지-물질의 세계가 실재하는 것이기 때문에 지각도 실재적 세계에 바탕을 두고 있다는 것이다.

그러나 다시 물질과 지각 사이에 정도 차만 있다는 것은 구체적으로 어떻게 이해해야 할까? 아무리 이미지 존재론을 수용한다고 해도 이것은 근대 철학적 상식을 가진 우리에게는 얼핏 난해한 이야기로 들린다. 물질이 실체가 아니라고 해도, 지각이 단순한 인상이 아니라고 해도, 그것들의 본성이 같다는 것은 인정하기 쉽지 않다. 이제 베르그손의 본래 의도에 좀더 가까이 갈 필요가 있다. 베르그손이 표상의 형성 과정에서 일차적으로 다루는 것은 '순수지각'(perception pure)이다. 이것은 기억으로 풍부해진 실제적 지각이 아니라 원리적 차원에서 실제적 지각의 조건이 되는 것이다. 베르그손은 루소와 칸트의 용어를 즐겨 빌려와 순수지각이 이야기되는 곳은 '권리상'(en droit)의 차원이지 '사실상'(en fait)의 차원이 아니라고 덧붙인다. 이는 원칙과 현실의 차이를 나타내는 법률 용어들이다. 우리의 혼동은 권리상의 지각을 사실상의 지각과 동일시할 때 나타난다.

그렇다면 이런 구분의 의미는 무엇인가? 그것은 간단히 요약하면, 지각이 비록 기억으로 뒤덮여 있기는 하지만 본래 실제적 사물에 기초를 두고 있는 것이지 우리 주관 속의 상이 아니라는 것이다. 현실적으로 우리의 지각표상은 거의 기억으로 채워져 있다. 심리학자들은 이것을 잘 보여주고 있으며 베르그손도 여기에 전적으로 동의한다. 베르그손이 『물질과 기억』 2장에서 기억에 관한 고찰에 많은 분량을 할당하는 이유도 바로 거기에 있다. 특히 심리학자들은 우리의 지각이 기억에 의해 끊임없이 재구성된다는 것을 보여준다.

그러나 베르그손은 그러한 과정이 가능하기 위해서라도 한 번은 외적 대상이 의식 안에 들어가야 한다는 사실을 강조한다. 날 때부터 시각장애인 사람들은 시각이미지를 만들지 못한다. 따라서 시각적 기억도 존재하지 않는다. 우리가 태어나서 성인이 될 때까지 지각이 끝없는 수정을 거친다고 해도 그것은 적어도 최초의 지각을 전제로 하기 때문에 가능하다. 바로 이 최초의 지각이 순수지각인 것이다. 물론 갓 태어난 아이가 외부대상을 바라볼 때 성인과 똑같은 표상을 만들지는 않는다. 지각 메커니즘이 형성되어 있지도 않을 뿐만 아니라 무엇보다도 기억표상이 존재하지 않기 때문이다. 순수지각은 기억이 없

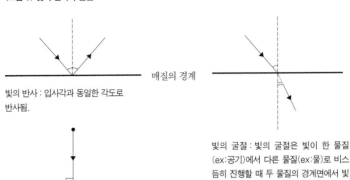

〈그림 6〉 빛의 반사와 굴절

매질의 경계

빛의 반사 : 입사각과 동일한 각도로
반사됨.

빛의 굴절 : 빛의 굴절은 빛이 한 물질
(ex:공기)에서 다른 물질(ex:물)로 비스
듬히 진행할 때 두 물질의 경계면에서 빛
의 진로가 꺾여 진행하기에 생기는 현상
이다. 입사각이 커지면 굴절각도 커진다.

상

전반사:입사각이 수직이면 전반사가
되고 매질 안쪽에 상이 생김.

는 상태에서 외부대상과 직접 접촉하는 것이며, 실제적으로는 거의
작동하지 않지만 시간이 지나면서 작동하게 되는 현실적 지각의 기초
를 이룬다.

이제 베르그손은 순수지각의 형성을 빛의 반사로 비유하여 설명
한다. 이 비유는 이미지와 지각표상, 즉 운동이미지와 지각이미지의
관계를 구체적으로 보여준다는 점에서 중요하다. 데까르뜨는 오늘날
우리에게 잘 알려진 빛의 굴절현상과 반사현상을 발견했다. 굴절이란
빛이 매질의 경계면을 통과할 때 구부러지는 현상이다. 예를 들어 막
대기를 물에 집어넣으면 접촉면에서 막대기의 상이 구부러진다(그림
6 참조). 반사는 빛이 일정한 각도로 매질에 닿을 때 굴절하지 않고 되
돌아오는 현상이다. 그런데 빛의 방향이 매질에 수직이면 전반사현상

이 일어난다. 이때는 매질 안쪽에 잠재적 이미지가 형성된다. 가령 물에 비친 모습, 거울 속에 생기는 이미지가 그것들이다. 이러한 이미지들은 일종의 '신기루'와 같다. 베르그손은 지각표상은 바로 이러한 현상과 유사하다고 한다. 이 비유는 표상이 뇌피질의 분자운동으로부터 만들어지는 것이 아니라 외부대상과 신체라는 이미지의 직접적 접촉에서 생겨난다는 것을 의미한다. 전자에서는 뇌피질의 분자운동이 적극적인 역할을 하지만 후자에서는 대상과 신체의 접촉이 핵심이고 상대적으로 뇌의 역할은 소극적이다.

지각에서 신경계와 뇌는 보통 사진기와 같은 역할을 하는 것으로 생각되었다. 어떤 화학적이고 심리적인 제작 과정에 의해 마치 사진이 찍히고 현상되듯이 감각신경에서 중추에 이르면서 지각표상이 형성된다는 것이다. 이 비유는 표상의 형성에 신경계가 적극적인 역할을 한다고 보는 입장에서 전형적인 것이다. 그러나 베르그손은 만약 사진과 사진기의 비유를 사용한다면 거대한 이미지들의 우주 전체가 사진이자 사진기라고 한다. 사진이 운동하는 물체의 순간포착이듯 이미지는 우주적 운동의 순간적 단면이기 때문에 그러하다. 따라서 사진이 있다면 그것은 이미지들 자체 내에서 찍혀지고 현상된다. 단지 거기에는 건판 뒤에서 이미지를 분리하는 '검은 스크린'(écran noir)이 없어 투명할 뿐이다. 우리의 신체이미지는 바로 이러한 스크린의 역할을 한다. 들뢰즈의 유명한 표현에 의하면, "뇌는 스크린이다".

그런데 스크린이라는 말에 해당하는 프랑스어 '에크랑'(écran)은 화면이라는 뜻도 있지만 사진기의 **필터** 혹은 **막**이라는 뜻도 가지고 있다. 여기서는 후자의 의미다. 따라서 이 말을 단순히 '화면'으로 이해하면 매우 곤란하다. 흄이라는 철학자는 정신은 인상들이 생겨났다가 사라지는 극장과도 같다고 말한 적이 있지만, 여기서 뇌를 그런 의미로 이해해서는 안 된다. 그렇다면 그 말의 의미는 무엇일까. 이미지들은 이미지들로서 존재하지만 그것이 이미지로 인식되자면, 즉 지각표상이 되려면 그것을 포착하는 신체라는 이미지가 있어야 한다. 신체혹은 더 정확히는 뇌라는 스크린에 의해 이미지 전체에서 관심의 대상들이 걸러지고 선택된다. 이런 행위를 하는 것이 바로 생명체이다. 생명체는 이런 의미에서 자발적 활동의 중심이다. 이미지-물질에서 나온 빛은 생명체에 부딪히면 반사되고 그것의 내부에 잠재적 이미지가 형성된다. 즉 지각이 형성된다.

빛과 사진의 비유는 베르그손 이미지론의 독특한 점을 잘 보여준다. 전통적인 인식론과 존재론에서 사용되는 용어들을 뒤바꾸어 놓은 것도 상당히 충격적인데, 이런 전복이 단지 비유에 그치지 않는다는 점이 또한 흥미롭다. 전통적으로 사물은 어둠으로, 정신은 빛으로 비유되곤 했다. 그렇다면 인식이라는 행위는 어둠 속에서 손전등을 가지고 더듬거리며 사물의 윤곽을 파악하는 것으로 볼 수 있다. 운동하는 물질의 세계는 고대 그리스의 관점에서는 카오스의 세계이므로, 이성(nous)이라는 빛에 의해 영원한 진리를 인식하고 이것을 본으로 하여 물질계를 이차적으로 인식한다고 생각하였다. 근대에 와서도 데까르뜨는 의식을 '자연의 빛'이라고 불렀다. 사물 자체는 이성이 파악할 수 있는 기하학적 연장 실체인 한에서만 알 수 있는 것이다. 로크도 물체를 '내가 알 수 없는 어떤 것'(something I know not what)이라고 불렀고, 칸트도 사물 자체(Ding an sich)는 우리가 전혀 접근할 수 없는 불가지의 세계에 속하며, 오직 우리의 감성과 지성에 의해 포착된 현상만이 합리적 앎의 대상이라고 했다. 물질에 대한 이성의 우위를 주장하는 전통은 파르메니데스에서 헤겔까지 서양 철학의 단단한 지반을 이루고 있다. 베르그손이 전복시키는 것은 이러한 이성주의 철학 전체이다. 그에 의하면 사물 자체가 빛이며 의식은 그것의 일부를 이루는 한에서만 의미 있는 것으로 이해된다.

사실 베르그손은 빛과 사진의 비유를 오로지 전통적 이해를 전복시키기 위해 사용하였지만 들뢰즈는 이것을 베르그손 철학의 중요한 특징으로 만든다. 들뢰즈의 『시네마 1: 운동-이미지』가 이 부분에 대한 이해에 의존하고 있으므로 간략하게 그의 해석을 소개해보자. 들뢰즈에 의하면 물질적 우주가 빛인 이유는 그것이 기계론적 우주가 아니라 지속하는 우주이기 때문이다. 베르그손이 묘사하는 이미지들의 체계는 어떤 자발적 힘이나 주관적 의도를 따르지 않고 엄밀하게 자연 법칙을 따른다는 면에서는 고전역학의 세계에 가깝지만, 사실 다음과 같은 조건을 덧붙여야 한다. 〈우주 전체는 질적으로 변화하는 지속의 세계이며 기계적 법칙을 따르는 이미지들의 우주는 그 순간적 단면에 불과하다.〉 베르그손은 '순간적 단면'(coupe instantané)이라는 말을 사용하고 있는데 들뢰즈는 이것을 전체 지속의 '움직이는 단면'으로 재해석한다. 실제로 베르그손의 지속과 관련시켜 생각할 때 이미지들의 세계가 고정된 실재가 아닌 것은 확실하다. 단지 그것이 나타난 것, 즉 현상의 차원에서 보느냐, 그 배후에 생성의 관점을 전제하느냐에 따라 달리 묘사될 수 있다. 베르그손은 『물질과 기억』의 초입에서 다른 철학적 가정을 배제하고 순수하게 우리에게 나타난 것들로부터 시작할 것을 제안하기 때문에 들뢰즈의 해석은 이 문맥에서는 좀 성급하다. 그러나 들뢰즈는 베르그손의 전체 체계를 염두에 두고 해석하고 있기 때문에 그런 입장에서는 적절하다고 할 수 있다.

들뢰즈에 따르면 이미지들의 세계는 "축도, 중심도, 좌우도, 상하도 없으며" 그 모두를 가로지르고 뒤섞고, 그것들이 절대적으로 닫히지 못하게 한다. 물론『창조적 진화』에서 베르그손은 기계론을 닫힌 체계라고 비판하고 있다. 그러나『물질과 기억』에서는 이미지들의 세계에 대해 그것이 닫힌 체계인지, 열린 우주인지 명확하게 이야기하지 않는다. 그것은 현상으로서 단지 해석의 대상일 따름이다. 기계론자들은 그것을 닫힌 우주로 해석하고 관념론자들은 그것을 중심을 따라 정돈되는 주관적 우주로 이해한다. 그러나 들뢰즈는 그것을 베르그손의 전체적 입장을 따라 지속하는 우주의 움직이는 단면으로 보기 때문에 이미지들의 세계는 '기계론'(mécanisme)이 아니라 '기계주의'(machinisme)이다. 기계론은 수학적 지성으로 완벽하게 해명되는 세계이다. 그러므로 들뢰즈가 보는 기계론과 기계주의의 차이는 기계론이 비록 수학적 법칙을 따르지만 그것을 인식하는 합리적 이성(빛)의 시선에 의존하는 데 비해 기계주의는 어떤 다른 의식도 가정하지 않고 그 자체 안에 시선을 가진다는 데 있다. "눈은 사물들 속에, 빛나는 이미지들 자체 속에 있다."(『시네마 1 : 운동-이미지』, 119) 이런 의미에서 "물질에 내재하는 의식이 바로 빛이다".

자연 법칙이나 이성과 같은 외적 원리에 의지하지 않고 자체적으로 운동하는 우주를 들뢰즈는 '내재성의 평면'(plan d'immanence)이라고 부른다. 여기에서 '물질에 내재하는 의식'이라는 비유는 기계적

(machinique) 시선을 말하는 것일 뿐 인간적인 의미에서의 의식과는 관계가 없다. 들뢰즈는 이러한 기계적 우주를 영화가 잘 보여주고 있다고 생각한다. 영화는 인간 주체처럼 고정된 중심을 갖지 않는 즉자적인 이미지들의 세계이다. 그것은 특정한 시선을 중심으로 찍힌 것이 아니고 이미지들 내부에서 찍히고 현상된 투명한 사진들의 세계이다. 물론 영화는 주제에 따라 시선을 고정시킬 수 있다. 그러나 원리적으로 볼 때 그것은 특정한 시선에서 자유롭다. 이런 면에서 베르그손의 이미지론은 곧바로 그의 영화 존재론으로 탈바꿈한다.

기억과 자기동일성─데까르뜨, 흄, 베르그손의 설명

순수지각 이론은 전적으로 이미지 존재론에 기초하고 있다. 그것들은 대상과 거울에 비친 상처럼 쌍을 이루는 관계이다. 거울상은 거울이 능동적으로 만들어낸 것이 아니라 대상과 빛 그리고 거울이라는 매끈한 평면을 가진 특수한 물체가 관계를 맺음으로써 나타난 또 하나의 대상이다. 즉 대상이든 거울에 비친 그것의 상이든 모두 객관세계에 속한다. 그러므로 우리가 정말로 우리 바깥의 이미지들의 세계에서 출발한다면 우리 안에서 형성된 표상도 우리가 만들어낸 것이 아니라 역시 이미지들의 세계에 속한다는 것을 알 수 있다. 그런데 만약 오직 순수지각만을 할 수 있는 존재가 있다면 어떨까? 이런 기능에만 머물러 있는 존재에 있어서는 들어온 지각이미지들 각각은 순간적인 상에 지나지 않는다. 순간적인 상들은 아무리 많이 축적되어도 서로 조직될 수가 없다. 그것들을 연속적으로 연결해주는 또 다른 기능이 있을 때만 지각이미지 각각이 전체 속에서 의미를 가질 것이고 현실에 유용하게 적용될 수 있을 것이다. 이 기능이 바로 기억이다.

기억은 어떻게 가능한가? 우리는 어떻게 기억하는 존재가 되었는가? 사실상 기억이 없다면 우리 각자가 '나'라고 부를 수 있는 가장 근본적인 토대는 와해되고 만다. 우리는 「메멘토」라는 충격적인 영화를 알고 있다. 이 영화의 주인공은 기억이 15분밖에 지속되지 않는다. 주인공은 자신이 겪은 일에 대해 끊임없이 메모를 남긴다. 기억으로 남지 않는 사건들의 내용을 기록을 통해 파악한 다음 그것을 객관적으로 엮어서 자신의 과거를 추적하고 자신이 누구인지를 알고자 하는 것이다. 우리 상식에는 너무나 낯선 이야기라 단순히 상상에 불과한 것이 아닌지 의심이 갈 정도이다. 그러나 신경심리학의 임상 사례들을 다룬 올리버 색스(Oliver Sacks)의 『아내를 모자로 착각한 남자』라는 책을 보면 이와 같이 지독한 기억상실의 실제 사례가 몇 가지 등장한다. 한 사례에서 지미라는 남자의 기억은 1분도 지속되지 않는다. 「메멘토」의 주인공보다 더 절망적이다. 지미는 정상적으로 말하고 추론하는 데는 별 문제가 없는 지성을 가지고 있으나 자기에게 일어난 일을 곧바로 잊어버리기 때문에 시간의 관념이 없다. 그의 기억은 19세에서 멈추어 있고 45세가 넘은 현재까지 일어난 일들은 의식에서 사라져버렸다. 따라서 그의 정체성도 19세에 머물러 있다. 즉 그는 자신을 19세라고 생각하는 것이다. 이후에 일어난 모든 일은 만화경처럼 천태만상으로 변할 뿐 서로간에 아무런 연관이 없이 기억에서 스러져간다. 올리버 색스는 이렇게 쓰고 있다. "그라는 인간은 순간 속의 존재이다. 말하자면 망각이나 공백이라는 우물에 갇혀서 완전히 고립되어 있는 것이다. 그에게 과거가 없다면 미래도 없다. 끊임없이 변동할 뿐 아무런 의미도 없는 순간순간에 매달려 있는 것이다."(『아내를 모자로 착각한 남자』, 65~66)

나는 누구인가? 나는 시간 속에서 끝없이 변화하지만 그럼에도 불구하고 변치 않는 무언가가 있어서 나를 나라고 말할 수 있게 하는 것일까? 아니면 애초에 그와 같은 불변의 자아는 환상인 것일까? 이와 같은 물음을 정체성 또는 자기동일성(identity)의 물음이라고 한다. 그런데 지미의 예에서 볼 수 있듯이 자기동일성의 문제는 시간적 사건들을 하나의 실로 연결하는 기억의 작용을 고려하지 않으면 답할 수 없다. 의식의 문제가 철학의 중요한 화두가 된 이래 철학자들은 오랫동안 자기동일성의 문제에 대해 고심해왔는데 놀랍게도 기억의 작용을 중요하게 여긴 사람은 많지 않다.

데까르뜨는 자아를 실체라고 하였는데, 실체란 '존재하기 위해 다른 것에 의존하지 않는 것'으로 정의된다. 그렇다면 기억 따위는 고려하지 않아도 자기동일성의 문제는 저절로 해결된다. 정신의 본성은 사유이고 사유는 그 자체로 존재할 수 있다. 그것은 데까르뜨가 '나는 생각한다'(Cogito)라는 말로 표현한 것으로서 의식에서 가장 명백하게 나타나는 기본적 '사실'이다. 오히려 기억은 사유의 정확성을 흩뜨려놓기 때문에 데까르뜨는 그것을 사유의 요소에서 제쳐놓는다. 실제로 우리는 기억이 종종 실수하는 것을 볼 수 있다. 그러나 특이한 사실 하나를 지적하자. 데까르뜨의 코기토는 자아가 순간적으로 포착하는 진리이다. 그렇다면 다음 순간에는 어떠한가? 기억의 작용을 무시한 데까르뜨에게 순간들의 연결고리는 어디에 있는가? 만약 그것이 없다면 아무리 순간적으로 확실한 인식을 가진다고 해도 「메멘토」의 주인공이나 지미처럼 자기동일성을 가질 수 없는 것이 아닐까? 여기서 데까르뜨는 선한 신에게 호소한다. 사유는 순간들로 이루어지는데 신은 나를 순간순간 새롭게 창조한다는 것이다. 다시 말하면 자아의 순간들을 연결해주는 것은 곧 신이다.

데까르뜨의 이 부분은 많은 오해와 비판의 대상이 되었지만, 사실 그가 말하고 싶었던 것은 신이라는 초월적 원인의 힘을 내세우는 것보다는 진리인식이 언제 어디서나 동일하게 가능해야 한다는 생각, 즉 진리의 보편타당성이라는 이념이다. 예컨대 어떤 삼각형의 넓이를 구하는 문제에서 어제의 계산 결과와 오늘 계산한 결과가 다르다면 거기서 진리를 말할 수는 없다. 또한 진리는 어제 구했던 넓이의 기억에 의존해서는 안 될 것이다. 기억과 상관없이 진리는 매순간 시도할 때마다 동일하게 나타나야만 한다. 이러한 진리는 그 자체로서 존재하는 것이며, 어떤 불순물에 의해서도 오염되지 않은 순수한 순간이야말로 진리의 장소로 적합하다. 대신 그 순간들이 순간인 한에서는 영원하다는 보증, 즉 매순간 타당하다는 보증이 있어야 한다. 말하자면 데까르뜨는 진리에 대한 수학적 확실성의 이념을 정신에도 적용한 것이다. 진리가 순수하다면 그것을 인식하는 정신도 순수하다. 따라서 거기에 불순한 기억이 개입해서는 안 된다. 데까르뜨의 실체는 사유이건, 연장이건 간에 위와 같은 순수한 이념을 실현하는 것이다.

반대로 경험론자들은 데까르뜨의 실체 개념을 근거 없는 것이라고 비판한다. 이들은 경험 이전에 주어진 선험적 원리나 실체 등을 부정하고 오직 감각경험만을 가지고 시작하는데, 의식의 자기동일성 문제를 설명하기 위해서는 기억을 부각시킨다. 데까르뜨나 칸트와 같은 합리주의 진영에 있는 철학자들에 비해 기억의 작용을 매우 긍정적으로 보았던 점에서 경험론자들은 지각과 기억을 경험적으로 다루는 심리학의 탄생에 많은 기여를 한 것으로 인정받고 있다. 또한 베르그손도 경험론의 입장을 계속 참조하고 비판하면서 자신의 기억 이론을 세우기 때문에, 우리는 그것을 자세히 살펴볼 필요가 있다.

경험론자들은 감각 또는 지각이 우리를 자극한 다음 시간이 지나 의식에 남은 것이 기억이라고 본다. 여기서 중요한 것은 물론 감각경험이고 기억은 부차적인 것이다. 자기동일성 문제에 대해 가장 심사숙고한 경험론의 마지막 주자 흄은 다음과 같이 말한다. "인간들은 서로 다른 지각들의 다발 또는 집합일 뿐이며 이 지각들은 믿을 수 없을 정도로 빠른 속도로 서로를 잇따르며 영원한 흐름과 운동 속에 있다. …… 한 순간이라도 변하지 않고 동일한 것으로 남아 있는 영혼의 능력은 있을 수 없다"(『오성에 관하여』, 257). 지각은 우리 정신 안에 남아 관념이 되는데, 그 중에서 생생함을 어느 정도 간직한 것을 기억이라 하고 생생함을 완전히 잃어 제멋대로 움직이는 기능을 상상력이라고 한다. 흄은 우리가 주로 기억에 의지하여 생각하고 살아가는 한 일상적으로는 시간이 지나도 자신을 과거의 자신과 동일한 인격을 가진 사람으로 생각하는 데 큰 무리가 없다고 본다.

그러나 데까르뜨가 이미 간파했듯이 기억은 오류의 여지가 많다. 게다가 흄은 지각들 자체를 서로 구별되는 원자들과 같은 것으로 본다. 지각들은 서로간에 유기적으로 연결되어 있지 않다. 여기에는 당시의 원자론적 사고방식이 기초가 되어 있다. 생물학적 사고는 아직

태동하지 않은 시기이다. 인간이 지각들의 다발 또는 집합일 뿐이라는 것은 인격을 이루는 하나의 통합적 원리가 존재하지 않는다는 말이다. 그렇다면 기억이 아무리 지각의 생생함을 간직하고 있다고 해도 어떻게 서로 다른 수많은 기억들이 연합하여 인간의 자기동일성을 구성할 수 있겠는가? 흄은 물질에서 원자들을 서로 결합시키는 인력(attraction)이라는 것이 있듯이 정신에도 관념들을 서로 결합시키는 '관념연합의 법칙'이라는 것이 있다고 한다. 관념들에는 비슷한 것들, 가까이 있는 것들, 그리고 언제나 잇따라 생겨나기 때문에 원인과 결과의 느낌을 주는 것들이 있다. 유사성, 인접성, 인과성이라는 이 세 가지 특징에 의해 관념들은 서로 모이거나 흩어진다. 이렇게 해서 기억은 어느 정도 일관되게 자리 잡고 잃어버린 고리를 메우면서 인격의 동일성을 낳는다고 한다. 그러나 이 법칙은 대체 어디서 유래하는가? 경험론에서는 선험적 법칙을 인정하지 않는다. 정신에 본래 있는 것이 아니라면 관념연합의 법칙은 결국 관념들의 우연적 이합집산을 그저 차후적으로 설명하는 것에 지나지 않는다. 이와 같은 설명은 정상적인 인간보다는 오히려 우리가 앞서 본 지미의 사례에 정확히 들어맞는다. 그에게는 모든 사건이 아무런 유기적 관련이 없이 순간 속에서 나타났다가 사라진다. 이러한 인간이 바로 흄이 말하는 자기동일성의 모범이다. 흄의 의도가 어떠하든 결과적으로 신경학적 문제를 가진 환자로부터 정상인을 재구성하게 된 것은 유감스러운 일이다.

데까르뜨와 흄은 각각 근대의 합리론과 경험론의 입장을 대표한다. 각자가 서 있는 입장이 다르기 때문에 극단적으로 대립된 결론에 이르게 된 것이다. 영혼이 하나의 실체인지 부분들로 이루어져 있는

지를 묻는 이런 문제를 칸트는 이율배반이라고 부르며 인간 지성으로 는 답할 수 없는 문제라고 못 박았다. 과학주의자들도 양자가 다 공허 한 주장이라고 비판하였다. 그들은 뇌신경생리학적 연구로 인간의 모 든 것을 설명하려고 하지만 이 문제에는 과학의 접근을 넘어서는 부 분이 있다. 만약 과학으로 접근이 불가능한 영역의 문제에 인간 지성 으로는 답할 수 없다고 한다면 칸트와 과학주의의 생각에는 일치하는 면이 있다. 그러나 베르그손은 이 문제에 답하려고 한다. 형이상학적 문제는 과학이 도달할 수 없는 영역이지만 여전히 인간의 욕구에 남 아 있으며 거기에 답하려는 시도는 결코 헛된 것만은 아니다. 데까르 뜨나 흄이 양쪽 극단에 서 있다면 칸트나 과학주의자들은 너무 서둘 러 불가지론 쪽에 자리 잡았다. 그러나 양쪽을 피해가면서 해답을 찾 을 수 있는 길이 있을지도 모른다. 이 문제를 해결하는 데 베르그손은 기억의 심리학이나 신경생리학이 주는 정보들을 존중하고 최대한으 로 활용하지만, 과학의 한계를 명백히 인지하면서 기억이라는 현상이 단지 심리생리학적인 것만은 아니라는 전제를 분명히 한다.

우선 베르그손은 데까르뜨와 달리 기억의 능력을 우리 정신의 본 질적 특성이라고 본다. 이 정도로 말하는 것은 사실 너무 약하다. 베 르그손은 의식은 곧 기억(mémoire)이라고까지 말한다. 그런데 의식 과 기억이 동일한 것이라면 기억의 의미를 너무 넓게 해석하는 것은 아닐까? 일반적으로 의식이란 감정·감각·의지·표상·관념·기억과 같은 갖가지 심적 요소들을 포함하기 때문에, 기억은 의식의 한 요소 에 불과한 것으로 생각되어왔다. 게다가 의식은 현재에 관한 것이고 기억은 과거에 관한 것이 아닐까? 데까르뜨에게 사유는 순간에 포착되는 현재적 의식이다. 바로 이런 이유로 기억은 명증한 의식에서 제외된다. 베르그손의 지속의 철학은 바로 이 생각에 도전한다. 의식은 우리가 살아오면서 느끼고 경험한 모든 내용을 포함하는 것이지 현재에 관련된 것만 포함하지 않는다. 의식상태는 끝없는 흐름 속에서 연속되기 때문에 흘러간 것이라고 해서 완전히 사라진 것이 아니라 단지 현재의 의식에 나타나지 않을 뿐이다. 베르그손은 현재에 나타나지 않는 의식상태를 '무의식'이라고 부른다. 따라서 의식은 넓은 의미에서는 각 개인이 이제까지 살아오면서 경험한 것들 전체이고, 좁은 의미에서는 현재 의식에 떠오르는 것이다. 의식상태의 지속, 끝없는 잇따름 속에서는 아무것도 사라진 것은 없으며 모든 것이 보존되어 있다. 이런 의미에서 의식은 바로 기억이라는 것이다.

과거는 그 자체로 자동적으로 보존된다. 과거는 아마 전체로서 매순간 우리를 따라온다. 우리가 최초의 유년기부터 느끼고 생각하고 원했던 모든 것이 거기 있으며, 곧 그것에 합류하게 될 현재에 기대어, 그것을 바깥에 남겨두고자 하는 의식의 문을 밀어내고 있다. 두뇌의 운동기제(mécanisme)는 거의 모든 기억을 무의식 속에 억압하기 위해서, 그리고 의식 속에서 현재 상황을 조명하고 행동이 준비되는 것을 도와 결국에는 유용한 일을 낳을 수 있는 것만을 끌어들이기 위해 만들어진 것이다.(『창조적 진화』, 25~26)

모든 기억은 무의식 속에 저장되어 있으며 현재 의식은 뇌의 운동기제에 의해 행동에 필요한 기억만을 선택하는 기능을 한다. 이 내용은『물질과 기억』의 2, 3장에서 주요하게 다루어진다. 베르그손의 지속의 철학은 이와 같이 기억으로 조명할 때 더 구체적으로 드러난다. 반대로 기억은 지속 개념에 의해 그 형이상학적 의미를 획득한다. 그러면 이렇게 이해된 의식 속에서 개인의 자기동일성은 어떻게 나타날 수 있을까? 이것이 우리가 출발한 문제였다. 결론부터 말하면 베르그손에서 이 문제는 어렵지 않게 해결된다. 어쩌면 문제를 제기할 필요조차 없을지도 모른다. 왜냐하면 의식상태는 그 자체로 보존되는데, 이 보존은 의식상태들이 서로간에 '유기적'(organique)으로 결합되어 있다는 사실로부터 가능하게 되기 때문이다. 이 유기적인 결합 상태가 바로 인격을 구성한다. 마치 생명체를 이루는 요소들이 서로 유기적으로 결합되어 있는 것과 비슷하다. 바로 이런 이유로 우리는 생명체를 유기체(organisme)라고 부른다.

　　이것을 좀더 정확히 이해하기 위해 우선 데까르뜨와 비교해보자. 이 합리주의 철학자에게도 자기동일성의 문제는 제기되지 않는데, 그것은 의식은 존재하기 위해 다른 것을 필요로 하지 않는 실체이기 때문이다. 그러나 거기서 의식은 현재의 순간에 토대를 두고 있기 때문에 순간들을 이어줄 다른 원리가 필요했다. 지속은 이와 같은 원리를 필요로 하지 않는다. "왜냐하면 우리의 지속은 순간을 대치하는 순간이 아니기 때문이다." 그것은 "과거가 미래를 잠식하고 전진하면서 부풀어가는 부단한 과정이다"(『창조적 진화』, 24). 의식의 지속은 과정 자체로서 명백한 사실이기 때문에 굳이 그것을 폭파시켜 순간들로 만든 후 다시 신에게 요청해서 그것들을 이어야 할 이유가 없는 것이다. 데까르뜨는 대체 왜 이런 수고를 했던 것일까. 우리가 보았듯이 그는 수학적인 의미의 순간만을 가장 명백한 사실로 가정했기 때문이다.

반대로 흄과 비교해보자. 경험에 충실한 이 영국 철학자는 지각들이 서로를 잇따르며 영원한 흐름과 운동 속에 있다는 것을 잘 간파하고 있었다. 그러나 또한 그 안에서 동일한 것으로 남아 있는 영혼이라는 것에 실체가 없다는 사실 역시 너무도 잘 깨닫고 있었다. 이 무신론자는 게다가 신에게 의탁하지도 않는다. 대신 당시에 뉴턴 물리학에 의해 확실한 것으로 인정된 인력의 법칙에 호소한다. 관념들은 원자들의 결합처럼 특수한 법칙에 의해 서로 결합되고 거기서 인격의 동일성이 구성된다. 그러나 물리적 대상과 정신의 대상 사이에는 분명한 차이가 있다. 뉴턴 물리학이 수학적으로 완벽한 체계를 이루며 검증이 가능한 과학인 반면 정신의 원자인 관념들은 수학적으로 운동하지도 않고 검증을 할 수도 없다. 그러므로 여기서 나오는 인격의 자기동일성은 스스로 와해될 수밖에 없다. 사실 관념연합의 법칙은 관념이라는 견고한 구슬들을 이어주기에는 너무도 허약한 실이다. 반대로 베르그손은 의식상태들의 지속보다 더 "내구력 있고(résistant) 더 실질적인 재료는 없다"고 한다. 무슨 말일까?

의식의 지속은 경험론자들의 관념처럼 견고한 요소들의 결합이 아니라 서로간에 유기적으로 침투할 수 있는 흐름을 이루고 있어 이 흐름 자체가 본질적이다. 우리는 관념들이 원자와 같은 고체에 비유되고 있는 반면에 지속은 흐름 속에 있는 유체에 비유되고 있다는 것을 주목하자. 물론 원자들 각각은 또다시 분해될 수 있지만 근대 철학자들이 생각한 원자는 더 이상 분해될 수 없고 침투할 수도 없는 마지막 요소이다. 그것은 비록 만져지지는 않지만 언제나 고체로 생각되었다. 고체들은 흩어지면 새롭게 이어주는 다른 원리를 가정해야 하지만 유체는 그렇지 않다. 그것은 인위적으로 분할할 수 없게끔 스스로 연속되어 있다. 이것이 내구력 있다는 말의 의미이다. 유체의 비유는 생명체에도 적용된다. 생명체는 서로 이질적인 요소들로 이루어져 있지만 물체들처럼 분해할 수 있는 것이 아니라 그 전체가 하나로 연결되어 있다. 물체는 분해해도 여전히 물체이지만 생명체는 분해하면 물체가 된다. 즉 자기동일성을 잃어버린다. 만약 우리의 정신이 이와 같다면 그것은 활동하고 있는 한에서는 자기동일성을 유지하기 위해 어떤 외적인 원리도 필요로 하지 않을 것이다.

기억과 지속, 현실적 지각

의식상태의 흐름이 자기동일성을 이루면서 실제적으로 활동하는 방식은 다음 장의 주제이다. 여기서는 순수지각 이론과 관련해 두 가지만을 지적하도록 하자. 순수지각은 외적 실재의 일부이면서 우리에게 포착된 이미지들이다. 베르그손은 이 이미지들을 연결하는 것이 기억의 능력이라고 한다. 그렇다면 기억 능력은 어디서 유래하는가? 이미지들의 체계 안에서 신체라는 이미지를 구별해낸 것은 단지 운동하는 방식이 다르다는 사실 때문이었다. 즉 모든 이미지들은 기계적 법칙에 따라 운동하는 반면 신체는 자발적으로 운동하고 반응을 선택하는 점에서 차이가 나기 때문이다. 그러나 베르그손은 이 선택이란 것이 결국 기억 없이는 가능하지 않다고 한다. 왜냐하면 선택은 과거의 경험들을 비교하는 가운데 이루어지는 것이며, 아무렇게나 이루어진다

〈도표 7〉 지속 속에서 이미지들의 출현

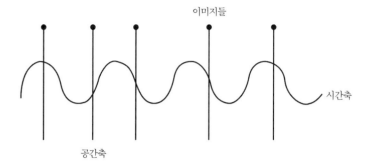

이미지들

시간축

공간축

면 더 이상 선택이 아니기 때문이다. 그렇다면 더욱더 기억의 출처가 궁금해진다.

결론부터 말하자면 기억은 이미지들의 체계에서 출현하지 않는다. 우리는 이미지 이론이 지속이라는 좀더 깊은 뿌리 위에서 고안된 것이라고 앞서 말한 적이 있다. 들뢰즈는 특히 이 부분을 잘 부각시키고 있다. 이미지는 지속하는 실재의 흐름에서 나타난 순간적 단면들이다. 알기 쉽게 도표로 정리하면(도표 7), 수평의 파동들은 시간축으로서 지속하는 실재의 흐름을 표시하고 수직선들은 공간축으로서 이미지들의 운동을 표시한다. 이처럼 지속은 하나의 통합된 전체를 이루는데, 이미지들은 거기서 분리되어 매순간 정지한 것들의 운동처럼 나타나는 세계를 이룬다. 그러나 시간축이 더 근본적인 것이기 때문에 이미지들은 더 큰 관점에서는 지속에 통합된다.

이 수직선과 수평선이 교차하는 도식은 신체와 정신의 결합을 설명하는 베르그손의 기본 입장이기도 하다. 실재의 흐름은 끝없이 이어진다는 의미에서 지속이고 모든 것이 보존된다는 의미에서는 기억이다. 알기 쉽게 말하자면 우주적 지속의 일부가 신체라는 이미지에 포착된 것을 개인적 정신 또는 기억이라고 보면 된다. 신체는 이미지들의 세계에 속해 있고 거기서는 매순간 순수지각이 생겨난다. 순수지각은 아무리 많이 나열되어도 서로간에 유기적으로 결합되지 않는다. 이 역할은 바로 기억의 몫이다. 즉 순수지각에 기억이 결합하여 현실적 지각이 만들어진다.

현실적 지각은 기억이 없이는 생겨나지 않는다. 기억은 한편으로 순수지각의 이미지(표상)들을 하나의 실로 이어주는 역할을 하며 다른 한편으로는 현실적 지각 안에 적극적으로 개입하여 표상을 구체화하는 기능을 하기도 한다. 기억이 순수지각의 표상들을 연결할 수 있는 것은 그것이 시간 속에서 조직화(organisation)하는 능력이기 때문이다. 한편, 기억이 지각표상의 형성에 적극적으로 개입한다는 것은 위의 작용으로 형성된 지각이미지들의 잔재가 축적되어 현재 지각 속에 투사된다는 것을 의미한다. 조직화의 능력은 기억작용(acte de mémoire)이라는 동사적 의미로 이해해야 하고, 축적된 과거표상은 과거의 일부분을 나타내는 부분기억들(souvenirs)이라는 명사적 의미로 이해해야 한다. 성인의 지각 능력은 위의 두 가지 능력이 결합하여 이루어진다.

이제 기억의 조직화 능력부터 구체적으로 설명해보자. 순수지각은 권리상 외부대상의 일부에 속하기 때문에 그것은 사실 우리가 이미 가지고 있는 기억을 불러내는 신호의 역할을 하는 데 불과하다. 그것은 이미지들의 세계에서 일어나는 순간적 작용이다. 그러나 실제의 세계가 진행하는 모습은 순간들의 합이 아니라 끝없는 흐름이기 때문

〈그림 7〉 마이브리지가 촬영한 「움직이는 말」

다양한 이미지들은 모두 동일한 임의성으로 이루어진다. 영화는 이 이미지들의 운동을 포착하되 특권적 형상에 종속시키지 않는다는 점에서 근대 과학적 운동 개념을 충실히 이어받고 있다.

에 순간이란 추상적인 한 점에 불과하다. 그러므로 현실적으로 우리는 순간 속에서 지각하는 것이 아니라 일정한 지속의 '두께'를 가진 시간의 흐름 속에서 지각을 하게 된다.

> 나의 지각을 아무리 짧다고 가정한다 하더라도, 사실상 그것은 항상 일정한 지속을 점유하고, 따라서 무수한 순간들을 서로서로의 안으로 연장하는 기억(mémoire)의 노력을 요구한다.(64)

예를 들면 달리는 말의 운동을 순간들로 분해한다면 원하는 만큼 많은 순간을 만들어낼 수 있을 것이다(그림 7). 그러나 우리의 지각은 의식할 수 있는 한계를 가지고 있기 때문에 무한한 순간들을 지각하지는 못한다. 하나의 이미지가 우리 의식에 고정되어 나타나는 시간을 만약 10분의 1초라고 가정한다면, 그 안에도 우리가 지각하지 못하는 무수한 순간들이 응축되어 있다고 할 수 있다. 바로 이러한 응축 또는 수축(contraction)이 기억의 역할이다. 그것은 관념적으로만 가정할 수 있는 무한한 순간들을 우리 의식의 한순간으로 압축해서 포착한다. 이런 의미에서 그것은 순수지각의 상들을 연결해주는 실과 같다. 영화가 1초에 24개의 이미지를 영사기로 돌려 움직임의 효과를 내는 것은 바로 이러한 의식의 한계를 이용한 것이다. 이러한 압축의 능력은 생명체마다 다르다. 하지만 우리는 저속촬영이나 고속촬영 기법을 통해 우리의 지각 안에서 일어나는 압축의 정도를 가늠해볼 수 있다. 예를 들면 총알이 튕겨나가는 한순간을 저속촬영으로 늘여보면 그 직선 궤적이 화면에 그려지는 것을 볼 수 있다. 우리가 한순간이라고 생각한 것이 그것을 얼마나 늘이는가에 따라 사실은 매우 많은 순간들의 나열임을 알 수 있다.

그러므로 어떤 의미에서 우리 의식에 나타나는 지각표상은 상당 부분이 주관적인 것이라고 할 수 있다. 갓난아이가 처음 눈을 떴을 때 아이는 그저 부유하는 이미지들의 세계 속에 있다. 뇌의 지각체계가 점차 활성화되고 기억들이 축적되어 아이의 시각이 제대로 작동하기까지는 꽤 시간이 걸린다. 아이는 생명체이기 때문에 이미지들을 조직화하는 기억의 능력을 타고난다. 그러나 이 능력이 발현되기 위해서는 시신경 메커니즘이 동원되어야 한다. 여기에 재미있는 사례가 있다. 1728년에 체슬든(W. Cheselden)이라는 영국의 의사는 날 때부터 시각장애인이었던 14세의 소년에게 백내장 수술을 하여 시력을 되찾아주었다. 그러나 소년은 눈을 뜨자 아무것도 구별하지 못했다. 이미지들이 한데 뒤섞여서 공간지각과 거리지각이 불가능했던 것이다. 올리버 색스도 『화성의 인류학자』라는 책에서 비슷한 예를 소개한다. 선천적 시각장애인이었던 45세의 버질이라는 사람이 백내장 수술 후에 세상을 보고 느낀 첫 인상은 다음과 같았다고 한다. "빛과 움직임과 색상이 한데 뒤엉켜 안개처럼 자욱했다"(『화성의 인류학자』, 180). 시각장애인은 촉각으로만 살아왔기 때문에 시각적 경험이 없다. 따라서 시간이 지남에 따라 점차 시각신경계에서 시각표상들이 정돈되면서 촉각과 연결되어 공간지각이 가능하게 되고 사물을 구별할 수 있게 된다. 체슬든의 어린 환자는 여기에 성공했지만 너무 늦은 나이에 시력을 되찾은 버질은 끝내 성공하지 못했다. 그에게는 촉각의 세계가 너무 단단하게 굳어져 있었고 이 세계를 시각이라는 새로운 세계와 조화시키는 일이 불가능했던 것이다.

성공의 조건은 우선 지각이미지들을 연결하는 기억(mémoire)의 작용으로 볼 수 있지만, 여기에 다음과 같은 과정이 첨가되어야 한다. 부유하는 지각이미지들이 정돈되어 생긴 지각표상들은 부분기억들(souvenirs)로 축적되는데, 이것들도 역시 기억 속에서 조직화되어야 한다. 지각이 제대로 이루어지기 위해서는 무수히 많은 부분기억들이 지각표상에 부가되어야 한다. 우리는 대상을 흘낏 보고도 그것이 무엇인지를 파악하는데, 그것은 이미 축적된 시각적 기억이 작동을 하기 때문이다. 대부분의 지각은 이러한 기억의 작용으로 이루어진다. 이 부분에 대해서는 이 책의 3장 앞부분에서 상세히 논의할 것이다.

아무튼 베르그손은 다음과 같은 이중적 작용에 의해, 즉 "기억이 직접적 지각이라는 바닥을 부분기억들의 담요(nappe)로 덮고 있는 한에서, 그리고 기억이 무수한 순간들을 응축시키고 있는 한에서" (65) 기억은 지각의 주관성을 구성한다고 말한다. 이 주관성이란 생명의 종적 차이와 동시에 개인적 차이를 말한다. 기억이 무수한 순간들을 응축시키는 것은 생명의 종적 특성과 관련되며 지각에 부분기억들을 투사하는 데는 개인차가 작용하고 있다. 다시 말하면 우리는 사람인 이상 같은 물체를 동일하게 인식하는 지각체계를 가지고 있지만 그것에 대해 얼마나 많은 기억을 형성하고 있는가에 따라 개인의 지각은 더 풍부할 수도 있고 그렇지 않을 수도 있다. 예를 들면 예술작품을 많이 보고 연구한 사람은 그만큼 풍부한 기억을 가지고 있어서 어떤 예술품에 대해서든 아주 깊이 있는 식견을 가질 수 있지만 그렇지 않은 사람은 잘 알지 못하는 것과 같다.

4. 정념과 행동

출발점인 이미지론으로 다시 돌아가 보자. 앞에서는 운동하는 이미지들의 체계에서 어떻게 신체의 행동이 나오는지 그리고 거기서 고정된 것으로 보이는 지각표상이 어떻게 생겨나는지를 차례로 알아보았다. 실제로 베르그손은 운동하는 이미지들을 행동, 지각, 정념 순으로 살펴보고 있다. 우리는 들뢰즈가 이 세 가지를 운동이미지의 변이태들이라 이름붙인 것을 보았다. 행동은 신체라는 이미지의 운동방식이므로 운동이미지와 공통점을 가지고 있고 이해하기도 그렇게 까다롭지 않다. 하지만 지각표상은 고정된 것으로 생각되고 있어 운동이미지와 어떤 관계를 맺고 있는지를 알기 위해 매우 복잡하고도 어려운 과정을 거쳐야만 했다. 이제 우리는 정념이 운동이미지에서 어떻게 출현하는지를 이해하는 마지막 관문을 통과해야 한다. 우선 세 변이태들 중에서도 가장 근본적인 것은 행동이미지이다. 행동은 운동이미지가 신체라는 특별한 이미지를 매개로 나타난 형태이다. 다른 두 변이태들, 즉 지각과 정념은 행동을 매개로 나타난다. 그러니까 운동이미지가 신체와 그것의 행동이라는 이중의 매개를 거쳐 나타난 형태이다.

정념이란 무엇인가?

우선 정념(affection)이라는 조금 생소한 말의 의미부터 알아두자. 이 말의 기원은 우리가 잘 알고 있는 고대 그리스의 '파토스' (pathos)라는 말이다. 파토스는 어떤 이유로 일어났든 간에 우리의 내면에서 소용돌이치면서 우리를 사로잡는 모든 종류의 감정을 일컫는다. 그것은 영어나 프랑스어에서는 'passion'이라는 말로 이어지는데, 현대에는 이것을 '정열' 이라고 번역한다. 그러나 고대와 근대에 이 단어는 오늘날 사용되는 정열이라는 말보다 훨씬 넓은 '정념' 이라는 뜻을 갖고 있었다.

데까르뜨의 『정념론』(Les passions de l'âme)에서 그것은 신체를 통해 들어오는 외적 자극으로 인해 영혼이 겪는 감정들, 특히 기쁨이나 고통을 말한다. 이 감정들은 완전히 수동적인 것이기 때문에 우리가 마음대로 조절할 수 없다는 특성을 가지고 있다. 특히 순수하게 정신적인 감정보다 육체적 고통이 더욱더 그렇다. 신체의 어딘가가 아플 때 우리는 어쩔 도리없이 그저 아픔을 겪을 수밖에 없다. 이것은 프랑스에서 의학자들과 생리학자들의 연구 대상이 되었는데, 이들은 육체적인 쾌감과 고통의 감정을 따로 떼어 '아펙시옹' (affection)이라고 불렀다. 실제로 프랑스에서는 의사들이 환자들의 상처 부위를 만지면서 "아펙시옹을 느낍니까?"라고 질문하는 것을 볼 수 있다. 아픔을 느끼는지를 묻는 것이다. 이 단어〔affection〕는 데까르뜨의 정념(passion)이라는 말뜻의 일부만을 포함하지만 그 의미를 잘 보존하고 있어서 우리는 그것을 그대로 '정념' 이라고 번역하기로 한다. 베르그손도 정념적 감각을 소개할 때 고통의 측면을 주로 부각시킨다.

사실 우리의 감각 중에서 고통이나 쾌락의 느낌을 간직하지 않은 것은 없다. 시각이 작동하기 위해 빛은 당연히 필요하지만 그 강도가 높아지면 감당하기 어렵다. 눈을 부시게 하는 강렬한 빛은 우리 눈을 거북하게 한다. 소리는 어떤가? 일상적 크기를 벗어난 큰 소리와 유리를 긁는 듯한 날카로운 소리는 몹시 불쾌하다. 촉각도 마찬가지다. 부드러운 애무는 쾌락의 원천이지만 뾰족한 것으로 찌르거나 주먹으로 때릴 때의 충격은 고통을 준다. 맛이나 냄새에 대해서는 더 말할 필요가 없다. 미식가, 포도주 감별사는 남다른 미각과 후각을 지니고 있거나 혹은 반복된 훈련을 통해 감각이 단련된 사람들이다. 이들은 아주 미세한 요인으로도 맛이 좋아지거나 나빠진다는 것을 잘 알고 있다. 한마디로 말해서 우리의 감각은 선천적이든 학습된 것이든 간에 자극이 어느 정도 조절된 상태에서는 쾌감을 느끼고 정도를 벗어난 자극에 대해서는 불쾌감을 느낀다. 게다가 쾌감이나 불쾌감은 자극의 크기에 따라 단순히 양적으로 증감하는 것이 아니다. 미세한 뉘앙스들에 대해 각각 다양한 감정들이 나타난다. 예를 들어 노란색, 파란색, 붉은색, 보라색 등 여러 종류의 색깔은 부드러움, 차가움, 따뜻함, 몽롱함 등 헤아릴 수 없이 많은 느낌을 불러일으킨다. 같은 색에서도 선명도와 밝기에 따라 느낌이 달라진다. 예술가들은 바로 이것을 극적으로 표현함으로써 우리를 현실과는 다른 세계로 인도한다. 이런 특성들 하나하나가 미약한 정도나마 쾌감이나 불쾌감과 연관되어 있다는 의미에서 그것들은 정념적 감각이라고 말할 수 있다.

물론 위에 열거한 감정들은 문화권마다 조금씩 다를 수 있고 학습을 통해서도 달라진다. 붉음을 숭배하는 종족도 있을 수 있고 반대로 그것을 불길하게 여기는 문화도 있을 수 있다. 특히 문화적인 영향을 받는 정념적 감정은 개인마다 수용할 수 있는 정도가 다르다. 자폐증의 경우, 이런 문화적 정념을 느끼는 것이 아예 불가능하다. 그 중에서 많은 노력을 하여 다른 부분에서는 나름대로 성공한 인생을 살고 있는 사람도 감각이 주는 문화적 뉘앙스에 대해서는 일반인들과 소통이 불가능하여 스스로를 '외계인'처럼 느낀다고 한다. 그렇지만 문화적 혹은 심미적인 것이 아니라 생리 기관들과 직접 관련된 경우에는 예외없이 정념을 느낀다. 마취 상태에 있는 사람이나 마비 환자처럼 기관이 기능을 하지 못하는 경우를 제외하면, 예컨대 못으로 피부를 찌를 때 고통을 느끼지 않는 사람은 없다. 이 고통은 타인이 결코 함께 할 수 없는 아주 사적인 경험임에도 불구하고 감각을 느끼는 이상, 그것을 부인하는 사람은 없다. 바로 이것이 지각과 구분되는 감각의 고유한 특성이다. 전통적으로 감각은 지각의 재료라고 생각되어 왔다. 지각은 감각을 통해 대상이 가진 인지적 특성을 파악한다. 즉 그것이 무슨 색인가, 어떤 형태를 가지는가, 어떤 맛인가, 몇 개인가, 혹은 그것이 움직이는가, 정지해 있는가 등을 파악하는 작용인데, 정념적 특성이 너무 강하면 여기에 장애가 생긴다. 이런 이유로 감각이 가진 정념적 특성은 저급한 것으로 무시되었다. 실제로 정념에 휩싸이면 인식이 불가능해진다. 즉 인식은 어느 정도 대상과 거리를 두어야만 가능하다. 그런 면에서 인식은 고대부터 '관조행위', 즉 그저 바라봄으로 생각되었던 것이다.

　오늘날 신경생리학 분야는 지각작용만이 아니라 정념에 대해서도 연구가 상당히 진척되고 있다. 감각은 단지 지각의 재료가 아니라 정념이라는 특성으로서 생명체의 고유한 본성을 보여준다. 이런 특성에 대해 프랑스에서는 일찍이 생기론적 입장에서 출발한 의학, 생리학 및 그 영향을 받은 멘 드 비랑과 같은 철학자들의 깊이 있는 연구가 있었다. 이들은 정념이 물질과는 다른 생명의 고유한 특성이라는 가정에서 출발한다. 정념은 감각이 불가피하게 나타내는 쾌·불쾌의 감정일 뿐만 아니라 생명체가 가진 근본적인 삶의 감정이기도 하다. 세련된 지각을 할 수 없는 아주 하등한 차원의 생명체도 모호하게 살아 있다는 느낌을 가질 것이다. 이런 것이 기본적 정념의 상태이다.

베르그손의 정념 이론도 그 연장선상에서 이루어진다. 베르그손은 앞에서 신체라는 이미지가 이미지—물질의 세계에서 특별히 다른 점을 두 가지로 지적했다. 하나는 그것이 외적 대상의 운동에 대해 물질처럼 기계적으로 반응하지 않고 선택적으로 행동한다는 점이고, 다른 하나는 "지각에 의해서 외부로부터 알 뿐만 아니라 정념에 의해서 내부로부터도 안다"는 점이다. 지각은 외부에서 작용하지만 정념은 내부에서 느껴진다. 신체는 밖에서 볼 때는 다른 이미지와 마찬가지로 하나의 이미지에 불과하지만, 내부에서는 정념을 느끼는 자신만의 고유한 영역을 가진다. 그러므로 신체는 물체일 뿐만이 아니라 생명체이기도 한 것이다.

게다가 베르그손은 정념의 작용이 "우주와 우주의 역사에 진정으로 새로운 것을 덧붙이는 것"(39)이라고까지 말한다. 듣는 이에 따라 일종의 과장이나 허세로 느껴질 수도 있는 이 말은 사실 근대 기계론적 물질관을 겨냥하고 있다. 기계론은 우주의 모든 운동을 수학적 법

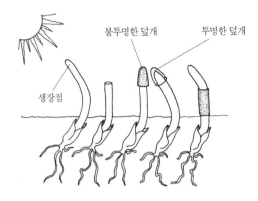

〈그림 8〉 식물의 굴광성 실험

불투명한 덮개

투명한 덮개

생장점

이 그림에서 정상적으로 자라는 개체들은 빛에 반응하여 그 쪽으로 비스듬히 기울어진다. 빛을 더 많이 받기 위한 생리적 과정이다. 그러나 불투명한 덮개로 덮여 있거나 생장점을 절단한 식물은 빛에 반응하지 않는 것을 알 수 있다.

칙으로 남김없이 설명할 수 있다고 주장한다. 그러므로 모든 사건에는 언제나 필연적 원인이 있다. 우주는 원인과 결과의 엄정한 연쇄로 끝없이 진행되는 운동체계이다. 하늘 아래 새로운 것은 없다. 모든 것은 이미 존재하는 요소들의 재조합으로 설명된다. 그런데 신체라는 이미지는 이미지-물질의 세계에서 무언가 다른 점을 보여준다. 베르그손은 반응을 '선택'한다는 측면을 우선 강조하지만, 정념이야말로 기계적 과정으로 볼 수 없는 독특한 현상이다. 반응의 선택은 어떤 내적인 원인을 가정하지 않아도 먹이를 구하기 위한 효율적 행위처럼 유사기계론적인 원인을 제시할 수 있을지도 모른다. 식물이 자연적으로 빛을 향하는 것을 설명하기 위해 생물학에서 '주광성', '굴광성'과 같은 용어들을 사용하는 것도 비슷한 맥락이다(그림 8). 그러나 정념은 그 말의 정의상 외적 원인에 정확히 일치하지 않는 내적 감정을 의미한다. 어떤 생명체가 느끼는 고통이나 쾌락의 느낌은 기계적 물질관에서는 결코 설명할 수 없는 생명의 독특한 특징이기 때문에 이 우주에 진정으로 새로운 것을 덧붙이는 것이라고 말할 수 있다. 그러면 생명은 도대체 왜 이러한 감정을 느끼는가? 생명체의 어떤 부분이 이 기능을 담당하는 것일까?

고통에 대한 생물학적 설명

쾌락과 고통을 수반하지 않는 감각은 없다는 점에서 정념은 감각신경에 고유한 특성이라고 알려져 왔다. 18세기 프랑스 생기론자 바르떼즈와 의지적 노력의 철학자 멘 드 비랑은 이와 관련하여 자극이 적절한 수준에서는 쾌감을 유발하고 정도를 넘으면 고통을 유발한다는 설명을 제시한다. 생명체는 '생명원리'에 의해 안정된 자연적 기조(ton)를 유지하고 있는데 전체 기조에서 크게 벗어나지 않은 자극은 쾌감을 준다고 한다. 생명원리에 의해 유지되는 자연적 기조란 일종의 에너지 평형상태로서 생명체의 삶을 정상으로 유지하는 척도로 보면 된다. 그런데 특정한 감각기관이 필요 이상으로 자극되어 흥분과 고통이 야기되면 생명체는 내부의 방어기제를 작동시켜 전체가 흥분상태가 된다. 생명체 전체가 기관의 흥분상태와 같은 기조로 올라간 다음에는 전체가 서서히 흥분을 가라앉히는 식으로 고통이 진정된다. 사실 자극에 의한 흥분의 증가와 감소는 아메바와 같은 원시생명체에서 이미 일어나는 일이다. 그러나 거기서 조금 더 고등한 생명체는 고통과 쾌락을 의식적 감정의 형태로 느낀다. 그 이유는 무엇일까? 생기론에서는 이에 대한 설명이 제시되지 않는다.

생기론자들처럼 생명체의 삶을 유지하는 '자연적 기조' 혹은 '생명원리'라는 것을 인정하지 않는다고 해도, 고통의 감정이 생명의 유지와 관련된 가장 원초적인 감정이라고 보는 것은 생물학자들의 공통된 설명이다. 어린아이가 난로에 손을 데거나 위험한 음식을 먹는 것을 가끔 볼 수 있는데 이것은 아이에게 고통에 대한 표상이 아직 없기 때문이다. 우리는 무수한 학습을 통해 무엇이 우리 신체에 유해한지 그렇지 않은지를 구별한다. 이 정보는 대뇌피질에 입력되어 다음 행동을 위한 발판이 된다. 베르그손식으로 말하면 선택의 유용한 도구가 된다. 위험한 대상은 피하고 그렇지 않은 것을 취하는 것이다. 대뇌피질은 의식적 표상과 관련이 있는 부분이다. 그러나 오늘날 생리학자들은 의식활동과 상관없이 생명이 더욱 원초적인 방식으로 위험을 피하는 기관을 가지고 있다는 것을 보여준다. 대뇌의 관자놀이 부분(측두엽) 안쪽에 편도체라고 불리는 복숭아 모양의 기관이 양쪽으로 달려 있는데, 이곳은 생명과 직접 관련된 공포나 위험을 새겨두는 곳으로 알려져 있다(뒷페이지 〈그림 9〉 참조). 불에 데었거나 개에 물린 것처럼 심한 고통의 경험, 특히 어린 시절의 작은 충격도 커다란 상처로 남아 편도체에 각인된다. 고통의 기억은 일종의 트라우마로 작용한다. 이후에 비슷한 고통을 유발하는 대상을 보면 우리는 곧바로 피하게 된다. 우리는 무서운 동물이나 강도를 만나면 본능적으로 피하는데, 이것은 사실 편도체에서 학습된 작용이다. 재미있는 사례로, 편도체를 제거한 쥐는 고양이를 전혀 무서워하지 않고 피하지도

〈그림 9〉 편도체의 위치와 형태

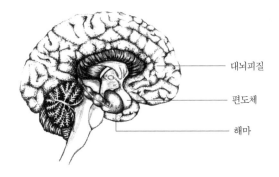

대뇌피질

편도체

해마

않았다. 편도체는 대뇌피질을 경유하지 않고 위협에 즉각 반응하게 한다. 그러나 차후에 상황을 반성하게 되면 고통과 관련된 기억은 대뇌피질과 소통하면서 상세히 분석되고 생명체는 더욱 단단히 준비를 하게 된다. 이렇게 해서 고통에 대한 의식적 표상이 생겨난다. 성인이 된 우리가 평소에 느끼는 고통의 감정은 대뇌피질과 편도체가 서로 소통하여 이루어진것이다.

이처럼 신경생리학자들은 고통을 생명의 유지와 관련시켜 설명하려고 한다. 편도체 외에도 고통을 느끼는 특정한 부위가 또 있는지 혹은 뇌 전체가 이에 참여하는지에 대해서는 더 많은 실험과 연구를 통해 세밀한 결과를 얻을 수 있을 것이다. 그러한 연구는 베르그손의 당대에는 아직 없었지만 고통이 생명의 유지를 위해 생겨난 것이라는 견해는 일반적이었다. 그러나 과연 그럴까? 좀더 자세히 살펴보면 고통은 반드시 위험과 비례하지는 않는다. 위험이 크다고 해서 고통이 커지거나 위험이 작다고 해서 고통이 그만큼 줄어드는 것은 아니다. 베르그손은 치통처럼 생명에 지장이 없는 것도 고통은 어마어마할 수 있고 치명적인 사고를 당해도 고통은 별로 느껴지지 않을 수도 있다는 점을 지적한다. 실제로 우리는 여기에 더욱 많은 사례를 제시할 수 있다. 예를 들면 대상포진이라는 신경의 질병은 출산의 고통보다 더 심하다고 알려져 있다. 그것은 환자에게 자살충동을 야기할 정도로 끔찍한 고통을 유발한다고 한다. 그러나 생명에는 아무 지장이 없다. 일정 시기가 지난 다음에는 자연 치유가 된다. 주로 신경과 관련된 질병이 강렬한 고통을 주는 듯하다. 신경계는 어느 정도 복잡한 다세포 동물의 특징이고 고등동물로 갈수록 기능이 훨씬 더 분화된다. 따라서 고통과 관련하여 진화론적인 고찰이 필요해 보인다.

베르그손의 설명─고통은 감각세포의 무익한 노력이다

고통이 기본적으로 감각신경에 대한 과도한 자극으로 생긴다는 것은 사실이다. 그러나 그것은 감각만이 아니라 운동과도 밀접한 관련을 맺고 있다. 생기론자들이나 신경생리학자들은 고통의 느낌이 오로지 감각신경과 관련되어 있고 생명체의 존재를 위협하는 위험과 직접 관련된다고 본 데서 공통적인 편견을 가지고 있다. 베르그손은 고통은 신경계를 가진 생명체에게 나타나는 일종의 노동분업에서 유래한다고 본다. 지각과 행동의 관계에서 이미 예로 든 것처럼 아메바와 같은 원시생명체는 자극과 반응이 대상과 접촉함과 동시에 이루어진다. 원시생명체는 신경계가 없기 때문에 감각세포와 운동세포가 따로 존재하지 않는다. 접촉은 자극인 동시에 반응이다. 그러나 복잡한 유기체에서는 자극을 받아들여 중심에 전달하는 감각세포와 중심에서 반응을 내보내는 운동세포가 나누어진다. 이 감각세포들과 운동세포들의 연결망이 신경계이다. 이렇게 감각과 운동이라는 작업의 분담이 일어나면 감각세포의 기능은 오로지 자극을 받아들이는 일에 국한된다. 베르그손에 따르면 "감각섬유들은 신체 전체의 이동에 전진파수병의 자격으로 협조하기 위하여 개별적인 작용을 포기한 것처럼 보인다" (99).

　　그런데 세포들이 신경계 안에서 서로 연결되어 있다고 하더라도 각각의 독립성을 어느 정도 가지고 있다는 것은 잘 알려져 있다. 원시 생명체의 모든 세포는 원래 외부 자극을 받아들이고 거기에 동시에 반응하는 체제를 갖추고 있다. 그러므로 좀더 분화된 생명체의 감각 세포도 운동세포와 마찬가지로 유기체를 위협하는 원인들 앞에서 스스로를 방어하기 위해 노력하게 된다. 즉 과도한 자극으로 상해를 입은 감각세포들이 나름대로 사태를 수습하려고 반응을 한다. 하지만 이것은 실제적 효과는 없다. 복잡한 생명체는 그 구성부분들이 유기적으로 결합하여 전체의 유지를 위해 협력하는 체제이다. 작업분담의 필요성 때문에 자극을 수용하는 일에 국한된 감각신경은 비록 자극에 반응하려고 노력한다 해도 그 자체만으로는 유기체에 아무런 효과도 미칠 수 없다. 고통은 바로 여기에서 생겨난다. 고통의 본성은 베르그손에 의하면 감각세포에서 일어나는 '무익한 운동적 노력'이다. 감각 신경 위에서 일어나는 노력은 전체 유기체 안에서 볼 때는 언제나 국부적(local)일 수밖에 없으며, 고통의 강도와 유기체가 직면한 위험이 정확하게 비례하지 않는 것 역시 감각세포의 노력이 국부적이기 때문이다.

생명체는 원시적 형태에서조차 감각과 운동으로 이루어진 체계이다. 베르그손은 이것을 감각-운동 체계(système sensori-moteur)라고 부른다. 본래 감각과 운동은 하나를 이루었지만 점차 두 개의 다른 기능으로 분화되면서 운동능력을 빼앗긴 감각세포는 자극을 전달하고 정념을 느끼는 기관으로 축소되었다. 바로 그런 이유 때문에 우리는 감각과 운동이 분화되기 이전의 원시생명체가 고통을 느낄 수 있다고 상상하기가 어렵다. 원시생명체에게 가장 중요한 것은 자극이 곧바로 반응으로 이어지는 과정이다. 베르그손은 지각조차도 행동과정의 일부로 정의했다. 그렇다면 생명체에게는 지각이 정념보다 더 근본적인 작용이라는 것을 알 수 있다.

그러나 생기론자들과 멘 드 비랑 그리고 그들을 잇는 심리생리학자들은 정념이 가장 원시적인 특성이며 지각은 나중에 나온 더 발전된 기능이라고 생각하는 경향이 있었다. 이들은 정념과 지각을 근본적으로 다른 것으로 생각했지만, 둘 사이에 위계를 설정해서 정념은 가장 원초적인 생물에서부터 나타나고 지각은 좀더 고등한 생물에서 나타난다고 생각하였다. 베르그손 당대에 뗀느와 같은 관념론적 심리학자들은 정념들이 결합해서 지각이 된다고 주장하였다. 이 생각은 정념과 지각 사이에 정도 차만 있다고 보는 것이다. 심리학자들이 (정념적) 감각들이 재료가 되어 지각적 인식이 된다고 설명하는 것과 같다. 그런데 정확히 살펴보면 지각의 재료인 한에서의 감각(감각자료, sense data)은 정념과는 다르다. 감각을 지각의 재료라고 할 때는 정념적 특성은 고려하지 않는다. 예를 들면 이 꽃은 붉다고 하는 것은 붉음이라는 감각적 성질을 가지고 이 꽃의 색을 규정하는 것이다. 거기에 붉음이 주는 쾌감이나 불쾌감이라는 정념은 문제가 되지 않는다. 그러나 오랫동안 많은 심리학자들과 철학자들이 이것을 혼동하고 정념과 감각이라는 말을 뒤섞어 사용하였다. 오늘날에는 정념과 감각 자료를 나누어 전자를 신경생리학에서 다루고 후자는 주로 인지과학에서 다루는 것을 볼 수 있다.

베르그손은 정념보다 지각이 더 근원적이고 지각보다는 행동이 더 근원적이라고 본다. 앞에서 지각을 행동의 함수로 설명한 것처럼 이제 정념은 지각과 행동의 함수로 설명된다. 이제 정념과 지각의 관계를 좀더 자세히 살펴보자. 베르그손의 말에 따르면, "정념의 필요성은 바로 지각 자체에서 나온다"(101). 이 말을 이해하기 위해서는 앞서 이 장의 2절 '행동과 지각 그리고 신체'에서 다루었던 내용을 상기해보아야 한다. 지각은 사물들에 대한 내 가능적 행동의 영역을 확보하는 것이다. 신경계가 복잡하게 발달할수록 자극에 반응하는 선택지는 많아지고 가능한 행동반경도 넓어진다. 행동은 대상과 나의 거리가 멀수록 여유가 생기고 거리가 좁아질수록 긴박한 성격을 띤다. 긴박하다는 것은 어떻게든 반응을 해야 한다는 것을 말한다. 이제 이 거리가 제로가 된다고 가정해보자. 그러면 지각할 대상은 우리 신체와 일치하게 된다. 결국 우리 신체가 지각 대상이 되는 것이다. 그렇다면 거기서 지각은 더 이상 가능적 행동이 아니라 '실제적 행동'(action réelle)이 된다. 이것이 바로 정념이다.

그런데 우리 신체는 수학적 점과 같이 위치만 갖는 추상적인 대상이 아니다. 그것은 분명히 '물질성'을 띠고 있고, 그런 면에서 자연의 모든 물체들과 마찬가지로 언제라도 해체될 가능성이 있다. 말하자면 그것은 해체의 위협에 노출된 일종의 물체이다. 정념의 독특성은 바로 여기서 나온다. 대상과의 거리가 제로일 때 신체는 그 물질성으로 인해, 대상의 작용을 단순히 반사하는 것이 아니라 그 일부를 '포획' 또는 '흡수' 한다. 포획 또는 흡수라는 말은 대상의 작용에 대해 전혀 반응하지 못하고 수동적으로 그것을 받아들이는 작용을 말한다. 이렇게 대상의 작용을 그대로 받아들이는 것은 신체를 해체시킬 수도 있는 위험이다. 앞에서 우리는 지각이 우리의 관심을 끄는 대상을 '반사' 하고 그 결과로 내부에 잠재적 이미지(표상)가 생긴다고 하였는데, 이것은 지각이 공간 속에서 거리를 두고 일어나는 작용이어서 그렇다. 반대로 정념은 거리가 제로이고 대상과 신체가 맞닿는 지점에서 일어나는 작용이어서 신체는 대상과 자신의 물질성의 영향을 최대로 받게 된다. 결국 원시생명체에서 조금 더 발전된 생명체는 거리지각을 하게 되었기 때문에, 정념도 거기에서 필연적으로 나올 수밖에 없게 된 것이다.

*   *   *

결론적으로 정리해보자. 운동(mouvement)은 모든 이미지들의 존재방식이다. 그러나 물질적 이미지들과 작용하고 반작용할 때 자신의 반응을 선택한다는 의미에서 자발적인 행동(action)을 하는 이미지가 있는데, 그것이 신체이다. 지각은 바로 이렇게 선택을 위해 대상에 대한 직접적 행동을 유보하는 행동, 미래를 위해 준비하는 행동, 한마디로 가능적 행동이다. 정념은 시공간적으로 준비 기간을 소모해버린, 그래서 실제적으로 대상의 작용에 온몸으로 맞서는 생생한 현재적 행동이다. 지각이 대상과 관련되고 정념이 신체와 관련된다는 것을 베르그손은 달리 표현하여, 지각은 '외부'에서 일어나는 행동이고 정념은 '내부'에서 일어나는 행동이라고 한다. 지각과 정념은 신체를 놓고 그 외부와 내부라는 대립극에서 일어나지만, 그러나 더 원초적인 것은 지각이다. 정념은 지각의 필요성에 따른 반대급부이다.

들뢰즈는 "정념은 의식적 지각의 대가(代價)이다"라고 말하는데, 좀더 정확히 하자면 정념은 신경계가 출현한 대가로 나타난 것이다. 신경계가 있는 것들 중에서도 곤충들처럼 의식적 지각을 못하는 동물들은 많다. 그러나 그것들이 고통을 느끼지 못한다고 단정적으로 말하기는 어렵다. 다만 우리가 의식에 대해 아직 알지 못하는 것이 많기 때문에 어디까지를 의식이라고 할 수 있을지 결정할 수 없다는 것은 사실이다. 보통 의식적 지각은 표상을 떠올리는 능력으로 이해되는데, 그렇다면 '정념은 의식적 지각의 대가'라는 들뢰즈의 말은 적절하지 않을 것이다. 물론 의식이 명료해질수록 고통의 강도가 커진다는 것은 확실하다. 명료한 의식은 자신을 되돌아볼 수 있는 의식이다. 그렇다면 마치 대상이 이중, 삼중의 거울에 반사되어 무한히 증폭되듯이 고통도 무한히 증폭될 수 있다. 고등생명체는 더욱 효율적으로 지각하기 위해 발달시킨 신경계가 비대해짐으로써 자신의 물질성을 뼈저리게 느끼지 않을 수 없다. 신경계에 가해진 자극은 미세한 차이로도 극심한 고통을 유발할 수 있다. 의식이 발달할수록 고통의 강도가 증가하는 것은 이런 이유에서이다. 마취는 바로 의식을 일시적으로 잠재움으로써 고통을 느끼지 못하게 하는 인위적 기제이다.

그런데 왜 베르그손은 지각과 정념을 모두 행동으로 설명하려고 애쓰는 것일까? 혹시 모든 것을 행동으로 환원하려는 것일까? 그러나 우리가 환원주의라는 말을 쓰면 베르그손이 서운해할지도 모른다. 여기에 이미 『창조적 진화』에 앞서는 진화론적 입장이 드러나 있다. 근원을 파헤치는 작업은 생명계에서는 진화를 고려하지 않을 수 없다. 진화론은 모든 생명체의 근원이 하나라는 것을 보여준다. 물론 근원의 동일성을 드러낸다고 해서 그것이 현재에도 같다는 결론이 나오는 것은 아니다. 진짜 환원주의는 과거와 현재의 간격, 즉 역사를 무시하고 모든 것을 현재 존재하는 기본적 요소들로 설명하는 것이다. 가령 물리주의가 심리적 사실들을 뇌수의 분자운동으로 환원하는 것이 그러하다. 기원이 어떠하든 발생의 우여곡절을 거쳐 현재 다른 양상을 띠고 있다면 그 차이를 인정해주어야 할 것이다. 베르그손은 단지 현재 나타나는 여러 양상들을 본질적인 것으로 삼는 태도를 경계하기 위해 근원의 동일성을 강조한다. 생명현상의 본래 의미는 그럴 때에만 드러날 수 있기 때문이다.

3장

이미지기억과 습관기제

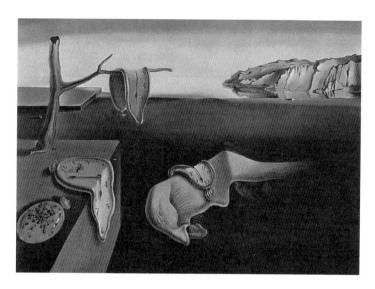

「시간의 영속」(살바도르 달리, 1931)

이 그림에서 왜 시계는 그 견고한 입체성을 상실하고 뒤틀린 채로 사물의 흐름에 빨려 들어
가고 있을까? 그것은 사물이 시계의 진행을 따르는 것이 아니라 반대로 사물이 각자 자신의
시계를 가지고 있기 때문이 아닐까. 나무, 책상, 들판 그리고 무엇보다도 생명을 가진 것들
…… . 시간은 거기서 자신의 고유한 날짜를 남긴다. 존재자들은 자신만의 시간을 가지고 있
다. 그것은 기억이다. 기억은 가없이 흘러가는 잔혹한 시간과의 타협이다.

앞장에서 우리는 신체라는 이미지의 운동방식으로부터 행동·지각·정념이 나타나는 과정을 보았는데, 이것은 시간 차원을 고려하지 않고 단지 신체의 현재적 작용을 분석한 데서 나온 결과이다. 이제 설명해야 하는 것은 신체가 시간 속에서 어떻게 자신의 행동과 지각과 정념을 보존하고 있는가 하는 것이다. 이 문제가 바로 기억의 문제다. 기억은 지각의 작용방식과 인격의 동일성을 설명하는 데 있어 중요한 정신작용이다. 게다가 기억의 의미를 넓게 해석하는 베르그손은 기억이 정신뿐만이 아니라 신체의 작용이기도 하다는 것을 강조한다. 따라서 결론부터 간단히 말하면 '기억'(mémoire)에는 두 가지가 있는데, 하나는 일종의 기계장치처럼 작용하는 습관이고 다른 하나는 이미지로 보존된 고유한 의미에서의 기억이다.

베르그손은 이 내용을 신체의 운동방식에서 자연스럽게 이끌어낼 수 있다고 생각한다. 신체는 본래 외부대상의 운동을 받아들이고 거기에 반응하는 체계이다. 이때 행동은 자동적이거나 의지적으로 이루어질 수 있다. 반응이 반사적 또는 자동적으로 이루어지는 경우 행동은 신체 속에 이미 존재하는 여러 가지 '운동기제'(mécanisme moteur)들에 의해 이루어진다. 운동기제란 걷기, 자전거 타기, 글씨 쓰기, 악기 연주와 같이 어느 정도 훈련된 행동을 할 때 바탕이 되는 순수히 기계적인 측면으로, 이것이 바로 신체에 각인된 기억이다. 베르그손은 이것을 '습관기억'(souvenir-habitude)이라고 부른다. 반면에 반응이 의지적으로 일어날 때는 여러 가지 가능한 행동들 중에서 선택이 이루어진다. 그런데 행동의 선택은 과거의 이미지들을 비교하고 분석하는 가운데 일어난다. 과거를 기억하지 못하면 매순간이 아무 관련도 일관성도 없어 변덕스런 행동을 하는 것으로 보이게 될 것이다. 우리가 선택적 행동을 할 수 있는 것은 운동기제와는 다른, 이미지들의 형태로 보존된 기억이 있기 때문이다. 베르그손은 이것

을 '이미지기억'(image-souvenir)이라고 부른다. 이때 이미지란 앞장에서
와는 달리 현존하는 대상들이 아니라 우리 지각 속에서 형성된 '잠재적 이
미지', 즉 표상을 말한다. 기억이 주제가 되는 이번 장부터 이제 '이미지'
라는 말은 오직 이러한 의미로 사용된다.

신체의 운동이 두 가지 방식으로 이루어진다는 사실로부터 운동기제
와 이미지라는 두 종류의 기억을 이끌어낸 베르그손은 이제부터 그것을
더 상세히 설명하고 여러 사례를 통해 증명하려 시도한다. 우선 증명돼야
하는 가설들을 정리해보자. 첫번째 가설은 이렇게 표현된다.

> 1. 과거는 두 가지 다른 형태로 존속한다. 그것은 운동기제들 속에, 그리고 독립적인
> 기억들(souvenirs indépendants) 속에 존재한다.

이 첫번째 가설이 이 장 전체를 이끌어가는 기본적인 토대이다. 이것
을 이해하기는 그렇게 까다롭지 않다. 베르그손은 흥미로운 사례들을 곁
들여 우리에게 친절히 설명해준다. 그러나 여기서 도출되는 두번째, 세번
째 가설들은 좀더 복잡한 심리생리학적 문제들과 관련되어 있다. 두번째
주장은 다음과 같이 전개된다. 과거 기억이 두 가지 다른 방식으로 보존된
다면 그것이 나타나는 방식도 두 가지일 것이다. 과거는 우리에게 어떻게
나타나는가? 우리가 의식하는 경우도 있고 그렇지 않은 경우도 있지만 과
거는 현재 속에서 항상 작용하고 있다. 그것은 '식별'(reconnaissance) 또
는 '재인'이라는 현상 속에서 드러난다. 식별은 과거의 기억을 통해 현재
의 대상을 파악하는 작용인데 역시 두 가지 방식으로 이루어진다. 하나는
운동기제 작용 속에서 신체가 자동적으로 대상을 식별할 때이고, 다른 하
나는 정신이 능동적으로 과거의 이미지(표상)들을 참조해 대상을 파악할
때이다. 이것이 두번째 가설을 이룬다. 이 가설은 다음과 같이 표현된다.

2. 현재적 대상의 식별은 대상으로부터 나올 때는 운동들에 의해 이루어지고, 주체로
부터 나올 때는 표상들에 의해 이루어진다.

이 가설은 첫번째 가설로부터 자연히 도출되기 때문에 역시 이해하기
가 별로 어렵지 않다. 그러나 이제 이 표상들이 어디에 보존되며 신체의
운동기제들과 어떤 관계를 맺고 있는가 하는 질문이 자연히 나올 수 있다.
운동적 기억들은 신체에, 더 정확히는 뇌에 보존된다. 아니 신체는 운동적
기억의 기관 자체라고 말할 수 있다. 그러면 이미지 표상들의 '자리'는 어
디에 있는가? 우리는 앞장에서 이러한 기억의 본성을 지속과 관련하여 잠
깐 이야기한 적이 있는데 그것은 4장과 5장에서 본격적으로 다루어진다.
여기서는 단지 과거의 이미지들은 신체의 행동으로 연장되지만 그 자체로
뇌에 보존되지는 않는다는 사실을 보여주려 한다. 신체는 현재라는 순간
속에서는 대상들의 작용을 받고 거기에 반응하는 '전도체'(inducteur)에
지나지 않지만, 흐르는 시간 속에서는 과거의 이미지를 행동으로 연결하
는 역할을 한다. 뇌는 바로 그 연결의 지점이다. 여기서부터 생리학자들은
뇌가 이미지들의 보존기관이라고 생각하는데 베르그손은 이 견해를 비판
한다. 뇌는 과거의 이미지들을 현재적 행동으로 연결하는 기관에 불과하
다. 베르그손은 이 주장을 뇌손상을 입은 환자들의 사례 연구로부터 증명
할 수 있다고 본다. 그러므로 세번째 가설은 다음과 같이 표현된다.

3. 우리는 시간을 따라 배열된 기억들로부터 미세한 단계들을 통해 공간 속의 가능적
행동들로 이행한다. 뇌의 상해는 이 운동들에는 해를 입힐 수 있지만 이미지기억들
에 대해서는 해를 입힐 수 없다.

이 장 전체의 내용은 위 세 가지 가설들을 차례로 설명하고 증명하는 것이다. 베르그손은 그 과정을 두 단계로 나눈다. 다음 1절에서 3절까지는 베르그손의 가설 제시와 설명이며, 4절에서는 가설들에 대한 증명을 다룰 것이다. 『물질과 기억』의 2장은 리보가 창간한 『심리생리학 잡지』에 실려 전문가들에게 커다란 충격을 주었다. 당대 심리학과 생리학을 지배하던 관념연합론과 대뇌 국재화가설의 기본 전제들을 뿌리째 뒤집는 내용이기 때문이다. 독자는 여기서 치밀한 과학적 분석만이 아니라 철학적 논증의 모범을 볼 수 있다.

1. 두 종류의 기억—습관기억과 이미지기억

두 기억은 어떻게 생겨나는가?

먼저 습관기억에 대해 살펴보기로 하자. 습관이라는 말은 매우 넓은 의미로 사용되기 때문에 베르그손이 습관기억이라는 말로 무엇을 말하려고 하는지를 알기 위해서는 우선 그가 제시한 사례들을 살펴보아야 한다. 그가 첫번째로 제시하는 사례는 학과의 내용을 암기하는 과정이다. 예를 들어 국어책에서 한 단원의 한 부분을 암기한다고 해보자. 제일 먼저 무엇을 해야 할까? 우선 큰 소리로 읽어야 한다. 다시 말하면 각 구절을 또박또박 읽어야 한다. 그렇지 않고서야 정말로 암기가 되었는지 확인할 길이 없기 때문이다. 내가 과연 암기에 성공했는지를 알려면 텍스트를 소리내어 읽고 이것을 누군가가 듣고 확인해주는 수밖에 없다. 그 누군가가 나일 수도 있다. 내가 책을 보고 확인하는 것이다. 하지만 내가 듣기 위해서도 나는 우선 정확한 발음으로 읽어야만 한다. 무엇보다 중요한 것은 이 과정이 반복되어야 한다는 것이다. 한 번의 읽기로 외우는 것도 불가능한 것은 아니지만 그것은 장기적으로 보존되기는 어렵다. 게다가 반복해야 하는 이유는 또 있다. 첫번째, 두번째, 세번째…… 이렇게 읽기가 계속되면서 처음에는 무시되었던 새로운 사항이 나타난다. 발음이 잘못되었던 것이나 단어들 간의 연결방식, 전체 안에서의 위치 등등이 뚜렷해진다. 잘못된 것을 교정하기 위해 우리는 구절을 단어들로, 단어를 음절들로 분해한다. 하나하나의 발음이 완벽해지면 다음에는 서로간의 연결에 신경을 쓰게 된다. 이렇게 해서 부분들은 서로서로 점점 완벽하게 조직화되고 결국 하나의 전체로서 기억된다.

베르그손은 왜 이와 같은 암기의 사례를 선택한 것일까? 학과 내용의 암기는 지적인 학습의 중요한 바탕이 된다. 문과이든 이과이든 기본 개념들과 몇 가지 모범적인 내용들은 암기하고 있어야 더 수준 높은 내용을 이해할 수 있게 된다. 그런데 사람들은 보통 지적인 학습을 습관으로 생각하기보다는 분석적이거나 창조적인 과정으로 생각한다. 습관은 걷기나 자전거 타기가 그렇듯이 신체의 단련과 관련되는 것으로, 지적인 학습은 순수히 정신적인 과정으로 생각하는 것이다. 그러나 이것은 편견이다. 지적인 학습에도 무수한 반복적 훈련이 필요하다. 게다가 그 과정은 신체적 습관의 메커니즘과 정확히 일치한다는 것이 베르그손의 생각이다. 그것은 우선 동일한 노력을 반복하여 이루어지는데, 그 과정에서 전체 내용을 하나하나 분해하고 다음에는 재구성하면서 차차 자기 것으로 습득해간다. 게다가 그것은 뇌 안에서 운동기제의 형태로 새겨져 마치 스위치를 누르는 듯한 작은 충동만 주면 그 전체가 자동적으로 잇따라 나타난다. 우리의 암기가 완벽하다면 첫 구절, 또는 첫 단어만을 듣고도 다음 내용을 줄줄이 암송할 수 있듯이 말이다.

그래서 베르그손은 운동이나 춤과 같이 신체적 동작을 익히는 과정을 여기에 즐겨 비교한다. 춤을 배우기 위해 우선 우리는 동작을 전체적으로 한 번 보고 나름대로의 인상을 갖는다. 막연하지만 모방할 그림이 그려지는 것이다. 그런데 시각적으로 보는 것과 직접 해보는 것은 차이가 크다. 하나의 동작은 수많은 근육의 긴장들로 이루어져 있다. 직접 동작을 행하기 위해 우리는 이 근육의 움직임을 하나하나 익혀 나의 것으로 만들어야 한다. 같은 동작을 무수히 반복하면 그것은 요소적인 근육운동들로 분해되어 자세한 모습을 드러낸다. 요소적인 운동들을 자유자재로 할 수 있을 때쯤이면 그것들은 서로간에 조화를 이룰 수 있게 된다. 요소들의 자율성과 전체와의 연대성이 동시에 이루어지면 하나의 춤동작이 완성된다. 이와 같이 반복은 분해와 재구성이라는 과정을 통해 "신체의 지성"을 작동하게 한다(193).

여기서 베르그손은 '신체의 지성'이라는 말을 사용하고 있는데, 그것은 비유만은 아니다. 신체는 단지 정신에 봉사하는 도구가 아니라 나름대로의 목적과 규칙을 가지고 활동한다. 생명현상을 연구하는 사람들은 모두 이 점에 주목한다. 신체는 본래 생명의 탄생부터 그것을 유지하고 활동하게 하는 기본적인 실체였다. 이런 이유로 베르그손은 지성 자체도 신체적 과정에 토대를 두고 있다고 생각한다. 그리고 신체의 활동은 반복을 통해 이루어진다. 그러나 그것은 언제나 동일한 것으로 남아 있는 반복이 아니다. 베르그손은 반복된 노력이 언제나 같은 것을 재생산한다면 그것은 무엇에 소용이 되겠는가 하고 묻는다. 신체의 반복적 활동은 매번 나타나는 미세한 차이들을 수용

하면서 종국에는 하나의 완성된 습관을 만들어낸다. 여기에 신체의 미덕이 있다. 따라서,

> 반복은 매번의 새로운 시도마다 감추어진 운동을 발전시킨다. 반복은 지각되지 않고 지나쳤던 새로운 세부사항에 관해 매번 신체의 주의를 요청한다. 반복은 신체로 하여금 분할하고 분류하게 한다. 반복은 신체에게 본질적인 것을 드러내준다. 반복은 전체적 운동 속에서 그것의 내적인 구조를 표시하는 선들을 하나하나 재발견한다. 이런 의미에서 한 운동은 신체가 그것을 이해하자마자 습득된다. (193~194)

습관기억은 일정한 운동기제의 형태로 보존된다는 점에서 자전거 타기, 자동차 운전, 운동의 습득, 악기 연주 등 주로 장기적이고 기술적인 훈련을 필요로 하는 것처럼 보인다. 그러나 습관기억은 이런 것들에 국한되지 않는다. 숫자를 암기하는 단기적인 기억 그리고 단어의 일반적 의미나 도구의 명칭을 외워 사용하는 장기적인 기억도 사실은 우리가 태어나서 언어를 배우는 오랜 훈련과정을 거쳤기 때문에 가능한 것이다. 그리고 언어능력이야말로 뇌 안에 특정한 운동기제의 형태로 보존되어 있다는 것은 잘 알려져 있는 사실이다. 비록 모국어는 자연적으로 습득되는 것처럼 보이지만 이것도 삶에 필요한 일종의 기술이고 익숙해지기 위해 직간접적인 노력을 요구한다는 면에서는 일반적인 의미의 습관과 큰 차이가 없다. 실제로 생물학자들은 모국어의 습득이나 걷기처럼 자연적으로 이루어지는 과정을 1차적

습관이라 하고, 외국어의 습득·자전거 타기·악기 연주처럼 후천적으로 이루어지는 과정을 2차적 습관이라 부른다. 기억에 관해서는 오늘날 더욱 전문적으로 세분되는 것을 볼 수 있지만 베르그손이 볼 때 가장 중요한 것은 습관기억과 이미지기억의 분류이다. 그러면 이미지기억은 무엇인가?

처음에 보았던 학과 내용의 암기 사례로 돌아가 보자. 한 단원을 암기하기 위해 우리는 우선 그것을 반복적으로 읽는다. 그러나 한 번, 두 번, 세 번, …… 이렇게 읽을 때 우리에게 나타나는 각각의 인상은 그 인상을 야기한 주변상황과 함께 매번 달라진다. 암기를 하기 위해서는 이렇게 달라지는 인상에는 관심을 두면 안 된다. 하지만 이제 억지로라도 그 인상을 떠올려보자. 첫번째 독서에서 약간 불편했던 심정, 두번째에서는 발음이 틀려 수정했던 일, 세번째에서는 시계소리에 놀란 느낌 등등, 무수한 차이를 갖는 이미지들이 그 고유한 뉘앙스와 더불어 나타난다. 그것은 내 역사의 특정한 사건처럼 내 눈앞을 지나쳐 간다. 우리는 이러한 과거의 이미지들도 역시 기억이라고 부른다. 이 기억은 전혀 습관적인 특성을 갖지 않는다. 그것은 처음 나타난 그대로 우리 정신에 보존되며 일정한 운동기제 안에서 질서정연하게 조직화되지 않는다. 각각의 이미지들은 그 질적 특성에 의해 서로 달라지며, 무엇보다도 그것들은 자신들이 생겨난 특정한 시간과 장소를 가지고 있다. 습관기억은 그것이 형성된 과정이나 날짜와는 아무 관련이 없다. 그저 현재 작동하면 그만이다. 반면 어제 친구와 까페에서 만나 이야기를 한 기억을 떠올린다고 해보자. 거기서 어제라는 날짜는 본질적인 것이다. 오늘 내가 그 친구를 그 장소에서 다시 만나 같은 이야기를 한다고 해서 그것들이 같은 사건은 아니다. 이미 흘러간 하루라는 시간이 두 사건을 구분하고 있기 때문이다. 이처럼 이미지기억은 무엇보다도 "날짜를 지니며, 따라서 반복될 수 없다"는 것을 중요한 특성으로 갖는다(140).

이미지라는 말이 주로 시각적 대상을 가리키지만 여기서는 특별한 사건을 야기한 모든 상황을 포함한다. 좀더 정확히 말해서 앞장에서 말한 행동이미지, 지각이미지, 정념이미지가 모두 포함된다고 할 수 있다. 그것은 내가 했던 어떤 행동일 수도 있고 내가 보았던 대상일 수도 있고 내가 느낀 쾌나 불쾌의 감정일 수도 있다. 대부분의 경우에는 그것들이 서로 얽혀 하나의 전체를 이루는 인상으로 남는다. 이미지기억은 "절대적으로 자족적이고, 그것이 생겨난 모습 그대로 존속하며, 그것이 동반하는 모든 지각들과 함께 내 역사의 환원할 수 없는 순간을 구성한다"(141). 그것을 떠올릴 때 우리는 마치 하나의 그림을 보는 것처럼 단번에 포착할 수가 있다.

반면에 암기된 학과 내용은 다시 떠올릴 때도 그것을 또박또박 말하는 만큼의 시간이 걸린다. 그리고 시간을 들여 말하는 것은 단지 과거를 떠올리는 것이 아니라 현재 무언가를 하고 있는 것이다. 습관기억의 특징은 바로 이러한 현재성에 있다. 현재 자전거를 탈 수 있는 능력이 없다면 과거에 배운 적이 있다고 하더라도 그것은 아무 소용이 없다. "자전거를 배운 기억은 있는데……"라고 누군가 말한다면 그것은 바로 이미지기억을 의미하는 것이지 습관기억은 아니다. 그래서 베르그손은 두 기억을 구분하면서 이미지기억은 표상이며 습관기억은 행동이라고 말한다.

두 기억의 관계─삶에 대한 적응 그리고 꿈꾸기

그러면 두 기억은 서로간에 어떤 영향을 주고받는 것일까. 습관기억은 신체의 행동방식과 관련되고 이미지기억은 정신적 특성을 가지므로, 두 기억의 관계는 '신체와 정신의 관계에 대한 탐구'라는 이 책 전체의 구상에서 핵심이 된다. 따라서 앞으로 전개되는 내용 전체가 이와 관련되어 있다. 여기서는 간략하고 두드러진 특징만을 소개하자.

앞장에서 보았듯이 지각은 언제나 감각과 운동의 연관으로 나타난다. 지각된 이미지들을 잇따르는 운동들은 반복되면서 신체 안에 일정한 행동 패턴을 만들어낸다. 바로 이렇게 만들어진 패턴이 습관기억이다. 이런 의미에서 앞에서 예로 들었던 암기 행위나 자전거 타기, 악기 연주 등 어려운 훈련을 요하는 것들 외에도 기본적으로 지각과 행동의 체계 전체가 습관기억이라고 볼 수 있다. 이처럼 습관은 신체의 작동방식 자체와 관련되어 있다. 이러한 신체적 과정의 생물학적 의미는 명백하다. 그것은 외적 자극이 던지는 문제들에 대처할 수 있는 응답을 미리 만들어놓는 것이다. 생명체는 끝없는 문제들에 직면해 있다. 살아가는 일은 문제들의 연속이다. 그러나 문제들이 아무리 다양하다고 해도 비교해보면 유사한 패턴을 가진 것을 알 수 있다. 아니 실제로 엄밀히 유사하지는 않더라도 생명체는 사소한 성질은 무시하고 대체로 유사한 성질들끼리 분류한다. 계속되는 자극에 가능한 한 효과적으로 대처하기 위해서이다. 신경계는 바로 이러한 목적으로 형성되었다. 그것은 환경에 대한 적절한 반작용, 즉 "삶의 일반적인 목적인 적응(adaptation)"이라는 생명의 근본적 조건이다(147).

한마디로 습관기억은 유용성을 목표로 한다. 생명체의 삶에 관심이 없는 것은 지각 대상에서 벗어난다. 생명체는 대상의 실제 본성보다 그것이 삶에 어떤 영향을 줄 것인지에 대해서만 관심이 있다. 대상의 성질들은 그것이 주는 유용한 효과에 의해 분류되고 그것을 취하거나 버리는 행위, 즉 대상에 대한 반응만이 신체의 운동기제에 새겨진다.

반면에 이미지기억은 유용성과는 직접적인 관계가 없다. 이미지를 떠올리는 것은 어느 정도 여유가 있을 때 가능하다. 긴박한 자극에 대해서는 생각할 여유 없이 바로 반응해야 한다. 그리고 난 다음 지난 일을 반추하는 여유가 생길 때 우리는 비로소 그때의 여러 상황을 이미지로 떠올린다. 물론 대상에 대한 즉각적인 반응에도 이미지가 개입될 수 있다. 하지만 그것은 이미 반응에 새겨져서 보조적인 역할밖에 하지 않는다. 예를 들면 몽유병자는 기계적으로 행동하는 것 같지만, 그는 사실 꿈속에서 보이는 이미지를 따라 행동한다. 깨어나서는 그저 꿈을 꾸었다고 할 뿐이다. 그가 꾸는 꿈의 이미지들은 그의 기계적 행동과 완벽하게 보조를 맞추어 무의식적으로 작용한다. 물론 여기서 몽유병이라는 병리학적 행동은 현재의 관심에 의해 이루어지는 것이 아니기 때문에 적절한 예라고 할 수는 없다. 단지 우리는 이미지가 습관적 행동과 짝을 맞추는 일이 가능하다는 사실을 보여주고자 했을 뿐이다.

아무튼 이미지 본연의 형태를 행동과 무관하게 떠올리는 행위는 유용성이라는 관심을 벗어날 때 가능하다. 그렇다면 동물은 어떨까. 동물들에게도 이미지를 순수하게 떠올리는 일이 있을까? 불가능하지는 않을 것이다. 개도 꿈을 꾼다. 악몽을 꾸는 개가 자다가 끙끙거리는 것을 볼 수 있다. 꿈은 현재의 관심에서 벗어난 이미지들이 그 자체로 떠오르는 전형적인 사례이다. 하지만 그것은 적어도 능동적으로 현재의 관심을 돌려놓는 행위는 아니다. 동물들에게는 과거의 이미지들이 현재로부터 분리되어 자유롭게 나타날 정도로 관심의 대상이 되지는 못할 것이다. 베르그손에 의하면 "과거를 이미지의 형태 아래 떠올리기 위해서는 현재적 행동으로부터 초연해질 수 있어야 하고, 무용한 것에 가치를 부여할 줄 알아야 하고, 꿈꾸려고 해야 한다. 아마도 인간만이 이런 종류의 노력을 할 수 있을 것이다"(144).

그럼에도 불구하고 이미지기억이 우리 마음대로 떠오르는 것은 아니다. 아주 오래된 과거는 아무리 노력해도 떠오르지 않는다. 우리 역시 몇 가지 강렬한 인상을 준 사건들 외에는 거의 잊고 동물과 마찬가지로 현재에 몰두하여 살아간다. 그것은 이미지기억이 본질적으로 현재와 무관하기 때문이다. 이 때문에 어느 날 어떤 특별한 자극에 의해 생각지도 않았던 기억이 떠오르면 우리는 놀라게 된다. 그것은 충격일 때도 있고 즐거운 경험일 때도 있다. 프루스트는 이러한 과거의 회상을 평생의 화두로 삼은 사람이다. 『잃어버린 시간을 찾아서』에서 그가 말하는 마들렌 과자의 추억은 우리에게 먼 과거의 상징으로 종종 인용되는 것을 볼 수 있다. 바로 이런 이유로 베르그손은 이미지기억을 '우발적 기억'(souvenir spontané)이라고 부르기도 한다. 스뽕따네(spontané)란 말은 보통 '자발적'이라고 번역되는데, 본래는 '저절로 일어나는' 사태를 의미한다. 아마 자연발생적이라는 의미에 잇따라 '자발적'이라는 의미가 파생된 것으로 생각되지만 여기에서는 이 말이 인간적인 의미에서 능동적이고 의지적인 뜻을 전혀 함축하고 있지 않다. 아무튼 이미지기억을 우리가 마음대로 조종할 수 없는 방식으로 불쑥 나타나거나 사라진다는 의미에서 '우발적'이라고 해두자. 적절한 번역어는 아니지만 베르그손의 문맥에서는 타당하다.

이미지기억과 비교해볼 때 습관기억은 우리의 의지대로 나타날 수 있다는 것이 특징이다. 습관기억은 신체에 이미 완성된 형태로 새겨져 있어 작은 충동만 주면 전체가 차례로 작동하기 시작한다. 달아나는 이미지기억들은 우리 마음대로 붙잡을 수 없지만 습관기억은 우리의 의지로 형성할 수도 있고 재가동시킬 수도 있다. 물론 그것을 형성하는 데는 일정한 반복의 노력이 필요하고 그것은 때로 매우 힘든 일이 되기도 한다. 심지어 베르그손은 우리가 암기를 하여 습관기억을 형성하는 것은 이미지기억의 우발성 때문이라고 본다. 이미지기억이 우리 의지와 상관없이 나타났다 사라지기 때문에 우리는 그것을 붙잡아두고 암기하는 노력을 해야 한다는 것이다. 다행히 어떤 제한된 시간 안에서는 그것을 잡아둘 수 있기 때문에 우연적으로 다시 나타나기를 기대하지 않고도 우리는 능동적으로 반복할 수 있다. 이렇게 하여 이미지를 일단 우리 것으로 만들어놓으면 그 다음에 그것을 상기하는 일은 아주 쉽다. 게다가 습관기억은 오로지 자신에게 필요한 이미지만을 자동기제 안에 삽입하고 나머지 우발적 기억들이 나타나는 것은 억제한다. 그런 이유로 현재에만 관심을 갖는 평소의 의식에서 먼 과거의 기억들은 떠오르지 않으며, 반대로 극단적인 경우 신경계의 감각-운동적인 균형이 깨어지면 꿈이나 정신병에서 나타나듯이 우발적 기억이 제멋대로 떠오르기도 한다.

요약해보면 습관기억은 형성 과정에서 반복의 노력이나 때로는 어려운 훈련을 필요로 하지만 이미지기억은 그런 노력을 필요로 하지 않고 "지속의 매순간에 잇따른다"(145). 그러나 습관기억을 다시 작동시키기 위해서는 의지의 작은 충동만 있으면 되지만 이미지기억은 마음대로 떠올릴 수 없다. 즉 습관기억은 어려운 노력에 의해 얻어지고 나의 의지에 의해 쉽게 상기되지만, 이미지기억은 저절로 보존되고 변덕스럽게 재생된다. 이미지기억의 본질은 반복 불가능한 날짜를 갖는다는 것이다. 그것을 떠올리기 위해서는 그것이 처음에 나타났던 형태 그대로, 다시 말하면 그것이 나타난 날짜와 더불어 상기해야 한다. 우리의 기억능력이 쇠퇴하면 과거에 있었던 사건들은 어렴풋이 기억하지만 그것의 정확한 뉘앙스나 날짜는 잃어버리게 된다. 즉 이미지기억은 그 개인적 특성을 잃어버린다. 그런데 이러한 비개인적이고 무시간적인 특성은 바로 습관기억의 본질에 속한다. 그것은 반복되면서 그것이 형성된 원래의 뉘앙스나 분위기를 잃어버린다. 걷기나 자전거 타기, 악기 연주 등은 그것들이 더 잘 작동할수록 "시간 밖으로 나와서 점점 더 비개인적인 것, 우리 과거의 삶에 점점 더 낯선 것이 될 것이다"(146).

두 기억의 신경생리학적 기초

두 기억의 존재를 더 구체적으로 보여주기 위해 베르그손은 당대에 관찰할 수 있었던 몇 가지 생리학적 예들을 제시한다. 우선 습관기억의 사례들을 보자. 이것은 생각보다 훨씬 넓게 퍼져 있다. 예를 들면 어떤 정신병 환자들은 자신들이 이해하지도 못하는 질문들에 똑똑하게 대답을 하기도 한다. 이때 그들은 일종의 반사작용처럼 언어를 구사한다. 어떤 실어증 환자들은 자발적으로는 한마디 말도 하지 못하지만 아주 정확하게 노래의 가사를 떠올리며 노래를 부르는 일도 있다. 또 기도문이나 수의 계열, 날과 달을 유창하게 암송하기도 한다. 이런 실어증은 발성기관에는 아무 문제가 없으나 능동적으로 말하는 능력을 상실한 형태이다. 이런 예들은 대체로 베르니케 실어증에 속하는데, 습관기억이 이미지기억과 관계없이 형성되고 작동된다는 것을 보여준다.

베르그손은 습관기억이 이미지기억을 억제하는 것을 보여주는 실험도 인용한다. 피실험자들의 눈앞에 몇 초 동안 어떤 문자들을 보여주고 그것들을 기억하라고 주문하면서 그들이 눈앞의 문자들을 속으로 발음하지 못하도록 다른 음절을 계속 발성하게 했다. 그리고 나중에 그 문자들을 상기해보라고 하자 그들 중 아무도 그것을 재생하지 못했다. 그들은 문자들의 시각적 이미지는 소유하고 있다고 "느꼈지만", 표현할 수가 없었다. 눈으로 보는 이미지들이 다른 말의 반복에 의해 명료한 현재 의식으로 떠오를 수가 없게 된 것이다. 여기서 문자들은 이미지기억의 형태로 저장되고 발성현상은 습관기억의 형태로 저장된다고 하면 위의 사례는 습관기억의 작동으로 인해 이미지기억이 억제되는 현상이라고 할 수 있다.

베르그손은 또 기억술의 예를 제시하기도 한다. 당시에 기억능력을 증진시키는 방법을 정신적 사진술이라고 불렀는데, 이것은 습관기억이 아니라 이미지기억을 보존하는 기술이다. 우리도 속독의 메커니즘이 이와 같다는 것을 알고 있다. 여기서 기억술은 눈에 보이는 것을 말로 발성하거나 수적으로 헤아리지 않고 눈으로 단번에 포착하게 한다. 즉 운동적인 활동은 모두 억제해야 한다. 그렇게 해서 보존된 기억은 우리 의지에는 잘 따르지 않고 무의식적으로 작동한다고 한다. 그것은 어디엔가 저장되기는 하지만 변덕스럽게 나타난다는 것이다.

베르그손이 살던 시대에는 이미지기억의 연구는 미미한 편이었고 학습기억이 주요한 연구대상이었다. 베르그손은 학습을 기초하는 습관기억이 우리에게 더 유용하기 때문에 기억을 대표하는 것으로 간주되고 있다고 평한다. 그러나 그가 나눈 두 종류의 기억은 오늘날까지 가장 모범적인 분류로 남아 있다. 물론 이후에 심리학은 기억을 그 기능에 따라 훨씬 더 전문적으로 세분하고 있다. 베르그손의 분류는 기능보다는 신체와 정신이라는 존재론적 위상을 염두에 두고 있다고 할 수 있다. 오늘날 신경생리학은 베르그손이 말하는 습관기억 중에서도 걷기나 자전거 타기, 악기 연주와 같이 훈련을 요하는 기억은 기억이라기보다는 그저 학습된 기술로 본다. 그러나 정신과 신체의 관계를 연구하고자 하는 베르그손에게 습관기억이 중요한 것은 그것이 신체에 각인되는 기억이라는 점에서이다. 숫자나 단어 등의 암기와 관련한 지적인 기억도 뇌의 운동기제로 축적된다는 점에서 신체적 운동과 같은 종류의 기억으로 보는 것이다. 실제로 신체적 운동이나 암기나 동일하게 반복적 학습을 통해 뇌 안에 형성된 신경회로들에 저장된다.

다음 절에서 살펴보겠지만 베르그손에게서 이미지기억이 습관기억과 다른 점은 그것이 뇌 안의 운동기제(mécanisme moteur) 형태로 저장되지 않는다는 점이다. 바로 이 점에서 이미지기억은 정신적 특성을 갖는다는 것이다. 그러나 오늘날 신경생리학은 이미지기억을 일종의 사건기억 혹은 '에피소드기억'이라고 부르며 그것 역시 뇌의 특정 부위에 축적되어 있다고 본다. 그 부위로는 주로 대뇌피질이나 측두엽 안쪽에 있는 해마가 거론되고 있다(114쪽, 〈그림 9〉 참조). 알츠하이머병으로 기억상실을 겪는 환자의 경우 측두엽 안쪽이 위축된다는 보고가 나와 있다. 그러나 최근에는 사건기억의 저장이나 상기에 뇌의 여러 부분이 동시에 참여한다는 가정도 설득력 있게 제시되고 있다. 아무튼 이런 생각은 베르그손의 당대에도 대뇌 국재화가설이라는 이름으로 유물론적 일원론의 입장을 대표하고 있었으나, 아직도 그 실체가 명확히 규명되지는 않고 있다. 이 문제는 나중에 본격적으로 거론하겠지만, 베르그손의 기억 이론의 핵심과 관련되어 있고 『물질과 기억』에서 가장 중요한 부분을 이루고 있기 때문에 미리 이야기해둔다.

2. 데자뷔 감정에 대한 관념연합론의 설명

'데자뷔'(le déjà vu)는 '이미 본 것'이라는 뜻의 프랑스어이다. 심리학에서 데자뷔의 감정, 즉 '기시감'이란 어떤 대상을 지각할 때 과거에 있었던 비슷한 체험이 상기되어 나타나는 감정이다. 베르그손의 데자뷔 감정 분석은 인식의 기초행위인 식별현상을 설명하는 데 중요한 역할을 하고 있다. 지각과 식별(reconnaissance)은 정의는 다르지만 일상적으로는 일치하는 현상이다. 지각한다는 것은 정의상 우리에게 최초로 나타난 대상을 인식하는 행위지만, 절대적인 의미에서 최초의 대상이란 앞의 2장에서 말한 순수지각이 그렇듯이 가정에 불과하다. 그러나 식별은 아주 일상적인 현상이다. 식별한다는 것은 대상을 과거에 이미 본 것으로 파악하는 행위이다. 가령 많은 사람들 틈에서 내 친구 숙이를 식별하는 것, 즉 구별해서 파악하는 것은 내가 이미 그 친구의 모습을 알고 있기 때문이다. 게다가 우리는 아무리 새로운 대상이 나타난다고 하더라도 현실적으로는 우리가 이미 가진 인식틀로 파악할 수밖에 없다. 예를 들어 망고라는 과일을 처음 보았다면 나는 그것을 오렌지와 비슷한 크기지만 타원형을 하고 있고 겉이 매꾾럽고 단단하며 오렌지처럼 노란색을 띤 것이 많고 과즙이 많다는 것 등을 알 수 있는데, 이런 성질들은 내가 오렌지와 더불어 평소에 이미 알고 있던 성질의 범주들이다. 그런데 이 성질들은 과거 기억으로부터 내가 가지고 있는 인식의 기본 요소들이므로 우리는 기억을 통해서 지각을 한다고 할 수 있고 결국 지각은 식별의 일종이라는 것을 알 수 있다. 앞장에서 보았듯이 순수지각이 원리상의 것이라면 현실적 지각은 언제나 기억을 포함한다. 따라서 지각과 식별은 실제적으로 구분되지 않으며 식별의 과정을 밝히는 것이 현실적 지각의 본성을 밝히는 것이기도 하다. 그러면 고전적인 심리학적 설명인 관념연합론에서 식별현상을 어떻게 설명하는지 먼저 살펴보자.

관념연합론은 앞장에서 살펴본 흄의 철학을 바탕으로 심리적 현상들이 일어나는 과정을 설명하고 있으므로 다음의 내용을 잠시 상기해보자. 흄은 우리에게 주어진 인상(impression)들로부터 시작하여 생생하고(vivid) 힘 있는 인상을 지각이라 하고, 약한 인상 즉 '희미한 이미지'(faint image)를 관념이라고 부른다. 기억과 상상력은 둘 다 현재 인상이 시간 속에서 변형되어 나타난다. 기억은 인상이 관념으로 바뀌는 중간 과정에 있어서 지각의 생생함을 어느 정도 간직하고 있는 반면 상상력은 오로지 관념들의 자유로운 결합을 만들어내는 능력이다. 이때 관념들은 유사성, 인접성, 인과성이라는 연합법칙에 따라 서로 결합하거나 흩어진다. 이 법칙은 물리 세계의 인력과 비슷하게 일종의 정신적 인력처럼 작용한다. 여기서 특히 인과성은 실제 사실들 간의 관계가 아니라 상상력의 단순한 산물이어서 보통 관념연합론자들은 식별현상을 설명할 때 인접성에 의한 연합과 유사성에 의한 연합에 호소한다. 유사성과 인접성은 인상들이 처음 나타난 순서에 어느 정도 기반을 두고 있기 때문이다. 흄의 인상과 관념들은 나중에 관념연합론에서 이미지라는 말과 동등하게 사용된다.

우선 인접연합에 의한 설명은 어떤 것인지 살펴보자. 내가 어떤 대상을 식별하는 것은 과거에 그 대상 A를 지각했을 때 함께 나타났던 주변 상황들 B, C, D가 현재 다시 나타날 때이다. 다시 말하면 과거 지각 A의 인접한 이미지들이 현재 지각 A′에 연합하면 A′는 A와 동일하다고 식별된다는 것이다. 그러나 이 단순한 설명은 심각한 문제를 가지고 있다. 우선 현재 지각과 연합하는 것이 과거 지각의 인접한 이미지들 B, C, D인지 아닌지를 어떻게 알 수 있겠는가? 현재 지각의 인접이미지들을 B′, C′, D′라고 하면 우선 B, C, D와 B′, C′, D′가 과연 같은 것인지를 먼저 증명해야 한다. 그런데 그것들이 같은지 아닌지는 거꾸로 A′가 A와 동일한지 아닌지를 알 수 있을 때뿐이다. 그러나 과거 지각과 현재 지각이 동일한지에 대해서는 아직 알 수 없으므로 그것들 간에 유사성이 존재하는지를 먼저 알아야 한다. 그러므로 문제는 A와 A′간에 유사성의 연합이 있는지를 판단하는 것으로 되돌려진다.

유사연합에 의한 설명은 이러하다. 현재 지각이 의식의 심층에서 유사한 기억을 찾아내면 우리는 그것에 의해 현재 지각을 식별할 수 있다는 것이다. 그런데 이 단순한 설명도 역시 다음과 같은 반론에 부딪칠 수 있다. 도대체 유사성이란 무엇인가? 지각과 기억의 유사성은 어떻게 파악되는가? 유사성은 수많은 성질들 간에 존재할 수도 있고 한 성질의 다양한 변이들 사이에서도 존재할 수 있다. 비교된 대상들에서 어떤 공통의 성질을 특히 강조하여 유사하다고 파악하는 것은 정신의 소관이다. 게다가 범위를 넓힐수록 유사성은 더욱 커진다. 포도와 체리는 다른 과일이지만 과일이라는 점에서 유사하다. 즉 우리가 지각하는 대상과 꼭 닮은 기억은 자연적으로 파악되는 것이 아니다. 우리가 두 이미지들이 유사하다는 것을 알 수 있는 것은 정신 안에서 알 수 없는 원인에 의해 그것들이 함께 연합하기 때문이지 그 자체로 유사하기 때문은 아니다. 즉 유사성은 연합의 원인이기보다는 결과일 수도 있다. 이런 문제제기에 대해 관념연합론자들은 결국 생리학적 가설로 도피한다.

생리학적 가설이란 이미지들 사이에 인력과 비슷한 물리적 원인이 있어서 어떤 형태인지는 정확히 몰라도 비슷한 것끼리 서로 끌어당기게 된다는 것인데, 이것도 사실 흄의 생각에서 유래한 것이다. 좀 더 거슬러 올라가면 뉴턴 물리학과 원자론에 기초한 근대 물리학에서 흄이 빌려온 생각이다. 그러나 어떤 가설이든 간에 지각과 상응하는 기억을 연합시켜 식별을 설명하는 기본 입장은 동일하다. 그러나 베르그손은 결정적으로 기억이 있어도 식별할 수 없는 사례들이 있고 기억이 없이도 식별할 수 있는 사례들이 있다는 것을 보여줌으로써 관념연합론자들의 논의를 종결짓는다.

이제 중요한 증거들을 구성하는 정신맹의 사례들이 등장한다. 정신맹은 시각기관에는 이상이 없지만 신경생리학적인 원인 때문에 정상적으로 대상을 파악할 수 없는 질병이다. 우리가 알고 있는 일반적인 시각장애인과는 다른 종류의 지각장애로 이 장애를 겪고 있는 사람들은 이미지들을 모호하게 받아들이기는 하지만 뚜렷한 윤곽이나 의미를 파악할 수 없다. 빌브란트라는 의사가 연구한 사례에 의하면 기억 속에서는 아주 또렷하게 자기가 살던 곳을 떠올리고 그것을 말로도 잘 묘사하던 한 환자가 있었는데 막상 자기의 고향에 가서는 아무것도 식별하지 못했다. 이것은 지각 대상에 상응하는 기억이 있어도 식별을 못하는 사례이다. 반대 사례도 있다. 한때 자네와 프로이트의 스승이기도 했던 정신의학자 샤르꼬(J. Charcot)의 한 환자를 보자. 그는 시각적 기억을 완전히 잃어버렸는데, 자기가 살던 곳에 가서는 그곳이 자신의 고향이라는 것은 알지 못했으나 거기에 길과 집들이 있다는 것은 알 수 있었다. 또 그는 자신의 아내와 자식들을 식별하지 못했으나 그들이 여자이고 어린애들이라는 것은 알 수 있었다. 이 환자는 특별한 기억, 개인적 기억과 관련된 식별은 할 수 없었지만 일반적 의미의 식별은 할 수 있었던 것이다. 빌브란트의 사례는 기억이 불필요한 자동적 식별기능의 장애이고 샤르꼬의 사례는 기억을 필요로 하는 식별기능의 장애이다. 아무튼 이런 사례들은 식별이 지각과 기억의 유사연합에 의해 이루어진다는 관념연합론의 단선적인 이론을 반증하는 것들이다.

3. 자동적 식별에 관한 베르그손의 설명

그렇다면 식별은 어떻게 이루어지는가? 베르그손이 관념연합론을 비판하지만 지각에 기억이 개입한다는 사실을 반대하는 것은 아니다. 그러나 그 개입하는 방식이 단순히 유사성이나 인접성의 연합과는 다르다고 본다. 우선 식별에는 자동적이고 순간적으로 일어나는 것이 있다. 이것은 아무 생각 없이 즉각적으로 반응할 때 나타난다. 가령 연필을 집어 쓴다든지 주변을 보지 않고도 길을 찾아간다든지 하는 것이다. 나는 이것이 연필이라는 것을 특별히 인지하고 쓰는 것이 아니라 습관적으로 사용한다. 잘 아는 곳에서의 길찾기도 마찬가지다. 그러면 이러한 습관적인 식별은 어떻게 일어나는가?

자동적 식별의 작동방식

길찾기의 사례를 드는 것이 좋겠다. 여행을 좋아하는 사람은 그 묘미를 잘 알 것이다. 어떤 도시에 처음 가서 산책을 한다고 하자. 모르는 곳이니만큼 매번 새로운 길로 접어들 때마다 어색하고 불확실한 것이 당연하다. 나는 어디로 방향을 정해야 할지 몰라 주저하기도 하고 이리갔다 저리갔다 할 것이다. 그러나 그런 기간은 길지 않다. 몇 번 반복적으로 산책을 하면서 나는 길들의 모양, 순서 등을 거의 완벽하게 알아차리고는 기계적으로 돌아다니게 될 것이다. 그러면 처음의 어색한 태도와 나중의 자연적인 태도 사이에는 어떤 차이가 있을까? 베르그손은 그것이 지각에 뒤따르는 운동이 조직화된 경우와 그렇지 않은 경우의 차이라고 설명한다.

앞에서도 많이 강조했듯이 지각은 언제나 운동을 동반한다. 감각-운동적 체계 안에서 자극에 대처하는 방식이 바로 운동반응이다. 그런데 새로운 자극이 들어올 때 거기에 반응하는 운동은 아직 준비되지 않은 상태이다. 그러므로 우리는 주저하고 어색해하며 불안해한다. 그러나 어찌되었든 반응을 하게 되고 시행착오를 겪으며 그것이 축적되면 가장 경제적인 방식으로 반응하는 운동체계가 신체 안에 형성된다. 이때가 대상의 자극에 대해 자동적으로 반응하게 되는 때이다. 그런데 이 두 극단의 중간 상태에서는 무슨 일이 일어나는 것일까? 거기서는 들어온 자극에 대해 반응운동이 형성되기 시작한다. 이 운동들은 아직 내부에서 조직화되지는 않았지만 적절한 응답을 하기 위해 암중모색하는 몸짓이다.

베르그손은 이것을 '시발적'(始發的, naissant) 운동들이라고 부른다. 시발적이란 막 시작되는 상태를 말하는데 화학에서는 발생기상태를 지시하는 용어이기도 하다. 뇌의 신경망 구조에서 본다면 각각의 뉴런에서 축색돌기를 여기저기 뻗쳐 새로운 길을 트는 과정에 해당한다. 신경세포들이 축색돌기를 시발점으로 서로 연결되면서 새로

〈그림 10〉 뉴런의 구조

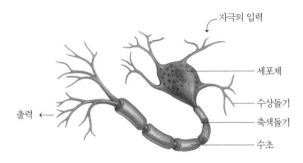

자극의 입력

세포체

수상돌기

축색돌기

수초

출력 ←

수상돌기가 이웃 뉴런세포에서 입력되는 신호를 받고 세포체 안에 정보 전체가 축적되면, 새로운 신호가 촉발되어 축색을 통해 뉴런 밖으로 빠져나간다. 이렇게 해서 이웃 뉴런들과 네트워크를 이루고 새로운 회로를 개척한다.

운 회로가 구축된다(그림 10). 가다가 막히는 것들도 있지만 유사한 자극에 대해서는 일관된 운동기제가 형성된다.

　이것은 앞에서 본 습관기억이 형성되는 방식과 정확히 같은 내용이다. 자전거 타기, 악기 연주 등은 자신이 원할 때 동일한 행동을 숙련된 방식으로 할 수 있는 점에서 학습된 기술이다. 그러나 외부에서 나타나는 비슷한 자극에 반복해서 반응해야 할 때도 그와 같은 습관기억이 형성된다. 그러면 이번에는 같은 자극에 자동적으로 반응할 수 있게 된다. 이것을 베르그손은 이미지기억을 상기하지 않고 신체로만 할 수 있는 식별이라고 말한다. 사실 자극에 반응한다는 것은 어떤 식으로든 자극을 식별했을 때 가능하다. 그러나 너무 자주 비슷한 자극에 노출되었기 때문에 새롭게 알려고 하지 않아도 된다. 그런 이유로 이미지기억에 정보를 요구할 필요가 없는 것이다. 게다가 우리는 어떤 대상을 자동적으로 식별할 때 매우 친숙하다는 느낌을 갖는다. 베르그손은 이것이 잘 조직화된 운동적 반응의 의식에서 비롯한다고 한다. 같은 자극에 대해 반응양식이 준비되어 있으면 여유 있게 대처할 수 있는데 바로 이 상황이 친숙함이라는 감정의 근원이라는 것이다. 따라서 무엇보다도 준비된 반응을 하기 직전에 나타나는 시발적 운동의 의식이 자동적 식별의 기초를 이룬다.

이 첫번째 종류의 식별은 기계적 식별, 신체적 식별, 습관적 식별, 자동적 식별 등 다양한 이름으로 불릴 수 있으며 그 핵심은 운동반응의 조직화에 있다. 길찾기와 도구 사용 외에도 잘 아는 사람을 식별하거나 매일 하고 있는 일을 무의식적으로 행하는 것은 모두 자동적·습관적 식별에 기초를 두고 있다. 베르그손은 이러한 식별현상들의 공통점이 "사유되기 전에 작동된다"는 것이라고 한다(166). 실제로 자동적 식별의 감정은 반성적 형태로 의식 안에 나타나기 이전에 이미 행위하고 있는 데서 나타난다. 나는 연필을 사용하면서 그것을 식별한다. 또는 내가 연필을 식별하는 것은 그것을 사용하면서이다. 만약 어떤 야생인이 연필을 보면서 그것을 사용할 줄 몰라 주저한다면 그는 그것을 식별하지 못한 것이다. 적어도 우리가 아는 일상적 의미에서는 그렇다.

이렇게 습관기억은 겉보기에는 이미지기억과 관련 없이 작동되며 심지어는 이미지기억을 억제하는 것처럼 보이기도 한다. 그러나 습관기억이 현재의 상황에 적응하는 기제이기 때문에 과거이미지들 중에서 현재와 유사한 것들, 또는 현재를 조명하는 데 유용한 것들은 습관기억의 체계 안에 들어올 수 있다. 다만 과거이미지는 습관기억이 작동할 때 의도적으로 떠올리는 것은 아니다. 우리가 보았듯이 습관기억의 형성은 이미지기억의 다양한 뉘앙스와 함께 시작하여 서서히 그것들을 제거하고 일반적인 골격만을 반복하면서 이루어진다. 이 과정에서 습관기억의 형성에 반드시 필요한 이미지기억은 선택되고 그 틀 안에 삽입된다. 예를 들어 어떤 풍경을 노래하는 시를 암기한다고 하자. 처음에는 시를 낭독할 때 그 풍경을 의도적으로 떠올려야 할 것이다. 그러나 계속해서 암송하면 나중에는 그 이미지도 자동적으로 함께 떠오르게 된다. 비록 시를 처음 암기할 때의 주변적 이미지들은 잊혀진다고 해도 시와 그것이 노래하는 풍경은 불가분적으로 연결되어 있기 때문이다. 우리의 일상적인 삶은 수많은 습관기억들로 이루어져 있고 습관기억은 현재에 유용한 것들을 경제적으로 식별하는 기제이기 때문에, 우리가 현재 속에서 살아갈 때 필요한 모든 이미지들은 습관기억과 더불어 자동적으로 떠올려진다.

신경생리학적 사례들

이제 베르그손은 다시 정신맹 환자들의 사례로 돌아간다. 식별을 못하는 정신맹은 앞에서 본 것처럼 두 가지 형태로 나타난다. 하나는 과거이미지들을 상기하는 능력이 상실된 경우이다. 시각적 기억이 상실되면 대개 식별능력에 장애가 나타난다. 그러나 문제는 시각적 기억이 남아 있는데도 식별을 하지 못하는 경우가 있다는 것이다. 베르그손은 그것이 습관기억에서 일어난 문제라고 본다. 정확히 말하면, 지각과 뒤따르는 운동 사이의 연결이 끊어져 지각에 들어온 자극을 습관기억 체계에 연결시키는 기능에 문제가 생긴 것이다. 이러한 기능은 자동적 식별의 기능이며 그 과정은 자전거 타기나 악기 연주와 같은 숙련된 기술과 동일한 메커니즘으로 이루어진다.

몇 가지 사례를 들어보기로 하자. 첫째는 방향감각의 상실이다. 정신맹 환자들에게 방향감각의 상실은 아주 일반적인 현상이다. 정신맹 환자들은 시각장애인들보다 방향을 잡는 데 더 큰 어려움을 느끼며 오랜 훈련을 받아도 개선이 불가능하다고 한다. 베르그손은 방향감각이란 것이 시각적 인상들에 신체의 운동을 정렬하는 기능이기 때문이라고 설명한다. 즉 환자들은 시지각이 적절한 운동으로 연결되는 기능을 상실한 것이다. 시지각은 기본적으로 공간지각이며 공간지각은 애초에 신체의 운동감각에 의해서만 완성된다. 따라서 이 연결이 끊어진 정신맹 환자가 방향을 잡는 운동을 하는 데에서도 문제를 겪는 것은 당연하다.

두번째로는 이들이 그림을 그리는 방식이다. 우리는 보통 모델을 보고서 연속된 선으로 윤곽을 그린다. 그러나 정신맹 환자들은 모델의 특징적인 부분 몇 가지만을 종이 위에 더듬거리며 표시하고 매순간 확인하면서 그것들을 서로 연결하지는 못했다. 아마도 그들이 세계를 지각하는 방식이 그러할 것이다. 이들은 정확한 윤곽을 파악하지 못하고 모호하게 뒤섞인 이미지들 속에 있다. 앞장에서 백내장 수술을 받은 선천적 시각장애인이 눈을 떴을 때 한 말을 상기해보라. 그에게는 "모든 것이 뒤섞여 있었다". 정신맹은 이런 상태가 영구적으로 지속되는 질병이다.

물론 정신맹에도 종류가 다양하고 정도 차이도 있다. 그림을 그리는 기능은 형태와 색채를 지각하고 그것을 하나의 연결된 선으로 그리는 운동인데, 이것은 우리의 실제 지각기능이 어떤 것인가를 잘 보여준다는 점에서 중요하다. 우리가 대상의 윤곽을 지각하는 것은 말하자면 정신적으로 그것을 다시 그려보는 일이다. 우리에게 들어오는 것은 칸트식으로 말하면 수동적 질료들이다. 그러나 인식은 여기에 능동적 주관의 형식이 작용하여 구성되는 것이 아니라 수동적 이미지들을 운동습관으로 연결하는 습관기억이 작용하여 이루어진다. 그런데 여기서 운동습관이란 그 이미지들의 정확한 윤곽을 내적으로 그려보는 것이다. 그러므로 이러한 기능을 상실한 환자가 실제로도 그림을 그릴 수 없다는 것은 당연한 일이다. 그는 수동적 질료라고 할 수 있는 부유하는 이미지들 속에 있다.

마지막으로 실독증의 사례가 있다. 실독증이란 문자만을 식별하지 못하는 특수한 식별장애이다. 환자는 문자를 인식하지 못하므로 그것을 베껴 쓰는 능력도 당연히 상실한 상태다. 물론 시각기관에는 이상이 없으므로 그는 문자를 모호한 이미지로 받아들인다. 환자는 문자를 보고서 마치 앞의 그림 그리는 사례에서처럼 매순간 확인하면서 더듬더듬 문자를 그리려고 한다. 그런데 재미있는 것은 환자는 받아쓰는 기능이나 스스로 문자를 쓰는 기능은 상실하지 않았다는 점이다. 오직 문자를 보고 인식하는 기능만을 상실했다. 여기서 없어진 것은 대상의 마디들을 분간하여 그것을 내적으로 그려보는 습관이다. 베르그손은 이를 "대상의 시지각을 대상의 도식을 그리는 운동적 경향에 의해 완성시키는 습관"이라고 한다. 결국 문제가 생긴 것은 지각과 그것을 뒤따르는 운동을 연결하는 습관기억의 체계라는 것이다.

〈그림 11〉 대뇌피질의 발달

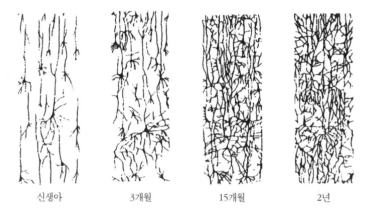

신생아   3개월   15개월   2년

신생아 때에는 신경세포가 아직 충분히 형성되지 않으나, 1~2년 내에 곧 정글처럼 무수한 신경결합이 완성되는 것을 볼 수 있다.

    오늘날 신경생리학에 의하면 시각적 식별을 담당하는 신경결합은 생후 1년간 완성된다고 한다. 이 기간에 외부에서 수없이 들어오는 시각적 자극들은 신경결합(시냅스결합)이 형성되면서 의미가 해석되기 시작한다(그림 11). 여기서 대상의 윤곽을 파악하는 미세조정이 일어나고 주의를 집중하는 각성상태가 중요한 역할을 한다. 화학적으로는 아세틸콜린이 방출되어 신경세포들에 충격을 주고 그러면 뉴런들이 일시적으로 네트워크를 형성해 활발히 움직인다. 즉 뉴런의 개별적 활동이 아니라 집단적 활동에서 대상의 의미해석이 일어난다. 이런 과정이 영속적으로 일어나면 이미지기억이 첨가되면서 시각적 유형의 인식이 발달한다. 예를 들면 사과를 보면 붉은 이미지로만 느끼는 상태였다가 점점 하트 모양을 식별하게 된다. 이런 유형들이 형태

인식의 기초가 된다. 게다가 이런 유형인식은 종마다 다를 수 있다. 개구리는 파리처럼 움직이는 것만을 인식하고 정지한 물체는 아예 그 시각의 범주에 들어오지 않는다고 한다. 아무튼 민감한 어린 시기에 시각기관에 장애가 생기면 뇌 안에 시지각체계가 형성되지 않으며, 나중에 시각기관을 치료할 수 있다 해도 새로이 시각체계를 형성하기는 무척 어렵다고 한다. 앞장에서 살펴본 것처럼 체슬든이 치료한 14세의 어린 환자는 백내장 수술 후에 서서히 시력을 되찾았지만 45세의 버질은 수술이 성공했음에도 불구하고 시각적 세계에 적응하지 못하고 결국 이전의 상태로 되돌아갔다.

4. 주의깊은 식별

기계적 식별은 신체 안에 각인된 습관이지만 과거이미지들은 여전히 작동하고 있다. 다만 거기서는 행동하는 데 필요한 이미지기억들이 이미 선택되어 습관기억이 작동할 때 동시에 자동적으로 떠오른다. 그것들은 처음 습관기억이 형성될 무렵에는 의지적으로 투입되지만 일단 습관이 형성된 뒤에는 자동적으로 상기된다. 그러나 언제나 능동적으로 과거이미지를 불러와 대상의 지각에 투입해야 하는 경우가 있다. 이는 무엇보다도 행동을 하려 할 때가 아니라 대상 그 자체를 파악하려 할 때 필요하다. 처음 보는 대상이나 분석이 필요한 복잡한 대상을 이해하기 위해서는 과거 기억을 불러내 참조해야만 한다. 베르그손은 이런 경우를 '주의깊은 식별'(la reconnaissance attentive)이라 부른다.

주의깊은 식별에서 반드시 알아야 할 것은 '주의'(attention)라는 심리생리학적 현상이다. 주의라는 말은 어떤 일을 할 때 정신을 집중한다는 일상적 의미로 많이 쓰이지만, 프랑스의 심리학과 철학에서는 정신의 중요한 기능으로서 이미 오래 전부터 연구대상이 되어왔다.

우선 그것은 데까르뜨가 철학의 출발점을 의식으로 돌려놓은 이래로 자아의 내면을 관찰하는 행위를 지칭하기 위해서 쓰였다. 의식에서 출발하기는 마찬가지인 경험론에서도 이 현상은 비슷한 역할을 한다. 그러나 주의라는 현상을 집중적으로 연구하기 시작한 것은 19세기 초반의 멘 드 비랑이었다. 당시에는 심리현상을 생리학에 종속시키는 경향이 있었지만 멘 드 비랑은 의식현상에 대한 뛰어난 관찰능력을 바탕으로 당대의 생리학주의를 뛰어넘어 심리학의 고유한 영역을 확보하였다. 그럼에도 불구하고 그는 주의라는 현상을 정신현상으로만 보지 않고 신체와 불가분의 과정으로 이해하였다. 그의 영향은 이후에 순수 철학의 전통과 심리생리학 전통으로 나뉘어 전개된다. 우선 철학에서는 라베쏭, 부트루, 라슐리에와 같은 사람들이 그의 인간학을 받아들이면서 그것에 자연철학을 보완하려는 시도를 했고, 생리학에서는 리보와 같은 사람들이 신체적 운동으로부터 심리현상을 설명하는 심리생리학을 확립하게 된다. 베르그손은 이 두 경향의 접점에 위치한다.

주의와 신체의 적응

당시에 상당수의 심리생리학자들은 의지적 노력 혹은 주의를 안에서부터 밖으로 나가는 힘으로 설명하고 있었다. 베인과 분트 같은 학자들은 의지적 주의를 신경의 원심적 흐름, 즉 안에서 밖으로 나가는 신경의 흐름을 의식이 느끼는 상태라고 보았다. 예를 들면 다리가 마비된 환자가 다리를 들어 올리려고 할 때 비록 실제로는 무력하지만 내부에서 힘이 나가는 느낌이 있다고 한다. 이 사례는 데까르뜨부터 사용하기 시작해, 정신적인 상태와 신체적인 상태를 구분하는 사람들이 자주 인용했다. 이에 대해 윌리엄 제임스는 다음과 같이 반박한다. 마비환자는 다리를 들어 올리려고 할 때 그 부위가 아닌 다른 곳에서 운동을 하고 있다. 이때 나타나는 힘의 느낌이 거꾸로 되돌아와서 힘을 내보내는 것처럼 느끼게 된다는 것이다. 즉 노력의 느낌은 원심적이 아니라 구심적이다. 이 논의는 베르그손이 『시론』의 1장에서 상세히 분석하고 있는데 여기에서 베르그손은 제임스의 의견에 동조하는 듯하다. 베르그손은 안에서 밖으로 나가는 힘의 의식이 비공간적이고 순수한 정신적 힘으로 묘사되는 것을 비판하고 있다.

주의가 안에서 밖으로 나가는 것인지, 밖에서 나타나는 감각들이 안으로 되돌아갈 때 나타나는 것인지를 따지는 문제는 결국 주의를 설명하기 위해 순수한 정신적 상태를 가정해야 하는가, 아니면 주의가 신체적 감각들의 총합으로 설명되는가를 결정하는 문제라고 할 수 있다. 심리생리학에서 전자는 대체로 평행론적 입장이고 후자는 부대현상론적 입장이다. 유물론적 생리학자들은 후자 쪽으로 기울어지는 경향이 있다. 그래서 주의는 점점 '신체의 적응'이라는 관점에서 설명이 되었는데 그것이 바로 리보의 입장이다. 그러나 베르그손은 신체의 적응은 주의를 하기 위한 필요조건이기는 하나 충분조건은 안 된다고 본다. 그는 평행론과 부대현상설을 모두 비판하면서도 신체의 적응이 필요조건이라고 보는 점에서는 리보의 입장에 동의한다. 그러나 베르그손이 보기에 주의는 신체뿐만이 아니라 정신적 사건이기도 하다.

신체의 적응이 주의의 기본 조건이라는 말은 정신현상이 신체에 토대를 두고 있기 때문에 환경에 잘 적응된 신체적 태도가 우선해야 한다는 것이다. 나중에 등장하는 '삶에의 주의'라는 개념도 결국 신체에 포획된 정신의 상태를 의미한다. 그래서 주의깊은 식별도 비록 정신현상이기는 하지만 신체와 무관한 것은 결코 아니다. 그러면 주의는 신체와 관련하여 어떤 역할을 하는가? 리보는 주의가 대상에 관심을 집중하여 신체의 운동을 거기서 정지시킨 상태라고 보는데, 여기에는 다른 것에 대한 관심을 억제하는 작용이 있다. 베르그손은 주의가 우선 이런 부정적 작용을 하는 것은 맞다고 본다. 앞에서도 이미지기억이 자유롭게 떠오르기 위해서는 습관기억의 목적인 유용성을 포기해야 한다고 말한 적이 있다. 주의는 대상에 대한 우리의 관심이 준비된 반응행동으로 이어지는 것을 막고 대상을 새롭게 파악하려는 데서 시작한다.

주의와 이미지기억

이렇게 해서 주의의 적극적 측면이 드러날 준비가 된 셈이다. 대상을 유용성과 상관없이 세밀하게 파악하는 작용은 삶의 일반적 목적인 적응의 관점에서 보면 일종의 사치인 셈이다. 예를 들면 어떤 생물학자는 개구리가 움직이는 파리만을 지각할 수 있고 죽은 파리는 지각할 수 없다는 사실을 지적하면서 개구리에게 정지된 것을 지각하는 것은 사치라고 말한다. 마찬가지로 베르그손도 『물질과 기억』의 3장에서 초식동물에게 필요한 것은 '풀 일반'이며 개별적인 풀을 지각하는 것은 사치라고 말한다. 반면 우리 인간은 당장 삶에 필요하지 않은 것에도 주의를 하고 애써 그것을 파악하려고 한다. 물론 우리는 과거·현재·미래를 능동적으로 종합하고 과거 기억에 조회하며 그것을 토대로 미래를 계획하는 존재이다. 주의깊은 식별도 이런 차원에서는 미래에 대한 대비라고 볼 수도 있다. 베르그손도 주의가 결국 삶에서 완전히 떠날 수는 없다는 사실을 강조한다. 그러나 이런 거시적인 삶의 의미가 아니라 현재적 지각의 차원에서 볼 때, 기계적이고 습관적인 식별과 비교하면 주의깊은 식별은 일시적으로나마 유용성과 무관하게 대상 자체에 관심을 기울이는 것으로 나타난다.

　새로운 대상을 볼 때 우리는 단번에 그것의 개별적인 독특한 특성을 파악하지 못한다. 우리 신체에 우선 그것의 윤곽을 파악하는 내적(시발적) 운동이 야기되는데, 이것은 아마도 자극된 감각-운동 신경들이 새로운 신경결합을 구축하는 상태일 것이다. 이 과정은 대상의 윤곽을 커다란 범주들로 파악하는 과정이다. 예를 들면 소가 새로운 대상 앞에서 그것이 풀인지 아닌지를 식별하는 과정과 비슷하다. 이 운동은 아직 조직화되지 않았기 때문에 이미 알려진 대상을 식별할 때 자동적 반응으로 연장되는 운동과는 좀 다르다. 그렇지만 개별적이고 세부적인 특성들은 커다란 윤곽을 파악하는 시발적 운동만으로 완벽하게 드러나지 않는다. 소는 대상이 풀인지 아닌지를 식별하기만 하면 될 테지만 사람은 대상을 보고 이것이 내가 과거에 본 '바로 그것'인지 아닌지를 파악하려고 한다. 여기서 이미지기억은 새로운 의미를 가지고 나타난다. 우리가 새로운 대상의 세부를 파악하는 것은 언제나 과거 기억을 토대로 해서만 가능하다. 새로운 대상과 닮은 과거 기억을 상기하여 현재 지각을 재해석한다. 베르그손은 이것을 상기된 이미지가 지각의 세부사항을 '덮는다'고 말한다. 이렇게 되면 지각이 거의 이미지기억들에 의한 재배열이 된다.

만약 이미지기억들이 충분히 신속하고 정확하게 상기된다면 주의깊은 식별의 과정도 금방 끝날 것이다. 그러나 이것이 단번에 이루어지는 것은 아니다. 주의를 기울여 이미지기억에 호소해도 여전히 알 수 없는 부분이 남아 있다면 주의의 과정은 계속될 수밖에 없다. 기억(mémoire)의 더욱 깊은 곳에 호출이 던져지면서 더욱 세밀한 이미지들이 지각으로 내려와 미지의 부분들을 덮는다. 이 과정은 의식의 심층에 어떤 모호한 힘이 있어 안에서 밖으로 나가는 과정이 아니라 기억이 밖에서 들어오는 자극을 접하고 그때마다 필요한 정보를 제공하는 것과 같다. 베르그손은 이것을 중요한 전보를 접수하고 그 내용을 확인하기 위해 처음 전보를 보낸 곳으로 전보를 재발신하는 전신기사의 작업에 비유한다. 그는 "보내신 게 이 내용이 맞습니까?"라고 묻는다. 그래서 아니라는 답이 오면 다시 또 새로운 정보를 가지고 "그럼 이겁니까?"라고 묻는 것이다.

주의는 이렇게 대상 앞에서 계속적으로 기억에 호소하는 작용이다. 그러면 주의가 기억의 심층에서 여러 이미지들을 선택하는 작용은 어떻게 이루어지는 것일까? 아무렇게나 되는 대로 선택해서 맞지 않으면 버리는 것일까? 아니면 관념연합론자들이 말했듯이 지각과의 유사성에 의해서 그런 작용이 일어나는 것일까? 얼핏 보기에 다른 식으로 생각하기가 쉽지 않을 것 같다. 그러나 관념연합론자들의 생각은 이미 앞에서 거부되었다. 유사성이라는 생각 자체가 모호하기 때문이다. 베르그손은 여기서 '모방운동'(mouvements d'imitation)이라는 독창적인 생각을 고안한다. 앞에서 우리는 새로운 대상을 지각할 때 커다란 윤곽을 파악하는 내적(시발적) 운동이 일어난다고 말했다. 베르그손은 이제 그것을 모방운동이라고 부른다(179, 185).

이 운동은 지각을 모방하는 동시에 그 지각에 들어올 수 있는 이미지기억들을 선택하는 일종의 필터 역할을 한다. 지각이든 이미지기억이든 모두 우리에게는 고정된 상으로 나타난다. 지각대상의 윤곽을 파악하는 운동이란 이 고정된 상을 운동으로 번역하는 작업이고, 지각에 대해 일종의 반응체계를 만들려는 시도이기도 하다. 만약 이것이 반복되어 우리에게 아주 익숙해지면 그것은 자동적 식별이 될 것이다. 그러나 최초의 단계에서는 그러한 속셈이 없이 새로운 지각을 해석하는 작용에 지나지 않는다. 아무튼 그것은 분명히 자극을 파악하는 신체(좀더 정확히는 뇌)의 운동이면서 이 운동 안에 삽입될 자격이 있는 이미지기억들을 구분해낸다. 그것은 아주 깊은 기억의 심층에까지 작용한다. 그래서 베르그손은 모방운동이 지각을 잇따르는 동시에 지각과 기억의 공통적인 틀로 작용한다고 말한다.

한 가지 의문이 있을 수 있다. 앞서 모방운동은 대상의 커다란 윤곽 혹은 일반적 범주를 그려보는 작용이라고 했는데, 여기서 문제는 대상의 개별적이고 독특한 특성을 파악하는 것이다. 일반적 윤곽만을 그려보는 모방운동이 어떻게 개별적 지각을 도출할 수 있을까? 그 답은 모방운동은 시작 또는 신호에 지나지 않으며 개별적 특성은 이미지기억에서 드러난다는 것이다. 베르그손은 모방운동에 의해 "우리에게 하나의 밑그림이 제공되고, 우리는 거기에 다소 먼 기억들을 투사하면서 그것의 세부사항과 색깔을 창조한다"고 말한다(185~186). 이 밑그림이 바로 지각과 이미지기억에 공통의 틀 구실을 하는 것이다.

이런 설명방식은 대상을 주의깊게 지각하는 과정이란 밖에서 들어오는 인상만이 아니라 안에서 밖으로 나가는 이미지기억의 작용에 의해서 결정된다는 생각에서 나온다. 베르그손은 이 내용을 다음과 같은 실험 결과들을 가지고 증명해 보이고 있다. 예를 들면 우리는 보통 책을 읽을 때 단어들을 문자 하나하나씩 따라 읽는가? 실제 실험에 의하면 우리는 여기저기서 몇 가지 두드러진 특징들을 먼저 파악한 다음 나머지는 우리 내부의 이미지기억들로 보충한다고 한다. 이런 생각은 오늘날 신경생리학에서도 널리 주장되는 사실이다. 주의깊은 식별만이 아니라 시각 일반이 이런 식으로 작동한다고 한다.

시각은 대상에서 망막을 거쳐 대뇌피질로 이어지는 일방향의 과정이 아니다. 시각적 자극을 대뇌피질로 전달하는 각각의 신경결합들에 대해 거꾸로 대뇌피질에서 그리로 정보를 전달하는 다수의 신경결합이 존재한다. 우리가 대상을 보지 않고 상상만 할 때도 우리가 실제로 대상을 볼 때와 동일한 뇌의 영역이 활성화된다는 것이 뇌 촬영 사진에 의해 알려져 있다. 물론 상상력과 기억의 활동만으로 지각이 일어나지는 않는다. 대상에 대한 기억을 가지고 있는데도 지각을 하지 못하는 식별장애 현상이 있다. 이런 경우는 앞에서 본 것처럼 지각을 (모방)운동으로 연장하는 과정에 문제가 있는 것이다. 지각은 대상의 윤곽을 파악하는 내적 모방운동과 이미지기억의 삽입이라는 두 과정으로 이루어지는데, 모방운동이 일어나지 않으면 이미지기억이 삽입될 수 없기 때문에 지각도 일어나지 않는다.

〈도표 8〉 베르그손의 8자 도식

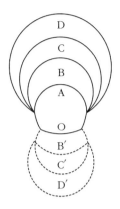

8자 도식과 주의깊은 식별의 작동방식

주의깊은 식별의 과정은 대상에서 감각 그리고 관념으로 이어지는 일
직선적 과정이 아니라 대립되는 두 방향의 흐름이 결합해서 일어난
다. 일직선적 과정이란 일반적으로 우리 마음이 대상을 그대로 반영
한다는 경험론의 입장을 대변한다고 볼 수 있지만 심리학에서는 관념
연합론의 대표적 주장이다. 베르그손에게는 기억에서 대상으로 가는
원심적 흐름과 대상에서 기억으로 오는 구심적인 흐름은 각각 직선으
로 단절된 것이 아니라 서로가 서로를 잇따르는 순환적 과정이다. 그
것들이 순환을 이루는 이유는 대상의 지각과 이미지기억의 투사가 잘
구별되지 않을 정도로 서로 연결되어 있기 때문이다. 실제로 우리가
어떤 대상을 세밀하게 파악하려고 할 때는 기억에 계속 조회해야 하
기 때문에 내가 본 것이 기억인지 지각인지 정확하게 말할 수 없는 경
우가 많다.

이제 베르그손의 유명한 8자 도식(도표 8)을 소개할 시간이 왔다. 지각과 기억은 하나의 회로를 이루는데, 그것은 대상과 주체 양쪽에서 쌍을 이루며 완성된다. 게다가 베르그손은 하나의 회로는 너무도 완벽하게 닫혀 있는 독립적 체계를 구성한다고 한다. 그러므로 더 세밀한 지각을 하기 위해서는 기억의 심층으로 들어가 새로운 회로를 창조해야 한다. 이렇게 해서 앞의 그림과 같이 무수히 겹친 8자도식이 완성된다. 가운데 있는 AO라는 원은 직접적 지각을 나타내는데, 대상과 그것을 직접 뒤따르는 이미지들로 이루어진다. 대상만을 나타내는 O라는 지점은 존재하지 않는다. 아마도 그것은 순수지각일 텐데 식별은 언제나 기억을 포함하기 때문에 대상이 가장 직접적으로 드러난다고 할 수 있는 이 부분에서조차 기억이 투사된다는 것을 보여준다. B, C, D의 원들로 올라갈수록 주의의 노력은 더욱더 강렬해지며 더욱 세부적인 개별 기억들이 포함된다. 그러나 각각의 회로들은 독립적이며 마치 프랙탈 구조처럼 자기 나름의 방식으로 기억 전체를 압축하고 있다. 이 다양한 원들에서 우리의 심리적 삶은 매번 반복되는데, 그것들은 우리 정신활동의 다양한 기조(ton)들 또는 수준들을 보여준다. 가장 심층에서 기억은 개별적인 세부사항들을 포함하고 있으며, 아래로 내려올수록 기억은 점점 압축되어 개별성은 희미해지고 지각과 기억의 공통적인 틀에 가까워진다.

기억의 반대편에 위치한 원들 즉 B′, C′, D′는 우리가 대상에 투영한 기억들로 새롭게 재구성된 실재이다. 달리 말하면 그것은 대상에 대한 우리의 인식이다. 우리가 주의의 노력을 얼마 정도 기울이는가에 따라, 즉 우리가 어떤 수준의 회로를 선택하는가에 따라 대상에 대한 우리의 인식도 그만큼 깊어지거나 단순해진다. D′의 방향으로 갈수록 대상의 세부사항은 더 잘 조명되지만 현재적 유용성은 그만큼 줄어든다. 반대로 B′ 방향으로 갈수록 이미지기억들은 개별적이고 본래적인 형태를 잃고 일반적인 범주에 가까워진다. 대체로 한 대상에 대한 지각은 우리가 그것을 다른 대상들과 비교하여 공통점을 파악할 때 가장 유익하다. 반면에 대상의 독특성, 그 특이성에 몰두하면 다른 것들로부터 고립되어 유용성을 잃는다. 이런 이유로 직접적 지각 속에 삽입된 이미지기억들은 본래의 변덕스러운 성질을 버리고 신체적 (모방)운동의 규칙을 따르게 된다.

8자 도식의 모형 아래 주의깊은 식별이 어떻게 일어나는지 구체적인 사례를 들어보기로 하자. 주의깊은 식별은 운동반응으로 곧장 연결되지 않기 때문에 그것이 신체적 식별이 아니라는 것은 앞에서 본 바와 같다. 그러면 그것은 어떤 형태로 나타나는가? 대부분의 경우 시지각이나 소리지각으로 나타난다. 소리지각에서 주의력을 가장 잘 테스트할 수 있는 것은 말을 듣고 이해하는 과정인데 이에 대해서는 다음 절에서 베르그손의 상세한 사례분석을 통해 살펴보고자 한다. 그러므로 여기서는 시지각의 사례를 살펴보겠다. 우선 매우 평범하고 일상적으로 접할 수 있는 현상을 그려보자.

나는 조명이 어두운 까페에서 잘 아는 상대의 얼굴을 마주하고 있다. 내 친구 숙이라고 하자. 나는 그녀의 얼굴을 주의깊게 바라본다. 그녀가 미소짓고 있다. 그녀는 행복한가 보다. 나는 얼핏 그녀의 미소에 살짝 따라붙는 어색함을 엿본다. 그녀는 서둘러 표정을 바꾸고 이야기를 하기 시작한다. 우리는 농담을 주고받는다. 나는 다시 그녀를 바라본다. 어두운 조명이 이 바라봄을 방해하지는 않는다. 그녀의 눈은 초점을 잃고 있다. 그렇다. 이야기하는 가운데서도 그녀의 눈은 허공을 응시하며 무언지 모를 공허함을 드러낸다. 무엇을 찾는 것일까? 아무 데도 없는 무엇을? 아니면 어디가 아픈 것일까? 가슴을 비워버린 상실의 아픔일까?

이 글에서 나는 그녀의 내면을 계속 탐색한다. 나는 그녀를 단지 보는 것이 아니라 주의깊게 바라보면서 그녀가 지금 이 시간에 진실로 존재하고 있을 거기, 그녀 의식의 심층으로 들어가고자 한다. 나는 그녀의 미소에서 어색함을 발견해내고 그녀의 눈에서 공허함을 발견한다. 그리고 결국 그녀의 가슴에서 아픔을 발견한다. 내가 그녀에게서 발견한 것은 그녀의 내면에서 일어남직한 일을 나의 내면 심층의 여러 수준을 차례로 통과하면서 발견한 것들이다. 미소와 어색한 표정, 공허감, 상실감 ……. 이것들은 서로 뒤섞이지 않는 각각의 독특한 세계를 구성한다. 내가 의식의 층 어디에 위치하는가에 따라 상대방은 점점 더 자신의 벌거벗은 모습을 나에게 드러낸다.
　얼굴만을 인식하지 못하는 상모실인증이라는 식별장애가 있다. 왜 그런지 쉽게 이해하기 어렵다. 만약 우리의 얼굴이 물체와 마찬가지로 천편일률적이라면 이런 질병은 생기지 않을 것이다. 레비나스는 타인의 얼굴을 신의 얼굴이라고 했다. 이처럼 얼굴이란 신체적인 것이라고 말하기에는 너무나 많은 의미를 담고 있다. 그것은 단순히 다양한 표정이라는 말로도 설명할 수 없는 무언가를 가지고 있다. 다양한 표정들이란 동일 차원의 다양성을 의미하기 쉽다. 하지만 뒤섞일 수 없는 의식의 다양한 수준들은 그것들이 가진 서로 다른 깊이를 보여준다. 우리가 주의를 기울일 때 이 깊이는 각각의 얼굴을 드러낸다. 사실 작가들이야말로 이러한 인간 의식의 지층을 탐색하는 의식의 탐험가들이다. 한 예로 성녀, 어머니, 비천한 하녀, 팜므 파탈, ……. 대부분의 남성예술가들이 그토록 애써서 표현하고자 했던 여성의 다양한 모습은 비록 남성적 편견을 보여주고 있기는 하나 바로 그들이 가진 판타지, 그들이 위치하는 의식 수준들의 깊이에 상응하는 것이다.

5. 가설의 증명 — 말의 청각적 식별 분석

이제까지 우리는 두 종류의 기억과 이 두 가지 기억에 의한 식별과정에 대해 알아보았다. 정상적인 식별과정이 두 가지로 나뉘므로 식별장애 현상도 두 가지로 나타날 것은 당연하다. 그것은 대상의 윤곽 일반을 파악하지 못하는 식별장애와 주로 말에 집중된 식별장애로 나누어진다. 전자는 운동장애에 기인한 식별장애 일반이고, 후자는 기억과 주의의 장애에 기인한 특수한 식별장애이다. 우리가 많은 사례들을 통해 살펴본 시각적 식별장애, 즉 정신맹은 대상이 우리 신체(뇌) 내부에서 운동을 촉발하여 우리가 그것을 자동적 반응으로 연장하도록 하는 감각-운동 과정에 문제가 생긴 것이다. 생리학적으로 말하면 특정한 감각-운동 회로에서 감각신경과 운동신경의 결합이 끊어진 상태라고 할 수 있겠다. 문자만을 식별하지 못하는 실독증은 기억의 상기에 문제가 있다. 본래 문자의 식별과정에도 감각-운동적인 자동적 과정이 기본이 되지만 의미를 이해하기 위해서는 문자기억들을 능동적으로 삽입하는 의지적 주의의 과정이 개입한다. 따라서 그것은 식별 일반의 장애보다 훨씬 복잡한 방식으로 설명될 수밖에 없다.

이런 복잡한 식별현상은 무엇보다도 말을 듣고 이해하는 과정을 통해서 종합적으로 설명될 수 있다. 실제로 말을 듣는 과정은 소리를 구별하고 단어의 의미를 파악하는 것뿐만이 아니라 상대방의 생각을 이해하고 해석하는 지적 활동을 포함한다. 이러한 이유로 베르그손은 말의 이해과정, 즉 청각적 식별을 예로 선택한다. 주의는 여기에서 다양한 단계를 거쳐 나타난다. 우리는 식별현상을 자동적인 과정과 주의가 들어가는 과정으로 크게 나누었지만, 어떤 의미에서는 자동적인 과정에서도 대상에 의해 주의가 고정된다고 할 수 있다. 대상이 우리의 내적 운동을 촉발하는 과정이 없으면 자동적 식별도 불가능하다. 이런 의미에서 리보와 같은 생리학자들이 주의를 신체적 적응이라고 부른 것은 타당하다. 반대로 주의깊은 식별은 이미지기억을 대상에 투사하는 주체의 능동적 작업으로 이루어진다. 그래서 베르그손은 신체의 감각-운동적 기제를 자동적 주의작용이라 부르고 기억을 떠올리며 대상에 투사하는 기제를 의지적 주의의 '상상적 기제'라고 부른다(188).

청각적 식별에서 자동적 과정에 장애가 생기면 '정신적 난청' (surdité psychique)이 된다. 즉 소리를 듣기는 하는데 무슨 소리인지 구별을 전혀 못하는 상태이다. 정신맹과 정신적 난청은 쌍을 이루면서 시각과 청각에서 식별장애 일반을 나타낸다. 한편 '어농'(語聾, surdité verbale)은 말을 듣고 이해하는 데만 문제가 있는 상태이다. 그러므로 이것은 실독증처럼 자동적 과정과 의지적 과정의 두 단계로 나누어 살펴보아야 한다. 베르그손이 증명의 중요한 사례로 제시하는 것이 다양한 종류의 실어증 중에서도 바로 이 어농이다. 따라서 언어

이해 과정의 분석과 어농의 사례들은 식별에 관해 앞에서 다룬 내용 전체를 종합적으로 증명하는 과정으로 보아도 된다.

언어이해의 자동적 과정―운동적 도식

그러면 첫째로 자동적 과정부터 보자. 우리가 어떻게 말을 듣고 이해 하는지는 외국어를 배우는 과정을 보면 가장 잘 알 수 있다. 우리는 말을 배웠던 기억이 너무 아득한 과거여서 잊어버리고 말았지만 사실 은 모국어도 같은 방식으로 습득하기 때문이다. 그러면 내가 두 사람 이 프랑스어로 대화하는 것을 듣고 있다고 해보자. 내가 프랑스어를 전혀 모르는 상태라면 그들의 말은 혼란스런 소음으로 들릴 것이다. 소리의 파동이라는 측면에서는 나에게 들리는 것이나 그들에게 들리 는 것이나 똑같지만, 그들은 자음·모음 그리고 음절들과 단어들을 구 별해내는 반면 나는 아무것도 구별하지 못하고 전체를 한 묶음의 소 리이미지로 파악한다. 그러면 그들과 나의 차이는 어디에 있는가?

신경생리학은 시각이든 청각이든 들어온 지각이미지가 신경회로 를 통과하여 대뇌피질의 감각영역에 전달된다고 한다. 그렇다면 대화 로 상호소통하는 사람들에게는 말의 기억이 뇌피질에 보관되어 있어 서 소리의 인상에 "나 여기 있소" 하고 응답하는 것일까? 앞에서 본 것처럼 관념연합론자들이나 생리학자들은 말의 기억과 소리가 유사 성의 연합에 의해서 또는 무언지 모를 인력에 의해서 결합한다고 설 명한다. 그러나 듣는다는 것은 우선 내용을 이해하는 문제가 아니라 소리로부터 말을 '분절'해내는 기능의 문제이다. 말의 기억과 소리의 인상 사이에는 엄청난 거리가 있다. 단어든 구절이든 간에, 일단 우리가 소리가 아니라 말을 들을 수 있어야 말의 기억도 보관될 것이 아닌가? 그러나 뇌피질에 보관된 것이 말이 아니라 단순한 소리의 기억이라고 하면 더욱더 난감해진다. 그런 기억은 내가 지금 듣고 있는 소리가 무엇인지, 즉 그것이 어떻게 말로 분절되는지를 식별하는 데는 아무 도움도 되지 않을 것이기 때문이다. 결국 소리를 말로 분절하는 기능은 전혀 다른 곳에서 찾아야 한다. 말은 소쉬르가 말한 것처럼 서로 구분되는 소리들의 체계이다. 이것은 언어의 발생 과정을 설명하는 중요한 지점이다.

여기서 베르그손은 유명한 '운동적 도식'(le schème moteur)의 개념을 창안해낸다. 모르는 외국어라도 여러 번 반복해서 듣게 되면 우리 내부에 무언가 새로운 일이 일어난다. 자기도 모르는 사이에 내적으로 발성하는 운동이 일어나고 이것이 뇌피질에서 분자운동으로 이어진다. 이 과정에서 말의 분절과 윤곽이 드러난다. 이 운동들은 바로 시발적 운동들이고, 그것들이 조직화되면서 하나의 도식이 만들어진다. 마치 모르는 도시에 있을지라도 자주 길을 오가면서 결국에는 자동적으로 길을 식별할 수 있게 되는 것과 같다.

그런데 말을 듣는 과정에서 특이한 것은 소리자극이 듣는 이의 성대의 근육운동들을 발생시킨다는 점이다. 소리는 들은 말을 우리가 내적으로 반복할 때 말로 분절되고 그것에 상응하는 신경회로가 형성된다. 이 회로는 일종의 습관기억이다. 다만 실제의 운동습관은 시발적 운동뿐만이 아니라 몸으로 동작을 하면서 하나하나 익혀가야 하지만, 식별을 하기 위해서는 시발적 운동들을 조직화하는 것만으로 충분하다. 영어로 유창하게 대화를 하지는 못해도 듣는 연습을 통해 그럭저럭 내용을 이해할 수는 있는 경우를 예로 들 수 있다. 물론 실제로 말을 배우고 반복하면 훨씬 더 빠르고 정확하게 식별할 수 있다. 그러나 단지 듣기만 하고 내적으로 반복하는 데서도 기본적인 이해의 도식이 만들어질 수 있다는 것이다. 이런 과정을 거치면 나중에는 성대를 통과하지 않고도 기계적으로 말을 식별할 수 있게 된다.

이와 같이 말을 듣는 것과 성대의 발음운동에는 긴밀한 관계가 있다. 앞에서 본 멘 드 비랑은 "우리는 말하는 만큼만 듣는다"라는 유명한 말을 남겼는데, 이것은 바로 그런 관계를 가리킨다. 어린아이는 말을 배우기 전에 옹알이를 시작하는데 이때 이미 내적으로 발음운동이 이루어지고 있다(에클스, 『뇌의 진화』, 138). 듣는 능력은 들린 말을 내적 발성과 대응시키면서 발달한다.

그러므로 날 때부터 성대의 발성근육에 문제가 있는 실어증 환자는 말하는 능력을 상실하는 것은 물론이고, 소리를 들을 수 있다고 해도 자연적으로 말을 듣는 기능을 발전시키지 못한다. 그러나 정상인이 해당 부위의 뇌에 손상을 입었을 경우에는 듣는 능력은 유지하면서 말하는 능력만 상실한다. 이런 환자를 '운동적 실어증'(aphasie motrice) 또는 브로까가 발견했기 때문에 브로까 실어증이라고 부른다. 대뇌반구에서 브로까 영역은 좌뇌의 앞부분(전두엽)에 위치한다. 반대로 성대의 발성기관에는 문제가 없지만 청각에 장애가 있을 때는 듣는 기능은 말할 것도 없고 자연적으로 말하는 능력을 발전시키지도 못한다. 그러나 정상적인 사람이 차후에 뇌손상으로 청각영역이 손상되면 단순히 남의 말을 반복하는 능력만 남아 있을 뿐 듣고 이해하는

〈그림 12〉 브로까 영역과 베르니케 영역

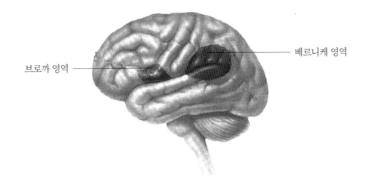

베르니케 영역

브로까 영역

능력은 상실된다. 이런 경우를 '감각적 실어증'(aphasie sensorielle) 또는 발견자의 이름을 따서 베르니케 실어증이라고 부른다. 베르니케 영역은 대뇌 좌반구의 옆부분(측두엽)에 위치한다.

감각적 실어증 중에서도 소리를 듣는 데는 이상이 없지만 소리들의 다양한 뉘앙스와 윤곽을 구별하지 못하는 장애를 '심리적 난청'(surdité psychique)이라 하고, 그 중에서도 말을 식별하지 못하는 경우는 '어농'(surdité verbale)이라고 부른다. 그러나 이 두 용어들은 때로 혼동해서 사용되기도 한다. 심리적 난청이나 어농도 일종의 청각장애지만 청각기관의 이상이 아니라 대뇌피질에서 소리지각을 운동반응으로 연결하는 감각-운동 신경결합이 끊어진 상태이다. 이때는 당연히 기억이 있어도 지각에 삽입될 수가 없다. 베르그손이 제시한 운동적 도식은 바로 이러한 감각-운동의 신경결합에 해당하는 기능이다. 이 운동적 도식의 개념은 베르그손이 남긴 심리학상의 발견으로 평가되는데, 나중에 발달심리학자인 삐아제는 이 개념을 사용하

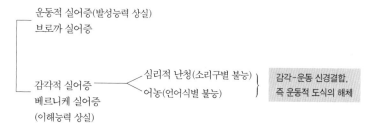

〈도표 9〉 원인에 따른 실어증의 분류

운동적 실어증(발성능력 상실)
브로카 실어증

감각적 실어증 ――― 심리적 난청(소리구별 불능) ⎫ 감각-운동 신경결합,
베르니케 실어증   어농(언어식별 불능) ⎭ 즉 운동적 도식의 해체
(이해능력 상실)

여 어린아이의 지성발달을 연구하면서 그 존재를 실제로 증명하고 있
다. 이와 같이 멘 드 비랑의 의지적 운동성 개념에서 베르그손의 운동
적 도식 그리고 삐아제의 지성발달 연구에 이르기까지 프랑스 특유의
실증적 철학의 정신이 나타나 있다.

　　이 운동적 도식은 청각과 성대근육 그리고 시각과 촉각을 연결하
면서 고등한 감각들을 학습시키는 습관기제이다. 그것은 태어나서부
터 감각과 운동반응을 연결시키면서 서서히 완성되고 끝없이 갱신된
다. 그것은 대뇌피질의 신경결합으로 공고해지기 때문에 해당영역이
손상을 입으면 일시적으로 식별장애를 일으킬 수 있다. 일시적 어농
상태가 된 샤르꼬의 환자를 사례로 들어보자. 그는 추시계의 울림소
리를 선명하게 들을 수 있었는데도 결코 셀 수는 없었다고 한다. 또
다른 환자는 사람들의 대화에서 말소리를 들을 수 있었지만 혼란된
소음으로만 들렸다고 한다. 이런 예들은 감각기관에는 문제가 없지만
운동적 도식이 손상을 입었을 때 나타난다. 그러나 뇌는 가소성(유연
성)이 있어 치명적 손상이 아닐 경우에는 회복될 수 있다. 그럴 때 반
복적 학습이 효과적이다. 말을 듣는 능력을 상실한 환자는 말을 음절

마다 또박또박 반복하게 하면 서서히 회복되는 경우가 있다고 한다.

말을 하는 과정은 의지의 발동에서 시작하여 발성운동을 관장하는 운동기제들로 이어진다. 우리가 어떤 말을 하고자 하면 의지는 대뇌피질의 고등중추로부터 거기에 연결된 운동기제들에 행동 명령을 전달한다. 이와 같이 의지가 작동하는 길이 있고 반대로 소리가 들리는 동시에 발성운동으로 전환되는 길도 있다. 이런 길은 대개 기계적이고 무의식적으로 작동한다. 베르니케 실어증은 들은 말을 이해하지 못하고 의지적으로 말하지도 못하지만 남의 말을 기계적으로(외적으로) 반복하는 기능은 남아 있다. '반향언어'(écholalie)라는 것이 바로 이런 현상인데 그것은 청지각과 발성운동 사이에 기계적 연결 메커니즘이 있다는 것을 증명해준다. 그러나 정상적 상태에서는 의지와 청지각 그리고 발성운동이 동시에 작용하기 때문에 베르그손이 밝혀낸 정상인의 식별기제, 즉 운동적 도식은 기계적으로만 작동하지는 않는다. 그것은 의지의 통제를 받으며 들은 말을 내적으로 반복하면서 기본적인 분별을 하는 경향이다. 따라서 베르그손은 운동적 도식이 의지와 자동현상 사이에 위치하면서 의지적 주의와 지적인 식별을 준비하는 기제라고 본다. 바로 이런 면에서 그것은 신체와 정신을 매개하는 중심적 위치를 차지하고 있다.

언어이해의 지적인 과정─역동적 도식

다양한 종류의 운동적 도식들은 우리 신체가 가진 능동적 기능을 보여주며, 뇌 안의 수많은 신경결합들로 이루어진다. 그것들은 들어온 자극을 분석하고 거기에 대해 적절한 반응을 할 수 있도록 만들어진 자동적 식별기제들이다. 그렇다면 자동적으로 되는 것이 아니라 주의를 해야 하고, 더 많은 지적 노력을 집중해야 하는 인식과정은 어떠한가? 우선 운동적 도식의 작용이 기초가 되어야 한다. 여기에 기억이 자동적이고 무의식적으로 개입하는 것이 아니라 능동적으로 투사된다. 바로 이것이 두 종류의 식별을 나누는 차이점이라는 것을 우리는 이미 보았다.

말을 듣고 이해하는 과정에서도 주의가 들어가는 지적인 과정은 앞에서 본 8자 도식으로 설명된다. 단지 여기서는 내가 이해하려고 하는 것이 고정된 대상이 아니라 상대방의 생각이기 때문에 나는 상대방의 변화를 따를 수 있는 유연한 태도를 가져야만 한다. 우선 나는 내 의식의 수많은 동심원들 중에서 상대방의 생각을 이해할 수 있는 수준을 단번에 선택해야 한다. 나는 대부분 "네가 말하려고 하는 게 이것이지?" 하는 선(先)이해로부터 시작한다. 이렇게 해서 상대방의 생각에 상응하는 관념들이 나의 의식 속에서 청각적 표상(이미지기억)들로 전개되고, 이것들이 운동적 도식에 삽입되어 상대방으로부터 발원한 소리지각을 대치하는 것이다. 결국 상대방의 말을 이해하는 것은 그의 의식 속에서 일어날 것이라고 추측되는 것을 상대방의 발화행위와 동시에 나의 내부에서 다시 해보는 것이다. 베르그손은 주의 깊은 식별의 과정이 일종의 가설 만들기라고 하는데 그것은 바로 이러한 기억의 능동적 투사과정을 가리킨다.

그래서 베르그손에 의하면 "타인의 말을 이해하는 것은 지적으로 재구성하는 것, 즉 관념으로부터 출발하면서 귀가 지각한 소리들의

〈도표 10〉 역동적 도식의 작용

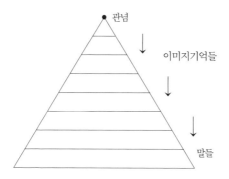

연속성을 지적으로 재구성하는 것이다"(230). 이 능동적 재구성은 모든 지적인 작업에서 동일하다. 어떤 초등학생이 계산하는 법을 배운다고 하자. 그 학생이 선생님이 칠판에 쓴 숫자들과 셈법을 이해하는 것은 속으로라도 스스로 다시 해볼 때만 가능하다. 그리고 계산이든, 해석이든, 모든 주의깊은 식별 또는 지적인 이해작업은 "정신이 자신의 수준을 정하고", 거기에서부터 기억들을 지각들 위로 내보내는 것을 의미한다. 이 과정을 베르그손은 이번에는 8자 도식이 아니라 피라미드로 표현한다(도표 10). 일단 이해하려는 내용의 수준이 정해지면 그 내용은 하나의 관념으로 응축된다. 그래서 피라미드의 정점은 관념을 뜻하고 거기서부터 아래로 차츰 이미지기억들이 분산되며 맨 아래에서는 분절된 말들의 지각으로 나타난다. 이 과정 전체를 베르그손은 '역동적 도식'(le schéma dynamique)의 작용이라고 한다. 운동적 도식이 식별의 자동적이고 기계적인 측면을 나타낸다면 역동적 도식은 대상을 이해하기 위해 정신이 능동적이고 역동적으로 활동하는 측면을 나타낸다. 이것은 베르그손의 다른 책 『정신적 에너지』에서 주로 다루어지고 있다.

이 점에서도 관념연합론자들이나 생리학자들은 자동적 식별에 대한 것과 별로 다르지 않은 설명을 제공한다. 그들은 소리의 자극이 뇌피질에 잠자고 있는 청각기억들을 깨우고, 마찬가지로 청각기억들은 관념을 깨우는 일직선적 과정에 의해 지적 식별이 일어난다고 본다. 자세히 들여다 보면 이 설명은 주체의 능동적 행위를 전제하지 않는다. 주체는 수동적으로 가만히 있고 외부에서 들어오는 지각이미지들과 뇌피질 안에 있는 기억들이 일종의 인력에 의해 서로 결합한다는 내용을 되풀이하고 있다. 그렇다면 자동적 식별과 주의깊은 식별의 차이는 무엇인가? 이 입장에서는 정도 차이밖에 없는 것이 된다. 그렇지만 우리는 자동적이고 무의식적인 식별과 주의의 노력이 들어가는 식별을 아주 민감하게 구별하고 있다. 우리는 천성적으로 휴식을 좋아하며 가능하면 조금이라도 노력이 덜 들어가는 일을 택하려고 하지 않는가? 무의식적으로 편리함을 택하는 우리의 신체는 이미 자동적 식별과 주의깊은 식별의 심층적인 차이를 알고 있는 것이다.

베르그손이 제시하는 반론은 두 가지로 이루어진다. 우선 첫번째는 관념연합론과 국재화가설의 논리적 오류를 비판한다. 여기서 문제는 말의 윤곽을 분절하는 기능이 아니라 말의 의미를 파악하는 작용이므로 말의 지각에 상응하는 기억이 결합하는 과정을 설명해야 할 것이다. 단지 기억들이 뇌의 청각영역에 보존되어 있다고 하면 무수한 기억들 중에 대체 어떤 것이 선택될 것인지를 말하기가 곤란하다. 말의 청각적 이미지기억들은 서로 다른 목소리와 서로 다른 높이에 따라 무한히 다양할 텐데 그 모든 것이 뇌에 축적되는가? 아니면 그 것들 중에 공통적인 틀의 구실을 하는 유(類)적 이미지가 있을까? 보통 우리는 수많은 목소리들 중에 친숙한 목소리를 쉽게 구별해낸다. 그렇지만 전혀 새로운 사람의 목소리를 들을 때도 그가 하는 말을 이해할 수 있는데, 그것은 우리 청각기억들 중에 유적인 기억이 있어서 인가? 그러나 기억과 지각의 연합으로 설명하게 되면 이러한 유적 이미지의 존재는 무척 의심스럽다. 왜냐하면 우리 뇌는 오로지 물질적인 것만을 기록할 수 있을 것이고, 말에 대해서도 개별적으로 들어온 무수한 청각이미지만을 보존할 것이기 때문이다.

게다가 말의 고저나 음색보다도 더 문제가 되는 것은 우리가 처음 배우고 듣는 것은 고립된 단어들이 아니라 생생한 현실 안에서 작동하는 문장이라는 사실이다. 언어의 세계는 벽돌처럼 쌓여 있는 단어들이 하나하나 파악되면 전체가 이해되는 그런 체계가 아니다. 이것은 비트겐슈타인의 화용론적 의미론을 연상하게 하는 아주 흥미로운 지적이다. 이 오스트리아의 언어철학자는 그의 후기 철학에서 말의 의미는 단어들이 상응하는 대상을 지시함으로써 나타나는 것이 아니라 그것들이 사용되는 문장의 맥락에 의존한다는 것을 잘 보여주었다. 그러므로 관념연합론자들의 생각처럼 우리에게 들어오는 문장들의 생생한 의미를 뇌에 축적된 단어들의 기억으로부터 이해한다는 것은 불가능하다고 해야 한다.

두번째로 베르그손은 생리학적 예증을 통해 결정적인 비판을 제시한다. 기억이 대뇌피질에 축적되어 있다는 국재화가설은 경험적으로 검증할 수 있다는 점에서 오히려 논박하기 쉽다. 베르그손은 당대의 자료를 검토하여 이 가설을 체계적으로 반박하고 있다. 국재화가설이 옳다면 감각적 실어증의 원인은 청각기억이 놓여 있는 대뇌피질 영역의 손상일 것이고, 손상된 기억을 떠올릴 때만 문제가 생길 것이다. 그런데 감각적 실어증에서 자주 관찰되는 사실은 듣는 기능이 완전히 소멸하거나 아니면 일반적으로 약화된다는 것이다. 그리고 기능의 약화는 노력하면 다시 회복될 수도 있다.

물론 어떤 일부분의 기억이 사라진 것처럼 보이는 경우도 있다. 우선 이미지기억들이 변덕스럽게 소멸된 것처럼 보이는 경우로, F라는 문자만 잊어버린 환자의 사례가 있는데 그는 그 문자가 들어간 단어들은 식별할 수 있었다. 또 다른 환자는 자기가 배운 말들과 자신이 썼던 시들을 잊어버렸는데, 시를 써보라고 하자 잊어버린 시들과 비슷한 시들을 다시 썼다. 이런 경우 사라진 기억은 필요한 맥락에서 무의식적으로 작용하고 있기 때문에 기억을 잊어버렸다고 말하기가 어렵다. 베르그손은 여기서 마치 삐에르 자네가 말하는 것처럼 의식과 잠재의식으로 환자의 인격이 분열되어 의식적으로 떠올리지 못하는 기억이 잠재의식 속에서 작용하고 있는 것 같다고 해석한다.

두번째로 이미지기억들이 점진적으로 소멸되는 경우가 있다. 리보는 말의 기억이 고유명사, 보통명사, 동사의 순으로 사라진다는 법칙을 발견하였다. 실제로 우리가 잘 아는 치매(알츠하이머병)에서 기억상실은 바로 이 순서로 일어난다. 만약 뇌피질에 기억이 축적되어 있다면 손상이 생길 경우 기억은 변덕스럽게 사라지는 것이 더 그럴듯하다. 국재화가설로는 기억이 왜 이런 순서로 상실되는지 결코 설명되지 않는다. 베르그손에 의하면 이것은 단어 기억능력의 점진적인 약화에서 비롯한다. 그렇다 해도 왜 이런 순서로 상실되는 것일까?

베르그손은 기억이 대뇌피질에 축적되어 있다는 생각을 반박하면서 기억은 본래 물질성을 띠고 있지 않다고 주장한다. 이 비물질적 기억이 운동적 도식에 삽입되어 지적인 식별이 가능하게 된다. 그럴 경우에는 말의 유적 이미지기억이 뇌에 축적되지 않아도 새로운 사람의 말을 식별하는 것이 가능하다. 운동적 도식에 의해 소리의 일반적 윤곽이 구별되고 그것을 따르는 모방운동에 의해 유사한 이미지기억들이 지각에 삽입될 수 있기 때문이다. 지적인 식별은 운동적 도식과 역동적 도식이 상호작용하면서 무수한 기억들을 지각 위로 실어나르는 과정이다. 이 생각에 따르면 리보의 법칙이 보여주는 단어들의 점진적 상실도 다음과 같이 설명된다. 운동적 도식은 무엇보다도 지각을 행동으로 연결하는 체계이다. 동사는 행동을 직접 모방하여 만들어진 단어이므로 여기에 가장 밀착되어 있다. 그것이 사라져도 우리는 몸짓으로 대신할 수 있으며 그렇게 해서 되찾을 수도 있다. 반면에 고유명사는 신체의 태도에서 가장 멀리 떨어져 있기 때문에 가장 먼저 소실된다. 잃어버린 명사를 떠올리려고 할 때도 우리는 몸짓이나 행동을 통해 설명하는 경우가 많다. 이런 행동은 문장이 본래 표현하는 내용의 일반적 방향과 일치한다. 결국 리보의 법칙은 삶에 대한 적응을 통해 구성된 운동적 도식이 상해를 입었을 때 나타나는 기능의 약화를 나타낸다.

결론적으로 뇌의 손상으로 상실된 것은 일군의 신경결합들, 그리고 그것에 기초를 둔 운동적 도식들이다. 운동적 도식이 소실되면 자동적 식별은 물론, 이미지기억들은 삽입될 곳을 찾지 못하기 때문에

〈그림 13〉 대뇌피질에 이르는 청각로의 모식도

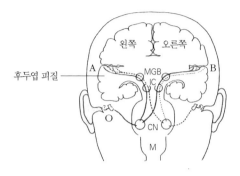

OA, OB에 이르는 청각로는 교차연결을 갖는다.(MGB:내측슬상체, IC:하소구, CN:와우 신경핵, M:척수)

주의깊은 식별도 일어날 수 없다. 베르그손은 말을 듣는 운동적 도식의 상해가 베르니케 실어증에서 잘 나타난다고 생각한다. 이 실어증은 들은 말을 자동적으로 반복하지만 이해하지는 못한다. 그것은 측두엽의 손상으로 나타나는 것이 거의 확실시되고 있으므로 베르그손은 측두엽의 손상이 말을 이해하는 과정의 운동적 도식을 소멸시킨다고 본다. 이 영역은 일반적으로 말의 기억을 축적하는 기관으로 간주된다. 연합론자들과 생리학자들의 가정은 이러하다. 대상(소리)이 감각기관(귀)을 자극하면 감각중추에 전달되어 감각이 생겨난다. 이것이 이미지중추, 즉 청각기억중추에 전달된다. 거기서 그들은 이미지들의 연합을 신경중추의 해부학적 도식으로 설명한다. 베르그손은 이 부분을 수정하여 이미지중추에 기억이 보관되어 있는 대신에 운동적 도식이 있을 뿐이라고 본다. 그러면 베르니케 실어증 환자의 경우, 감각기관은 이상이 없고 이미지중추에 문제가 있는 것이다. 베르그손은

〈도표 11〉 청각의 운동적 도식

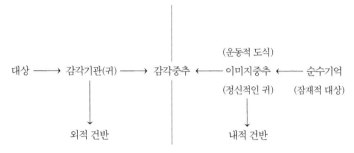

이 이미지중추를 일종의 '정신적인 귀'라고 부른다(224). 베르그손은 정신적인 귀, 즉 운동적 도식이 감각중추를 중심으로 감각기관의 대칭을 점하고 있다고 가정한다(그림 13).

　여기에 덧붙여 베르그손은 흥미로운 비유를 제시한다. 말을 듣는 과정을 피아노 연주로 생각해보자. 감각기관들 전체는 일종의 거대한 건반이라 할 수 있고 거기에 연결된 현들은 감각중추들이다. 이 감각중추는 당연히 감각기관에 의해 자극받는다. 그러나 베르그손의 비유에서 그것만으로는 완전한 연주가 나오지 않는다. 이 피아노는 보이지 않는 곳에 또 다른 건반을 가지고 있다. 그것은 내적 혹은 정신적 건반이다. 내적 건반은 정신적인 귀에 해당하는 것이고 실어증 환자는 바로 이 부분을 결핍하고 있다. 그러므로 정상적으로는 대상이 외적 건반을 두드리면 동시에 내적인 건반도 두드려져야 한다. 그런데 내적 건반을 두드리는 것은 무엇인가? 그것은 '잠재적 대상'(objet virtuel) 즉 '순수기억'(souvenir pur)이다. 대상이 감각기관을 자극하면 동시에 거기에 해당하는 잠재적 대상, 즉 순수기억이 운동적 도식의 문을 두드린다. 그러면 감각중추는 양쪽에서 자극을 받아 소리를 제대로 듣고 정확히 이해하게 된다. 요컨대 외적 건반과 내적 건반이 동시에 현을 작동시켜야 지적 식별이라는 위대한 협화음이 울려 퍼진다. 다시 말해 지적 식별은 대상으로부터 오는 구심적 흐름과 순수기억으로부터 나오는 원심적 흐름이 결합할 때 생겨난다. 이 흐름은 앞에서 보았듯이 순환적 회로를 형성한다. 바로 8자 도식의 완성이다.

6. 베르그손과 신경생리학

『물질과 기억』의 2장에서 베르그손은 습관기억으로부터 이미지기억을 분리하면서 이미지기억이 뇌에 저장되어 있지 않다는 것을 강력히 주장하고 있다. 이 주장은 베르그손 심신이론의 핵심을 이루는 내용이다. 그런데 이 장의 마지막에서는 이미지기억이 아니라 순수기억에 대해 이야기하고 있다. 사실 뇌에 저장되지 않는 것은 순수기억이며, 이미지기억은 순수기억이 뇌의 운동적 도식에 삽입될 수 있도록 구체화·물질화된 것을 말한다. 『물질과 기억』 3장에서는 이 구분을 더 선명히 하고 있다.

이 장을 끝내기 전에 베르그손의 이론이 신경생리학의 발달사에서 어디쯤 위치하고 있는지를 가늠해보자. 사실 이 책 전체에서 과학적 자료들을 가장 많이 검토하는 것이 이 장이기 때문이다.

베르그손이 『물질과 기억』을 쓰던 19세기 후반에는 기억에 대한 연구가 황금기를 구가하고 있었다. 뇌신경과학은 하나의 독립된 분과로 분리되어 장밋빛 미래를 내다보고 있었는데 그 시작은 브로까의 실어증 연구(1861)에서 찾을 수 있다. 대뇌피질의 일부 영역의 손상이 실어증을 야기한다는 사실은 심리현상이 뇌에 축적되어 있다는 국재화가설로 이어졌고, 사람들은 이로부터 심리생리학의 과학적 기초가 마련되었다고 생각하게 되었다. 게다가 여기에 관념연합론의 입장이 합류하여 연합주의 심리학자들은 동시에 국재화가설을 지지하게 되었다. 이후에 관념연합론은 심리학에서, 국재화가설은 심리생리학에서 각각 확고한 입장으로 자리 잡고 리보, 샤르꼬, 베르니케, 베인과 분트, 브로드벤트, 리히트하임, 바스티안 등의 심리생리학자들에게 널리 받아들여졌다. 이들은 모두 대뇌피질의 기하학적 지형도를 따라 이미지들의 연합론적 도식을 자기 나름대로 주장했고 그렇게 해서 도식들은 각 사례마다 계속 첨가되었다. 베르그손의 『물질과 기억』은 바로 이들의 명성이 절정에 이른 시기에 치명타를 가한 셈이다. 이 책은 당대 주류 과학의 도그마에 도전함으로써 "완전히 미친 짓"이라는 일부의 평가도 감수해야 했다.

그러나 1906년에 이르러 베르그손의 생각은 삐에르 마리(Pierre Marie)라는 신경학자에 의해 멋지게 입증된다. 샤르꼬의 제자인 그는 비세트르 병원에서 108명의 실어증 환자들을 면밀히 연구하여 브로까의 주장을 옹호하는 사례는 19건에 불과하다는 것을 밝혀냈다. 브로까 영역의 손상이 없이도 브로까 실어증이 나타난 사례가 37건이었고, 그 부분의 손상이 있어도 실어증이 나타나지 않은 사례가 27건이었다. 결국 마리는 대뇌피질에 이미지중추라는 것이 있어 기억이 국재화된다는 것은 순전히 환상이라고 결론을 내렸다. 그는 이미지들의 연합을 설명하는 무수한 도식들은 불필요하고, 실어증은 지적 활동을 담당하는 뇌기능의 전반적인 문제로 보아야 한다고 주장했다. 상해

부위와 증상이 일치하는 유일한 경우는 베르니케 실어증뿐이었다. 이 것은 베르그손도 이미 인정했던 것이다. 이후에 베르그손은 마리의 선구자로 간주되었으며, 이들을 따라 모나코프·무르그·헤드·골드 슈타인 등의 새로운 심리생리학자들이 전방에 나서기 시작했다. 이제 심리생리학의 최초 시기를 장식한 국재화가설과 관념연합론의 시기 는 막을 내린 것이다. 물론 이후에는 서방세계 전역에서 훨씬 더 풍부 한 사례연구가 가능해졌고, 이런 연구로부터 오늘날에는 실어증을 설 명하는 일반적인 메커니즘은 존재하지 않는다는 데 과학자들은 대체 로 동의하고 있다.

물론 베르그손과 마리의 입장이 정확히 같지는 않다. 베르그손은 철학적 문제의식에서 출발한 만큼 이미지기억들이 대뇌피질에 보존 되는 대신에 정신적인 본성을 갖는다고 주장하는 것이 중요했던 반면 마리는 실어증이 지적 기능의 전반적인 약화라는 것 이외에 다른 철 학적 함축을 내놓지 않는다. 그러나 이것은 어찌 보면 철학자와 생리 학자 사이에 존재하는 자연스런 입장 차이를 보여주는 것일 뿐, 적어 도 생리학에 국한할 때 둘의 생각이 근본적으로 다른 것은 아니다.

다만 신경생리학의 입장에서 여전히 남아 있는 문제는 이런 것이 다. 오늘날 비록 이미지들이 문자 그대로 뇌피질의 특정 영역에 국재 화되어 있다는 가설은 더 이상 효력이 없는 것으로 판정이 났지만, 이 미지기억이 어디에 어떻게 존재하는가는 어떤 방식으로든지 설명해 야 하는 문제이다. 신경생리학에서는 그것이 뇌피질과 관계없는 정신 적 본성이라고 생각할 수 없을 것이다. 대체로 대뇌피질과 측두엽 안 쪽에 있는 해마가 이미지기억이 존재하는 장소로 거론되고 있지만 직접적인 입증은 불가능하다. 가령 해마가 손상을 입으면 심한 기억상실에 시달린다. 대뇌피질과 관련해서는 흥미로운 실험이 있다. 캐나다의 신경외과의사 펜필드는 수술 중에 드러난 환자의 대뇌피질(측두엽) 표면에 전기자극을 가했더니 환자가 특정한 기억을 떠올린다는 것을 발견했다. 또 같은 지점을 두 번 자극했을 때 서로 다른 기억이 떠오르기도 하고, 서로 다른 지점들을 자극했을 때 동일한 기억이 떠오르기도 하는 것을 관찰했다. 영국의 뇌신경학자 수전 그린필드는 이로부터 기억이 실리콘칩에 고착된 회로처럼 개별 뉴런에 묶여 있는 것은 아니고 개별 기억들이 뉴런의 네트워크에 흩어져 있을 것이라고 추측한다(그린필드, 『브레인스토리』, 147). 동일한 네트워크를 자극할 때만 동일한 기억이 떠오른다는 것이다. 그런데 개별 기억이 뉴런의 네트워크에 흩어져 있다는 말은 도대체 무슨 뜻인가? 여기서도 해석상의 문제가 중요한 역할을 하고 있지는 않은가? 만약 개별적인 기억이 한 곳에 저장된 것이 아니라 뉴런들이 어떤 특별한 방식으로 결합할 때에만 나타난다고 하면 그것은 뉴런의 물리화학적 본성과는 무관한 것이라는 의심도 해볼 수 있지 않을까? 기억의 저장고 문제는 이 정도로 아직 추정의 수준에 있다. 물론 신경생리학자들의 기본 가정은 언제나 한결같을 것이지만.

베르그손의 입장은 물론 형이상학적 가정인 만큼 위와 같은 실험 결과들에 의해 크게 달라지지는 않는다. 가령 측두엽 피질의 어느 부분을 자극했더니 특정한 기억이 떠오른다면 그것은 기억이 거기 국재화되어 있기 때문이 아니라 기억을 떠오르게 하는 운동기제가 활성화되기 때문이라고 할 수도 있다. 이 운동기제는 그린필드가 말한 뉴런의 네트워크에 해당할 것이다. 다만 그것은 습관기억처럼 규칙적으로 작동하지는 않을 것이다. 그러나 이런 문제를 결론짓는 것은 현재로 서는 불가능하다. 아무튼 기억의 보존이라는 문제는 베르그손 철학에 서 가장 핵심적인 논쟁거리이다. 그것은 뇌신경생리학으로 입증도 반 증도 할 수 없는 형이상학이다. 확실한 것은 베르그손의 심신이론 전 체는 기억의 독립적 존재 가능성에 의존하고 있다는 것이다. 이러한 미묘한 문제 외에 두 기억의 구분이나 신체적 식별, 지각과 운동의 연 결 등에 대해서는 신경생리학적으로도 베르그손의 선구적 업적이 인 정되고 있다. 이제 다음 장에서 우리는 신경생리학의 입장에서는 논 란거리지만 철학의 영역에서는 매우 흥미롭고 시사하는 바가 풍부한 순수기억의 주제로 들어갈 것이다.

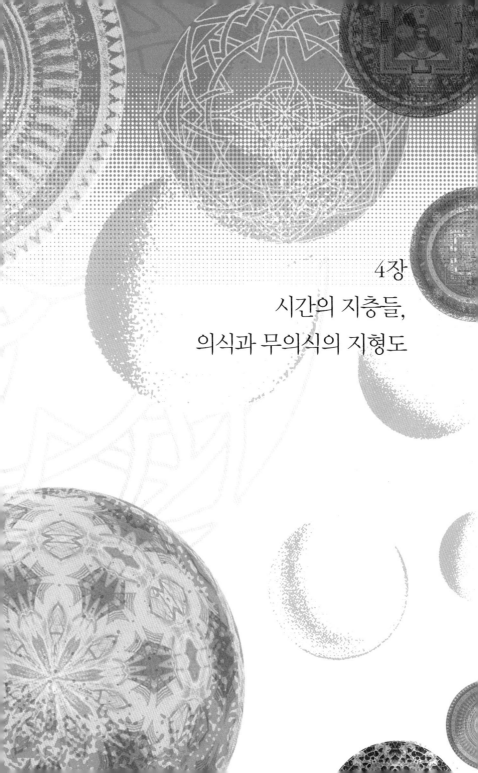

4장
시간의 지층들,
의식과 무의식의 지형도

「쓸모없는 불빛의 꺼짐」(이브 땅기, 1927)

"오직 꿈만이 인간에게 자유에 이를 수 있는 권리를 준다"(『초현실주의 혁명』 1호). 현실이라
는 허약한 베일이 벗겨지면 우리를 기다리는 것은 꿈과 환상의 세계다. 시간의 지층이 허물
어지면서 과거, 현재, 미래의 견고한 순서도 뒤틀린다. 습관은 우리를 삶에 옭아맬 힘을 잃어
버렸다. 현실, 그 쓸모없는 불빛이 꺼지면 …….

저녁비가 내리면
시간의 지층이
허물어진다
허물어지는 시간의 지층
멀리 있어 그리운 이름일수록
더욱 선명한 화석이 된다
—이외수,「그리움도 화석이 된다」중에서

이제 이미지기억과 순수기억을 구별할 시간이 왔다. 베르그손은『물질과 기억』의 2장을 습관기억과 이미지기억을 구분하면서 시작하는데, 거기서 묘사되는 '내 역사의 한 기간'으로서의 이미지기억은 사실 순수기억이다. 고유한 날짜를 가진 사건, 일회적이고 반복되지 않는 사건기억을 신체에 각인되는 반복적 기억과 구분하는 것이 어느 정도 설명되었기 때문에 베르그손은 새로운 구분을 제시한다.

　이미지기억은 어디까지나 표상으로 나타난 것이라는 점에서 심리학적인 상태를 지시한다. 반면 순수기억은 내가 태어나서부터 겪어온 나의 개인적 체험 전체를 의미한다. 베르그손 철학 전체의 체계에서 본다면, 그것은 우주적 지속의 일부이며 생명적 지속의 연장인 개인적 지속이라고 볼 수 있다. 그것은 표상의 형태로 뇌에 축적되는 것이 아니고 시간과 역사가 그러하듯이 그 자체로 보존된다. 시간과 역사가 반드시 역사책에 문자로 기록되어야만 존재하는 것이 아니듯이, 나의 개인적 체험들도 의식 속에 표상되지 않는다고 해서 사라지는 것은 아니다. 이런 의미에서 들뢰즈는 그것을 심리학적 실재가 아니라 존재론적 의미만을 갖는 실재라고 해석한다. 베르그손 철학에서 지속이 존재론적 개념이기도 하기 때문에 순수기억도 지속에 뿌리를 두고 있는 이상 이것은 올바른 해석이라고 하겠다. 단 존재론이라는 것이 현실적으로 존재하는 모든 것들에 관한 이론을 의미하는 것이 아니라 진실로 존재하는 것, 즉 실재(le réel)에 관한 이론이라는 점에서 그러하다. 그렇지만 베르그손은 현실적으로 존재하는 것과 참으로 존재하는 것 사이의 관계를 이해시키려고 전력을 다하고 있다. 베르그손의 지속은 플라톤의 이데아나 데까르뜨의 실체처럼 현실과 동떨어진 실재가 아니며 현실을 이해시키기 위해 가정된 조작적 개념도 아니다. 그것은 우리의 실제적 체험이라는 점에서 추상의 영역을 넘어선다. 이점에 지속의 철학의 강점이 있다. 실제로 『물질과 기억』의 3장 전체가 순수기억의 실재적이고 역동적인 운동에 토대를 두고서 심신관계 문제, 현재의 의미, 정신활동의 진정한 위상을 보여주는 것을 목적으로 구성되어 있다.

1. 과거와 현재, 시간축의 등장

데자뷔의 감정과 순수기억

다시 데자뷔의 감정(기시감)으로부터 시작해보자. 만약 우리가 낯선 장소에 처음 가게 되었을 때 어디선가 본 듯한 느낌을 가진다면, 우리는 "어디서 보았더라?" 하면서 과거 기억을 떠올리려고 할 것이다. 그러나 만약 아무리 노력해도 끝내 기억이 상기되지 않는다면 그 데자뷔의 감정은 매우 신비로운 상태로 남게 될 것이다. 이것은 무엇을 본다는 것이 커다란 특징 몇 가지만 일치하면 되는 단순한 도식적 인식에 그치는 것이 아니라 감정·정념 그리고 미세한 감각경험들까지 포함하는 전체적인 경험이기 때문이다. 과거의 경험에서 식별 가능한 두드러진 도식이 정확히 상기되지 않는다고 해도 막연한 정념적(감정적) 특성이 남아 있기 때문에 우리는 사라졌으면서도 있는 것 같은, 일종의 신기루 같은 느낌을 갖게 된다.

플라톤의 인식상기설도 신화를 통해 설명될 때는 우리에게 어느 정도 신비스런 느낌을 주고 있다. 플라톤은 우리가 대상을 인식하는 것은 근본적으로 과거 기억의 상기(réminiscence)라고 하였다. 『국가』에 나오는 '에르'(Er) 신화에서 에르라는 사람은 자신의 사후체험을 토대로 다음과 같은 이야기를 해준다. "우리는 과거에 저 세상에서 진리를 볼 수 있는 기회를 가지고 있었지만 이 세상으로 올 때 망각의 강을 건너면서 누구나 그 물을 마시기 때문에 모든 기억을 잃어버린다. 따라서 이 세상에서 진리를 배우는 것은 과거에 본 것을 하나하나 상기하는 과정이다."

플라톤이 여기서 말하는 진리의 본성이 정념·감정 등을 제외한 합리적 진리임은 두말할 나위가 없지만, 이 신화에는 또 다른 면에서 흥미로운 내용이 들어 있다. 과거의 경험, 망각, 그리고 상기라는 도식의 중간에 무의식이 개입할 여지를 남긴다는 것이다. 과거를 망각한다 해도 그것이 절대적으로 사라진 것은 아니다. 만약 완전히 사라져버렸다면 상기도 불가능할 것이다. 하지만 무의식 속에 잠재하고 있는 과거는 어떤 자극이나 신호에 의해 의식으로 떠오를 수 있다. 어떤 의미에서 플라톤은 현대의 무의식에 관한 논의를 예고한다고 볼 수도 있다.

데까르뜨 역시 우리가 가진 어떤 관념들은 경험으로부터 배우지 않고도 우리 정신에 자연적으로 알려진다고 하면서 본유관념설을 주장하였다. 이것은 일종의 선험주의라는 점에서 플라톤의 상기설과 같은 뿌리를 가지고 있다고 알려져 있는데 중요한 차이를 놓쳐서는 안 된다. 데까르뜨에게 본유관념은 날 때부터 본래 주어진 것이다. 굳이 그 원천을 들자면 그것은 신에 의해 주어진 것이다. 이 말은 그것이 기원을 알 수 없게끔 절대적으로 주어진 것이라는 뜻이다. 따라서 그것은 이미 알고 있던 것을 망각하고 다시 떠올리는 과정을 생략한다. 잘 알려져 있다시피 코기토로 대표되는 데까르뜨의 합리론은 어떤 종류의 무의식도 거부한다. 모든 인식은 의식에 명확하게 나타난다. 명확하게 나타나지 않는 것은 인식이 아니다. 이 점에서 데까르뜨와 플라톤의 차이가 있고 또 바로 이런 이유에서 들뢰즈는 종종 베르그손의 기억이론을 플라톤의 상기설에 비교한다. 왜냐하면 베르그손에게 모든 이미지기억은 순수기억에서 유래하며 순수기억은 명백히 무의식으로 보존되기 때문이다.

데자뷔의 감정이 그 유래를 드러냄으로써 해결이 된다면 그것은 더 이상 신비스럽지 않게 된다. 즉 "어디서 보았더라?"라는 의문에서 바로 그 '어디'가 생각이 나면 주의깊은 식별은 완성된다. 바로 이때 주의깊은 식별은 신체의 감각-운동적인 과정에 봉사하게 된다. 의문부호는 신체가 보내는 신호이다. 삶에 적응하는 신체의 일반적 태도가 주의작용을 통해 새로운 정보를 요구하는 것이다. 주의는 비록 일시적으로 감각-운동적인 과정에서 벗어나지만 결국 뒤에서 보게 될 '삶에 대한 주의'라는 신체적 태도에 종속되어 있다. 그러나 만약 데자뷔의 감정이 끝내 기원을 드러내지 않는다면 어떻게 될까?

들뢰즈가 『시네마 2 : 시간-이미지』에서 주목하는 대목이 바로 여기이다. 주의깊은 식별이 성공하지 못할 때 우리는 더욱 광대한 영역과 마주하게 된다. 바로 순수기억의 영역이다. 그때 "이미지는 오히려 고유하게 잠재적인 요소들, 즉 기시감으로 이루어진 감정, 혹은 과거 '일반'의 감정("어디선가 나는 이 사람을 본 것 같다"), 꿈의 이미지("그를 꿈에서 본 것 같다"), 환상이나 연극적 장면과 관계하게 된다"

(『시네마 2 : 시간-이미지』, 117). 들뢰즈는 유럽영화가 행동-이미지에 기초하는 미국적 한계와 단절할 때 주목한 것이 바로 이런 특성들, "모든 시간의 파노라마, 부유하는 기억들의 불안정한 집합, 과거 일반의 이미지들이 마치 시간이 심오한 자유를 쟁취하기라도 한 것처럼 현기증 나는 속도로 늘어서게 된다는 것"(『시네마 2 : 시간-이미지』, 118)이었다고 한다.

이처럼 순수기억의 출현은 독특한 방식으로 과거를 드러내주지만, 현실에서는 어떤 실제적 도움도 주지 못한다. 프로이트 같으면 이런 환상적인 이미지들의 연상작용에서 어떤 의미론적 해석을 하려 하겠지만 베르그손은 그런 일을 하지 않는다. 꿈과 같은 과거이미지들의 현존 그 자체는 순수기억이란 이름으로 단지 무의식의 존재를 드러내줄 뿐이다. 들뢰즈는 이것을 꿈이미지라고 부르는데, 베르그손에게 꿈은 단지 순수기억의 우발적 현존을 보여주는 사례에 불과하다.

순수기억과 과거, 정신적 삶의 요소들

『물질과 기억』은 다른 철학서와는 달리 몇 가지 중요한 기하학적 형상들을 중심으로 전개된다. 베르그손이 『물질과 기억』에서 두번째로 제시하는 도식을 보자(도표 12). AB로 표시된 선분은 순수기억이고 BC는 이미지기억, CD는 지각을 의미한다. 차례로 『물질과 기억』의 3장, 2장, 1장의 중심 주제와 일치하는 듯하다. 이 도표를 회로가 아니라 선분으로 표시한 것은 8자 도식의 종단면을 가지고 정신적 활동을 구성하는 요소들을 보기 위해서라고 할 수 있다.

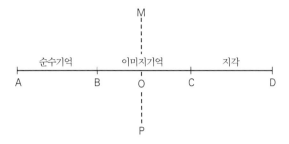

〈도표 12〉 베르그손 도식 ①

그런데 2장에서 다루는 습관기억은 이 선분의 어디에 위치하는가? 습관기억은 운동적 반응기제로 보존되며 자극이 주어지면 곧장 행동으로 연장되는 것이어서 C의 언저리에 위치한다고 해야 할 것이다. 그것은 지각과 이미지기억을 동시에 반응으로 연장하는 것이기 때문이다. 그것은 본질적으로 신체의 존재방식과 관련되어 있다. 그러나 여기서는 신체의 운동을 제외하고 이미지들과 순수기억이라는 정신적인 요소들만을 고찰한다. 지각에도 실제로는 이미지기억이 배어 있으므로 여기서 다루는 것은 순수지각이 아니라 지각이미지라고 해야 옳다. 이렇게 베르그손은 정신활동을 단지 이미지들과 순수기억의 관계를 통해 설명하려고 하는 것이다. 이 관점에서 볼 때『물질과 기억』의 2장에서 다루어진 신체적 식별은 1장에, 주의깊은 식별은 3장에 연결된다고 할 수 있다.

이 선분에서 중요한 것은 B와 C가 결코 절대적인 구분점이 되지 않는다는 것이다. 지각은 언제나 이미지기억을 토대로 재구성되는 것이고, 이미지기억은 순수기억을 구체화하면서 지각을 향해 간다. 이런 점을 두고 베르그손은 이미지기억이 '시발적 지각'이라고 말하기도 한다. 즉 지각이 되기 시작하는 과정 중에 있다는 의미이다. 한편 순수기억은 독립적으로 보존되지만 구체적으로는 이미지기억으로 나타나며 언제나 이미지기억으로 구체화되기만 기다린다. 사유는 A에서 D에 이르는 연속적 운동을 보여준다. 이 그림은 또한 관념연합론과 베르그손 자신의 생각을 비교하기 위해서 제시된 것이기도 하다. 관념연합론을 이 그림으로 표현하자면, 전체인 AD는 MP라는 수직선으로 나누어지고 AO를 이미지기억, OD를 지각으로 놓을 수 있다. 게다가 이미지기억과 지각은 각각 부동적이고 독립된 원자와 같이 취급되며, 지각은 감각들의 집합에 불과한 것으로 간주되며, 이미지기억은 약화된 지각으로 간주된다. 이처럼 관념연합론자들은 심리적 과정을 감각과 이미지라는 두 요소로 구성하기 때문에 순수기억은 자취를 감추고 만다.

스스로 과학이라고 내세우는 이론들은 흐름으로서의 정신과정을 고체화시켜 분명한 선으로 구분하려고 한다. 이것은 사실 자체에 조회한 것이기보다는 대상을 고정하여 논리적으로 분석하고 재구성하는 지성의 작업을 최선의 것으로 생각하기 때문이다. 이런 입장은 사실 수학적 대상들 또는 죽은 물질에 대해서만 타당하며 살아 있는 정신이나 생명을 파악하는 데는 치명적인 오류를 범하게 된다는 것을 베르그손은 보여주고자 한다. 무엇보다도 순수기억은 과거 그 자체이지만 관념연합론은 과거조차도 현재적 이미지로 환원해버린다는 데 문제가 있다. 이런 관점에서 지각과 이미지(기억)라는 두 요소는 정도차이만을 가지고 있기 때문에 기억은 '약화된 지각'이며 역으로 지각은 '강화된 기억'이기도 하다.

이 입장은 두 측면에서 난점을 가지고 있다. 우선 지각이 '강화된 기억'이라는 말을 살펴보자. 예를 들면 내가 지나간 고통을 떠올리려고 할 때 그것이 강렬해지면서 점점 실제적 고통처럼 느껴지는 경우가 있다. 물론 이 고통의 느낌은 기억에서는 강렬해도 실제로 느낄 때는 약화된 보통의 감각처럼 될 것이다. 아무튼 지각과 기억을 혼동하는 데서 생기는 문제는 다음과 같다. 최면에 걸린 사람에게 덥다는 암시를 주면 그는 정말로 덥다고 느끼게 된다. 강렬한 기억이 감각이 된다고 해서 그 기억의 원인이었던 감각이 실제 있었다는 사실을 증명해주지는 않는 것이다. 지각이 강화된 기억이라거나 강화된 기억이 지각이라는 말은 실제적 지각을 무시하고 있다.

이번에는 감각의 강도가 감소하면 과연 기억이 되는지 살펴보자. 좀 이상하게 들릴 수도 있지만, 강렬한 고통의 기억이 미약한 고통의 감각이 된다는 위의 가설을 뒤집어보면 미약한 고통의 감각은 강렬한 고통의 기억이 되어야 할 것이다. 물론 내가 느끼는 고통이 점점 미약해지면 그것이 내가 그것을 느끼는 것인지 아니면 단지 '상상'하고 있는지 불분명한 순간이 온다. 그러나 이 상태가 결코 강렬한 기억이 되지는 않는다. 상상은 기억이 아니다. 감각은 아무리 약해도 감각이지 기억이 아니다. 시간이 지나 감각이 과거가 된다면 모르겠지만, 적어도 현재적 차원에서는 감각과 기억은 분명히 구분되어 나타난다.

과거는 현재와 근본적으로 다르며 순수기억은 현재가 아니라 바로 과거에 위치한다. 그렇기 때문에 우리가 어떤 기억(souvenir)을 상기하려고 하면 우리는 "과거에 단번에 위치해야 한다"(233). 여기서 베르그손의 말을 인용해보자.

우리는 우선 과거 일반 속에, 그리고 나서 과거의 어떤 지역에 다시 위치하기 위해 현재로부터 벗어나는 고유한(sui generis) 행위를 의식하고 있다. 이것은 사진기의 초점맞추기와 유사한 모색의 작업이다. 그러나 우리 기억(souvenir)은 아직도 잠재적 상태에 머물러 있다. 우리는 적절한 태도를 채택함으로써 기억을 받아들일 준비를 막 갖추게 된다. 그것은 구름처럼 나타나 차츰 응축되는 것처럼 보인다. 즉 그것은 잠재적 상태로부터 현실적 상태로 이행한다.(230~231)

기억을 환기하기 위해 우리는 과거 일반에 먼저 위치하고 나서 원하는 지역에 초점을 맞춘다. 여기까지는 아직 잠재적 상태이고, 신체의 요구에 따라 적절한 주의가 집중되면 기억이 이미지로 화하게 된다. 이때 기억은 어디까지나 과거에 뿌리를 내리고 있기 때문에 비록 현재의 이미지로 나타난다고 하더라도 현재 자체와는 구분된다. 관념연합론이 현재적 요소들로 과거를 설명하려고 하는 것은 베르그손에 의하면 "빛 속에서 어둠을 찾는" 것과 같이 무모하다. 베르그손이 **"상상하는 것은 기억하는 것이 아니다"**(233)라고 강조하는 것도 상상작용이 현재적 이미지들의 결합으로 이루어지는 데 반해 기억작용은 순수기억을 이미지로 현실화하는 것, 즉 과거로부터 현재로 건너오는 차원의 변화를 함축한다는 의미에서이다. 관념연합론이 현재적 요소들로 기억을 설명하려 하는 것은 현재가 그 자체로 세계를 충실히 반영하고 있다고 생각하기 때문이다. 그러나 베르그손에게 현재는 삶에 대한 나의 이해와 관심을 반영하는 것이며 순수인식, 즉 사변적인 관심과는 거리가 멀다. 오로지 과거만이 모든 유용성에 무관심하고, 무력하게 그 자체로 남아 있다.

여기서 우리는 순수기억, 이미지기억, 과거, 상기, 기억작용 등 기억과 관련된 여러 용어들을 만난다. 그러니 잠시 베르그손이 사용하는 '기억'이라는 용어에 대해 설명해두자. 우선 기억이라는 우리말은 프랑스어에서 두 가지 단어로 표현된다. 하나는 '수브니르'(souvenir)로서 특정한 기억(부분기억)을 의미하며, 다른 하나는 '메무아르'(mémoire)로서 기억 일반(전체기억)을 의미한다. 메무아르가 기억작용(acte de mémoire)이라는 동사적 의미로 사용될 때는 지각이미지들을 조직화하고 저장하는 작용과 보존된 특정기억들을 상기하는 작용이라는 이중적 의미를 갖는다.

베르그손을 소개하는 국내의 책들에서 자주 혼동되는 것이 기억과 회상이다. 특히 주목해야 할 것은 회상(回想)이란 말이 과거에 일어난 일을 되돌아본다는 동사적 명사라는 사실이다. 이런 면에서 그것은 상기(想起)라는 말과 연결된다. 한자의 어원으로 보면 생각을 떠올린다는 면에서 둘은 유사한 말이지만 우리말에서 일상적으로 회상은 과거 속에 머무르는 행위로 쓰이고 상기는 과거로부터 기억을 현재로 불러내는 행위를 의미한다. 가령 "나는 그 시절을 회상한다"라는 표현과 "나는 그 기억을 상기한다"라는 표현이 가진 차이에 주목해보자. 전자는 추억 속에 잠긴다는 의미이고, 후자는 과거 기억을 현재 의식에 가져온다는 의미다. 프랑스어에서도 '회상하다'(se souvenir de)라는 동사 뒤에는 언제나 먼 과거의 막연한 내용이 등장하며(어린 시절을 회상하다), '기억을 회상한다'(se souvenir d'un souvenir)는 말은 쓰이지 않는다. 그리고 사실 이 동사 뒤에도 어떤 구체적인 내용이 와서 그것을 기억해낸다, 상기한다는 의미로 더 자주 쓰인다(너 어제 있었던 일 기억하니?). 반대로 오직 상기하거나 환기한다는 것만을 표현하는 동사들(rappeler, évoquer) 뒤에는 수브니르로 표현되는 기억이라는 말이 직접 올 수 있다.

베르그손에게서 순수기억을 현실화(actualisation)한다는 것은 후자의 의미, 즉 상기(rappel) 또는 환기(évocation)의 과정이다. 게다가 여기서 상기의 대상은 수브니르이며, 그것은 과거에 있었던 어떤 사건이나 대상을 지시한다. 그러므로 그것이 회상이라는 행위를 지시하는 것이 아님은 물론이다. 베르그손은 "기억을 환기한다"(évoquer un souvenir)라는 표현을 자주 사용하는데, 여기서 수브니르를 회상으로 번역하면 회상을 환기한다는 말이 되어 '추억 속에 머무르는 행위를 떠올린다'는 어색한 표현 혹은 '어떤 일을 떠올리는 행위를 떠올린다'는 반복적 표현의 오류를 범하게 된다. 그러니 베르그손에게서는 회상이라는 아름다운 말이 사용될 여지가 별로 없다. 독자들은 이것을 기억해주었으면 한다.

한편 들뢰즈는 베르그손의 기억이론을 그의 책 『시네마 2 : 시간–이미지』에서 원용하면서 레미니상스(réminiscence)라는 매혹적인 말을 사용하는데, 이것도 과거 기억의 떠올림, 상기라는 의미를 갖는다. 이 용어는 플라톤의 상기설을 표현하는 말로, 들뢰즈가 베르그손의 기억이론을 그것에 비교하는 것이 바로 이 대목이다. 그런데 '레미니상스'는 오직 명사로만 쓰이며 과거의 막연하고 무의식적인 재현을 의미한다. 만약 회상이라는 말이 이런 뜻이라면 레미니상스를 회상으로 새겨도 무방하다. 그러나 들뢰즈에게도 수브니르는 회상이 아니라 과거의 특정기억을 의미한다. '레미니상스'는 베르그손의 상기나 환기라는 동사적 명사와 짝을 이루는 용어이다. 다만 베르그손의 상기 또는 환기라는 표현이 상당히 의식적인 행위라면 레미니상스는 무의식적 행위에 가깝다는 면에서 차이가 있다. 베르그손은 이러한 무의식적 떠오름을 '앙양(exaltation)이라는 생리학적 용어로 표현한다. 문학에 친근한 들뢰즈와 심리생리학에 더 친근한 베르그손의 차이를 보여주는 용어 사용이라 하겠다.

나의 현재와 신체

베르그손은 자신의 철학을 한마디로 "시간이 존재하고 그것은 공간에 속하지 않는다"라고 표현한 적이 있다. 이 말은 스피노자의 '영원의 관점'을 단번에 '시간의 관점'으로 바꾸는 것이다. 이렇게 시간의 관점에 설 때 현재는 언제나 지나가고 있는 흐름이며 수학적 점과 같은 것이 아니다. 현재를 수학적 점과 같이 생각한다면 과거는 지나간 현재들로 구성될 것이다. 거기서 중요한 것은 무수한 현재들이다. 그렇다면 거기에 진정으로 과거가 존재하는가? 거기에는 각각의 순간만 존재할 뿐이다. 미래도 마찬가지로 아직 오지 않은 순간들이다. 과거·현재·미래는 무수한 순간들로 이루어져 있고 그 거대한 전체는 순간의 함수로 표현될 수 있다. 그렇다면 거기에 과거·현재·미래를 가르는 기준이 있을 수 있을까? 베르그손은 이러한 체계가 과학이 다루는 시간이며, F(t)로 표현되는 함수는 순간성 속에서 모든 것이 주어진 체계라고 한다. 이 체계에서 과거·현재·미래는 임의의 순간 t로 분해되어버린다. 그런데 과거는 무수히 지나간 순간들이고 미래는 다가올 순간들이며 현재는 바로 지금의 '한 순간'이라면, 과학이 다루는 순간들이란 기본적으로 현재의 관점에서 본 것이라 할 수 있다. 데까르뜨의 코기토 역시 현재 순간에 파악되는 진리이다. 이런 관점에서는 모든 것이 원칙적으로 알려져 있다. 근대 과학자들은 초인적 지성·신적인 지성이 있다면 과거·현재·미래를 단번에 직관할 수 있을 것이라고 생각했는데, 이것이 기계적 결정론의 이념이다(『창조적 진화』, 74). 이 이념에서 시간이란 이미 알려진 것을 부채를 펼치듯 차례로 펼치는 것에 지나지 않는다. 이 체계에서 진정한 흐름으로서의 시간, 즉 지속은 빠져나가고 만다.

그러므로 시간을 순간들로 구성하려는 생각에서 벗어나 흐름으로서의 시간으로 되돌아오자. 그런데 시간이 흘러가는 것이라고 했을 때, 이 광대한 우주적 흐름 속에서 과거·현재·미래를 말할 수 있을까? 현재가 어느 정도 고정되어 있을 때에만 과거와 미래에 대해 말할 수 있다. 누가 현재를 고정하는가? 그 누군가가 의식적 존재가 아니라면? 회한 혹은 기대와 같은 의식 존재의 정념적 특성이 없다면 과거와 미래는 무슨 의미가 있는가? 물론 이 비유가 가진 인간적 의미에 사로잡힐 필요는 없다. 반드시 인간의 의식 같은 것을 가정하지 않아도 된다. 베르그손은 사건으로서의 시간, 변화 자체로서의 시간을 말한다. 무언가 일어나고 그것이 어떤 방식으로든 축적될 때 과거·현재·미래로서의 시간 흐름이 존재한다고 말할 수 있다. 이런 의미에서는 물질도 역사를 가질 수 있다. 물질의 변화는 가역성을 함축하는 수학적 법칙에 엄밀히 종속되는 것이 아니기 때문이다. 에너지

저하법칙(열역학 제2법칙)이 보여주듯이 거기에는 무언가 시간과 더불어 소모되는 것이 있고 돌이킬 수 없는 과정이 있다.

한편 의식존재인 내가 참여하는 시간은 어떤가? 내가 느끼는 시간은 언제나 일정한 지속을 점하면서 연속되기 때문에 거기서는 과거와 현재, 미래가 수학적으로 구분되는 순간들이 아니다. 이 내용은 베르그손의 첫번째 저서인 『시론』과 『창조적 진화』의 1장에 잘 나타나 있다. 그러나 내가 나의 현재를 명백한 의식으로 고정할 수 있는 이유는 무엇일까? 이 책들에서 나의 현재에 대한 직접적 해명은 나타나지 않는다. 이제 우리가 다루는 『물질과 기억』 3장에서는 나의 현재를 내가 신체로부터 가지는 의식으로 정의한다. 그것은 아래와 같이 순간적 현재와 지속하는 구체적 현재를 비교하면서 시작된다. 여기서 베르그손은 미분이라는 수학적 장치를 사용하여 문제를 풀고 있는데, 그것은 수학이야말로 순간에 대해 가장 숙고한 학문이기 때문이다.

만약 내가 수학적 점과 같은 이상적(순간적) 현재를 생각한다면 나의 구체적 현재는 이상적 현재를 기준으로 해서 나의 과거와 미래에 '동시에 걸쳐 있다'. 왜냐하면 나의 구체적 현재가 흐르는 시간의 일부를 점하고 있다면 내가 흐르는 시간을 인식하는 '순간' 그것은 이미 지나간 것이며, 또한 바로 이 현재 순간이라는 지점은 시간 곡선의 무한소적 요소이므로 그것의 미분, 즉 기울기는 미래라는 방향을 향해 있기 때문이다(237). 그런데 이미 지나간 시간, 나의 의식의 직접 과거는 대체 무엇을 의미하는 것일까? 의식의 가장 구체적인 의미에서 볼 때 그것은 느껴진 것, 즉 감각 이외에 다른 것일 수 없다. 2장에서 보았듯이 감각이란 무한히 작은 진동들이 순차적으로 지나가는 것을 기억으로 응축한 것이다. 단지 우리의 지각체계의 한계로 인해 그 것은 순간 안에서 고정된 것으로 파악되는 것뿐이다. 그렇다면 내 현재가 취하는 방향, 즉 다가올 미래는 무엇을 의미하는가? 그것은 일정한 방식으로 준비되고 결정되는 행동이다. 역시 앞장에서 보았듯이 나의 가능적 행동을 반영하는 외부대상들은 나의 근접미래를 결정한다. 그것들과의 거리는 그것들에 반응하도록 나에게 할당된 '지불기한'을 뜻한다(62). 이처럼 나의 현재를 이루는 실제적 사실들은 직접과거와 직접미래, 즉 감각과 운동이다. 이런 이유로 베르그손은 나의 현재를 '감각-운동적'이라고 특징짓는다(238).

감각과 운동은 신체의 본질적 기능이다. 따라서 현재에 대한 나의 명백한 의식은 내 신체에 대한 의식이다. 신체의 의미는 외부에 대한 적응이라는 삶의 '실용적' 특성 속에 있다. 데까르뜨가 의식의 가장 원초적 사실인 '코기토'를 순수인식의 토대로 삼은 것을 상기해보자. 코기토라는 현재적 의식이 순수인식의 토대가 되는 이유는 그것이 명석판명한 인식이기 때문이다. 그러나 베르그손에게 현재의 명석한 의식은 바로 감각-운동을 기반으로 하는 신체의 실용적 기능에서 유래한다. 여기서도 우리는 데까르뜨의 사변철학을 생명의 의미에 기초한 실용주의로 해체하는 베르그손의 일관된 입장을 볼 수 있다.

나의 현재를 신체에 대한 의식으로 보는 생각은 『물질과 기억』 1 장의 이미지론으로부터 이해해야 한다. 이미지들은 물론 어떤 전제도 없는 현상의 세계에 속하지만, 베르그손이 묘사하는 물질에 대한 내용은 기계론적 우주를 염두에 두고 있다는 것을 상기하자. 거기서 순수지각, 즉 현재 순간은 내 신체가 운동하는 이미지들의 세계 속에서 행하는 순간적 절단으로 이루어진다. 이미지들의 세계는 운동하는 세계이지만 각각의 이미지들은 더 심층적인 시간의 흐름, 생성의 연속으로부터 순간적 절단에 의해 구성된다. 이렇게 나타난 세계는 공간의 관점에서 이해된 물질세계라고 할 수 있다. 물론 이미지들의 운동은 시간이 완전히 배제된 공간만의 세계가 아니라 시간을 공간적인 방식으로 이해하는 기계론의 세계라고 할 수 있다. 『시론』에 따르면, 그것은 '공간화된 시간'의 세계이다. 지속하는 우주의 순간적 절단면들인 이미지들은 매순간 다시 생겨나고 죽어가는 수학적 시간 속에 있다. 즉 순간적 이미지들은 그 자체로 지속성을 갖지 않고 불연속적인 수학적 시간 속에서 매순간 재결합되어야 한다. 바로 데까르뜨가 말한 무한창조의 세계다. 베르그손에 의하면 "물질은 끊임없이 새로 시작하는 현재로 정의되어야 하기 때문에 거꾸로 우리의 현재는 우리의 실존의 물질성 자체, 즉 감각들과 운동들의 전체이지 다른 것이 아니다"(239). 물질이 순간적 현재로 이해된다면, 역시 물질로 구성되어 있고 다른 물질에 적응해야 하는 우리 신체도 현재적 본성을 갖는다. 감각과 운동은 우리 신체가 공간화된 시간 속에서 나타나는 방식이다. 그렇다면 신체에 종속되지 않은 우리 각자가 가진 생성의 세계는 무엇일까? 바로 순수기억이다.

생명의 역사와 순수기억 그리고 무의식

그러나 물질계의 역사는 결코 공간 속에 단번에 펼쳐지지 않으며 실제로 매순간 새로 태어나는 현재도 아니다. 데까르뜨가 말한 무한창조의 세계는 보편적인 지속과 생성을 지성이 이해하는 공간적 관점에서 파악한 물질관이다. 『창조적 진화』에서는 이런 공간적 물질관이 지성과 물질의 상호적응에서 유래한다고 설명한다. 그러나 실제의 물질은 언제나 일정한 시간을 점하면서 지속하고 있다. 시간이야말로 모든 존재의 근원인 것이다. 물질의 시간이든, 생명의 시간이든, 시간은 자신의 뒤에 족적을 남긴다. 거기에서는 아무것도 완전히 사라지는 법이 없다. 그렇다면 개인의 정신은 어떠한가? 『시론』에서 베르그손은 우리 의식이 양적으로 구별 가능한 표상들로 이루어진 것이 아니라 질적인 흐름이며, 이것이 바로 진정한 시간의식이라는 것을 보여준다. 그리고 『물질과 기억』에서는 이런 의식상태의 지속이 남김없이 기억으로 보존된다는 것을 보여준다. 이후 『창조적 진화』에서는 개인의 정신을 생명과 물질의 지속 그리고 우주적 흐름 속에 위치시킨다. 실제로 『창조적 진화』는 바로 이 전제에서 시작하고 있다. 몇 가지 중요한 구절들을 인용해보자.

> 내 영혼의 상태는 시간의 길 위를 전진하면서 그것이 끌어모으는 지속으로 끊임없이 부풀어간다. 그것은 말하자면 자기 자신을 가지고 눈사람을 만든다.(『창조적 진화』, 21)

이렇게 부풀어가는 지속은 순수기억으로 보존된다. 순수기억은 보편적 지속과 생성의 세계에 참여하는 각 개인이 거기서 자신의 몫으로 물려받은 시간의 총체이다. 그것은 개인이 가진 고유한 체험들의 축적이다.

과거는 그 자체로 자동적으로 보존된다. 과거는 아마도 그 전체로서 우리를 따라온다. 우리가 최초의 유년기부터 느끼고 생각하고 원했던 모든 것이 거기 있으며, 곧 그것[과거]에 합류하게 될 현재에 기대어, 그것을 밖에 남겨두고자 하는 의식의 문을 밀어내고 있다.(『창조적 진화』, 25)

물론 각 개인의 삶과 생명이라는 종적인 삶 그리고 우주적 지속을 구분하는 명확한 지점을 찾기는 어렵다. 일정한 시간을 점하는 물질의 지속으로부터 거기에 적응하여 살아가는 생명종들의 삶, 그리고 개체화된 형태로 살아가는 모든 생명체들의 삶에는 중단 없는 연속이 존재한다. 그렇다면 물질과 생명 그리고 개인의 정신은 어떻게 우주적 지속으로부터 분화되었는가? 이것은 『창조적 진화』의 주요한 주제이며, 우리는 다음과 같은 구절에서 생명과 개인적 정신과의 연속성을 엿볼 수 있다.

실제로 우리는 무엇이며 우리의 성격이란 무엇인가? 그것이 우리가 출생 이후부터 살아온 역사, 심지어 출생 이전의 역사를 응축한 것이 아니라면 말이다. 왜냐하면 우리는 출생 이전의 성향들도 더불어 간직하고 있지 않은가? 아마도 우리는 과거의 아주 작은 부분만을 가지고 생각할지 모른다. 그러나 우리가 욕망하고 의지하고 행위하는 것은 원초적 영혼의 만곡을 포함하는 과거 전체와 더불어서이다. (『창조적 진화』, 26)

이와 같이 우리의 정체성은 생명의 역사 전체에 연루되어 있다. 그러나 이것은 생명성과 정신성이 구분할 수 없게끔 뒤섞여 있다는 말은 아니다. 생명이란 한편으로 물질에 비결정성을 삽입하면서, 다른 한편으로는 거기에 적응하는 잠재력으로 정의된다. 각 생명종과 개체는 그 결과로 나타난 것들이다. 특히 신체는 각 생명종에 고유한 '지각과 운동의 체계'(신경계)로 이루어진다. 의식을 가진 우리 존재 역시 생명의 역사에서 나타난 성향들을 신체와 더불어 가지고 있으며 그 영향에서 자유로울 수 없다. 이것은 우리에게 생명적 기억으로 남아 있다. 그러나 순수기억은 이와 다르다. 생명의 역사에서 나타난 무수한 성향들은 우리의 존재 조건을 결정하지만, 그것 자체가 개인적 경험을 구성하는 것은 아니다. 순수기억은 이러한 생명적 기억이라는 일반적 화폭 위에서 우리 각자가 수놓은 자신만의 그림들이다.

시간과 함께 눈사람처럼 부풀어가는 기억들, 생명의 시초부터 그리고 유년기의 나로부터 지금까지 존재하는 기억들, 이것들은 한 영혼이 지탱하기에는 너무 무겁지 않은가? 이 모든 것을 내 것으로 하기에는 너무 부담스럽지 않은가? 거기에는 실제로 내가 원한 행위도 있겠지만 더 많은 부분은 어쩔 수 없는 힘에 의해 이끌려간 것들이다. 그것은 내 안의 타자가 아닌가? 어떤 의미에서 그것은 나의 외부를 이룬다. 그것은 내 바깥에 있다. 그렇다면 그것을 외면하고자 하는 나는 누구인가? 바로 현재 의식이다. 나는 현재 속에 매몰되어 살고 있는 존재이다. 과거는 내게 부담스럽다. 망각은 바로 이러한 요구에 부응하는 신체적 기제로부터 나온다. 뇌의 기본적인 역할은 순수기억 속에서 현재에 필요한 이미지기억을 호출하는 동시에 불필요한 것들

〈도표 13〉 베르그손 도식 ②

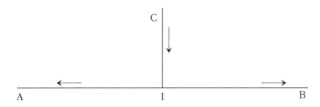

은 망각 속으로 억압하는 것이다.

순수기억은 우리에게 망각으로서 존재한다. 그것은 현재에 무력하게 남아 있으며 현실화되지 않는 한에서 '잠재적'(virtuel)으로 존재한다고 말할 수밖에 없다. 잠재성·무력함·망각, 바로 이것이 순수기억을 무의식이라고 부르게 하는 특성들이다. 베르그손은 순수기억이 무의식적으로 존재한다고 한다. 우리가 순수기억의 존재를 생각하기 어려운 것은 의식을 현실적으로 나타난 심리상태들로 정의하기 때문이다. 그러나 현재적 의식은 신체와 불가분적으로 연결되어 있다. 신체의 가장 중요한 목표는 자극을 받아들이고 적절한 반응을 준비하는 것이다. 바로 이런 이유로 "심리학적 영역에서 의식은 존재와 동의어가 아니라 단지 실제적 행동 또는 직접적 효율성과 동의어이다"(243). 이렇게 신체적 기능과 결합된 의식이 순수인식, 사변적 인식의 기능일 수 있겠는가? 그것은 환상이라는 것이 베르그손의 대답이다.

이제 베르그손은 이러한 환상의 근원을 이루는 실용주의적 동기를 파헤치고 진정한 의식은 순수기억에 있으며 순수기억은 의식적으로 현재화하지 않아도 그 자체로 존재함을 우리에게 설득시키려 한다. 〈도표 13〉에서 CI라는 수직선은 시간 속에서 순차적으로 배열된 기억을 표시하고 AB라는 수평선은 공간 속에 동시에 존재하는 대상들을 표시한다. 그런데 우리는 우리를 둘러싸는 대상들 전체를 지각하지 않을 때도 그것들의 존재를 의심하지 않는다. 지금 내가 있는 방의 밖에 있는 것들, 다른 방들과 집밖의 나무들, 집 옆에 있는 학교와 아이들 등등에 대해 나는 의식하지 못한다 하더라도 그 존재를 언제나 확신하고 있다. 반면 수직선으로 표시된 기억들 중에서는 현재에 드러난 점, 즉 I라는 지점만을 실제로 존재하는 것처럼 생각한다. 마치 공간 안에는 모든 것이 한꺼번에 존재하지만 시간이 흘러감에 따라 그 내용들이 잇따라 파괴되는 것처럼 보이기까지 한다. 과거는 현재에 더 이상 작용할 수 없거나 아니면 현재 지각의 호출에 의해서만 나타날 수 있다. 현실과 관계없는 기억들은 실재성을 갖지 않은 것처럼 보인다. 지나간 기억들은 "우리가 우리 자신과 함께 이끌고 가면서도 차라리 치워버린 척하고 싶어하는 그런 쓸모없는 것들이다"(248).

시간과 공간이 우리에게 이렇게 비대칭적으로 나타나는 이유는 자명하다. 공간 속의 사물은 비록 지각되지 않는다 하더라도 조만간 우리에게 영향을 미칠 수 있는 것으로 생각된다. 아무리 멀리 있는 대상이라도 내게 희망이나 위협으로 느껴진다면 그것은 내게 구체적으로 작용하는 힘을 가졌다고 보아야 한다. 나는 거기에 대응할 준비를 해야 한다. 즉 대상과의 거리는 내가 행동할 근접미래의 도식을 나타내며 그래서 공간은 나에게 열려 있는 미래로 느껴진다. 그러나 바로 이런 이유로 지나간 시간은 무용한 것으로 느껴진다. 내 역사의 세세한 부분들은 현재 행동에 직접적인 영향을 미치지 않는다. 지나간 기억 중에서 현재를 위해 참조해야 하는 것은 습관기제에 각인된다. 우리는 삶에 필요한 기억은 언제든지 떠올릴 수 있다. 그것은 과거가 아니라 언제라도 작동하기를 기다리고 있는 현재이다. I라는 지점은 이렇게 현재와 관련된 기억들을 포함한다. 그 때문에 현재와 무관한 기억이 의식에 우발적으로 떠오르면 우리는 일종의 유령을 대하는 느낌을 갖게 된다. 대체 왜 그 기억이 떠올랐을까, 우리는 의문부호를 던지며 원인을 찾는다. 이처럼 현재의 실용적 요구에 응하는 의식에서 시간과 공간은 동일한 중요성을 갖지 않는다.

　그러면 정말로 시간과 기억은 공간이나 지각 대상들만큼 실재성을 갖지 않는 것일까? 베르그손의 대답은 단호하다.

　의식에게 그 진정한 역할을 되돌려 주라. 내가 물질적 대상들을 지각하기를 멈출 때 그것들도 존재하기를 멈춘다고 가정할 이유가 없듯이, 일단 지각된 과거가 사라진다고 말할 이유도 없을 것이다. (244)

　우리의 의식이 실용적 목적에서 벗어나 과거 그 자체를 사심 없이 평가할 수 있다면, 그때 시간은 우리에게 실재적인 것으로 나타날 것이다. 예를 들어보자. 우리의 성격이란 무엇인가? 거기에는 우리의 지나간 모든 상태들이 녹아 있지 않은가? 우리는 수학적인 의미에서 순간적 존재가 아니다. 시간이라는 현명한 노인은 아무리 하찮은 것이라도 무시하는 법이 없다. 바로 이런 의미에서 그것은 차라리 공간적 사물들보다 더 많은 것을 함축하고 있다. 왜냐하면 우리가 외부세계에 대해 관심을 가지는 것은 대체적인 윤곽과 우리 삶에 관련된 부분에 한정되지만 체험된 경험은 비록 무의식적으로나마 그 전체가 우리를 결정하고 있기 때문이다.

그러나 삶의 실제적 유용성에 기초한 시공의 비대칭성은 우리의 지성에 의해 더욱 선명한 구분의 형식을 띠게 된다. 심지어 그것은 기계론적 형태의 물질관을 띠면서 점차 시간을 완전히 제거하는 데까지 간다. 우리는 우리가 접하는 외부대상들이 공간 속에서 엄밀한 인과 연쇄를 이루고 있다고 믿는다. 그것들의 운동은 기계적 법칙에 따라 일어나기 때문에 비록 현재 내가 지각하지 못하는 대상이라 하더라도 이 법칙에서 벗어날 수는 없다고 믿는다. 반면에 무의식적 기억들은 이런 상태로 존재하지 않으며 변덕스러운 방식으로 나타나는 것처럼 보이기 때문에 그 실재성을 인정받지 못한다. 이처럼 우리의 상식이나 과학에서 기계론적 물질관의 완벽한 승리는 우리로 하여금 우리 자신의 시간적 뿌리를 부정하는 데까지 나아가게 한다. 비록 현대의 과학과 수학 발전은 근대 물리학의 전형인 뉴턴 역학이나 고대의 유클리드적 공간이 절대적인 것이 아님을 증명하고 있지만, 그럼에도 이것들은 우리 행동의 기본적 도식을 구성하는 것들이다. 사실상 환경에 대한 적응이라는 우리 행동의 원초적인 목적을 위해 비유클리드적 공간들이나 상대성이론이 필요하지는 않은 것이다. 지성은 생명의 진화에서 볼 때 물질에 대한 적응으로부터 탄생한 기능인 만큼 현실적 삶이라는 실용적 목적을 배반하기 어렵다. 바로 이런 이유로 베르그손은 우리 지성의 근본적인 발상 전환은 매우 어렵다고 본다.

그러나 시간과 생명의 본래 의미에 주목하는 것이 불가능해지는 않다. 우리는 근접미래의 도식에 의해 조종되는 자동기계가 아니다.

『창조적 진화』에서 베르그손은 생명의 대양 속 '자비로운 흐름'이 우리로 하여금 실재의 직관에 이르는 것을 가능하게 해준다고 말한다 (『창조적 진화』, 289). 이 비유적 표현을 전제로 받아들이고 베르그손의 논증을 따라가보자. 우리는 시간이 공간과 마찬가지로 실재한다는 것을 알게 될 것이다. 외부대상들이건 의식 내적 상태들이건, 우리가 그것들의 존재를 인정하기 위해서는 두 가지 조건이 필요하다. 첫째는 의식에 나타남, 둘째는 지각 대상들의 논리적이고 인과적인 연결이다.

우선 의식 안에 나타나는 것들은, 데까르뜨의 용어를 빌리면 '명석하고 판명한' 조건을 만족시킨다. 내가 가진 관념들은 부분적으로 명확하고 부분적으로는 불명확한 외적 대상에 대한 지각과는 다르다. 가령 나는 공간 속에서는 필연적으로 어떤 각도에서 대상을 보아야 하기 때문에 내 앞에 놓여 있는 사과의 뒷면은 볼 수 없다. 그러나 의식 안에 있는 사과라는 관념은 내가 살면서 본 사과에 대한 모든 체험을 농축하고 있기 때문에 완벽하다. 후설이라는 독일철학자는 이것을 '충전적'(adäquat)이라고 표현한다. 이것은 철학적 사변이 아니다. 대상에 대한 기억을 가지고 있으나 시각기관은 정상이면서 뇌신경세포 손상으로 지각능력에 장애를 갖게 된 환자를 생각해보자. 그는 대상을 뿌연 이미지로 볼 뿐이지만 의식 안의 관념(기억)을 통해 대상의 성질을 정확히 묘사할 수 있다. 그에게 지각적 불확실함은 기억에 의해 완벽하게 보완될 수 있다. 반면에 지각 대상들의 인과적 연결이라는 측면에서는 물질적 대상이 우위를 점하는 것 같다. 그것들은 우리의 의식적 지각에는 부분적으로 나타날 뿐이지만, 서로 엄밀한 순서로 연결되어 필연적인 법칙을 따라 운동하는 것으로 생각된다. 결국 의식상태는 충전성에서는 완벽하지만 인과적 연결에서는 다소 불명확한 것처럼 보이고, 지각 대상들은 의식에서는 불완전하게 나타나지만 인과적 연결에서는 완벽하다고 말할 수 있다.

베르그손이 이러한 비교를 통해 말하려는 것은 물질과 의식이 서로 다른 방식으로 존재하는 것처럼 보이기는 해도 적어도 실재성의 문제에서는 동등하다는 것이다. 단지 그것들이 구체적으로 나타날 때는 의식에서의 현시나 지각 대상들 간의 인과적 연결 문제에서 서로 간에 정도상의 차이를 보여준다. 그러나 외적 대상이 의식에는 단지 일부분만을 현시한다고 해서 그것이 불완전한 존재라고 할 수 없듯이, 나아가 우리가 보지 못하는 대상들의 존재도 부정할 수 없듯이, 의식 내적 상태들이 비록 과거로부터 변덕스럽고 우발적으로 나타나는 것처럼 보이기는 해도 과거가 전체적으로 존속한다는 것을 부정할 수는 없다. 가령 선천적 맹인의 지각 세계는 촉각적 기억들의 순차적 결합으로 이루어진다. 그에게 대상에 대한 지각은 곧 기억과 떨어져 생각될 수 없다. 이와 같이 의식 안의 시간 계열과 대상들 간의 공간 계열은 함께 결합하여 구체적 존재의 조건을 이룬다.

과거와 현재의 관계—역원뿔 도식

시간의 실재성 문제는 이 책의 핵심인 동시에 베르그손 철학 전체의 핵심이라고도 할 수 있다. 이에 대해 베르그손이 제시한 지금까지의 설명에 독자가 설득되었을지 모르겠다. 나는 『창조적 진화』에서 관련

〈도표 14〉 베르그손의 역원뿔 도식

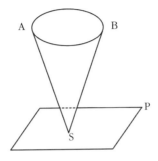

된 부분들을 언급함으로써 좀더 거시적이고 체계적인 설명을 시도했지만, 그 설득력에 대해서는 독자의 판단에 맡길 수밖에 없겠다. 시간이 실재한다는 것 그리고 우리 각자의 영혼을 채우는 기억이 실재한다는 것을 인정한다면, 이제 이 책에서 가장 유명한 도식인 역원뿔 도식에 대한 설명으로 넘어가야 한다. 이 도식은 『물질과 기억』의 내용 전체를 요약하는 '첨점'(pointe)이라고 보아도 된다. 이것은 순수기억의 존재 그리고 정신과 신체의 관계, 나아가 시간과 공간의 대비를 보여주는 매우 특이하고도 천재적인 도식이다. 사실 이 도식은 기억과 대상세계가 수직으로 교차하는 앞의 도식(도표 13)을 입체화하여 기억의 부분을 위쪽으로 부풀게 하고 신체와 닿은 외부대상의 세계를 선분이 아니라 평면으로 확대한 것이다(도표 14).

거꾸로 세워진 원뿔 SAB는 나의 전체기억(mémoire) 속에 축적된 부분기억들(souvenirs)의 총체를 나타낸다. 꼭대기에 위치한 밑면 AB는 과거 속에서 부동적으로 머물러 있고, 꼭지점 S는 신체의 이미지이며 매순간 새로 시작하는 나의 현재이기도 하다. 한편 P는 '우주에 대한 나의 현실적 표상의 움직이는 평면'을 지시한다. 그것은 생성의 세계 속에서 매순간 우리가 절단을 행사하면서 얻게 되는 것, 즉 우주적 생성의 횡단면이다. 이것은 앞에서 본 순수지각의 기초가 되는 세계이기도 하다. 그러므로 나의 기억들 전체를 나타내는 원뿔 SAB는 우주적 생성의 일부를 이룬다. 나의 신체는 평면 P의 일부를 이루면서 그 평면을 구성하는 모든 이미지들과 작용하고 반작용한다. 이것은『물질과 기억』의 1장에서 다루는 운동하는 이미지들의 세계를 그린다.

따라서 우리는 이 도식이『물질과 기억』1장의 이미지-신체의 존재론과 3장의 기억-정신의 존재론을 연결하는 것임을 알 수 있다. 그것은 극단적으로 말하면 근대과학적 물질세계와 베르그손의 지속과 생성의 세계를 연결하는 것이기도 하다. 더 좁혀서 말하자면 이것은 신체와 정신, 현재와 과거의 관계를 단적으로 보여주는 도식이다. 그러나 이 그림에서 그냥 지나쳐서는 안 되는 것이 있다. 그것은 평면 P가 고정된 실재를 표현하는 것이 아니라는 점이다. 베르그손은 그것을 '우주에 대한 나의 현실적 표상의 **움직이는** 평면'이라고 말한다. 우선 그것이 움직이는 평면인 것은 왜일까? 평면은 고정되어 있고 이미지들만 움직이는 것이 고전역학의 모델이 아닌가? 그 답은 고전역학적 세계관이 어디까지나 '우주에 대한 나의 현실적 **표상**'을 나타내는 것이라는 데 있다. 그것은 내 삶의 기초로서 매순간 작동하는 표상이다. 즉 실용적 목적에 봉사하는 평면이다. 그리고 그것의 형이상학적 완성은 기계론적 물질관 혹은 순수공간을 향한다. 그럼에도 불구하고 그것이 움직이는 평면인 이유는 그것을 잉태하는 것이 더 포괄적인 우주적 생성이기 때문이다. 바로 그렇기 때문에 이 평면에서 이미지들의 운동은 이미 2장에서 인용한 들뢰즈의 표현에 의하면 "실재적 지속의 움직이는 단면"이 된다.

이 내용은 『물질과 기억』의 4장에 가서 비로소 심화된다. 여기서 기억과 신체이미지의 세계가 수직으로 교차하는 모양인 것은 여전히 그것이 우리 삶의 도식을 중심으로 그려졌기 때문이다. 베르그손은 이 책의 마지막에서 정신과 물질의 관계를 수직으로 교차하는 철길이 아니라 곡선을 따라 이어지는 철길에 비유한다. 이런 점을 염두에 두고 이 시점에서 정신과 신체의 관계에 대한 간략한 설명을 들어보자.

S로 표현된 신체는 습관기억 혹은 감각-운동 체계로 상징화되어 전체기억으로부터 무의식적 표상들을 현실화하기 위해 거기에 신호를 보낸다. 이 두 기억은 경험의 움직이는 평면 속에서는 분리되지 않고 상호 거점으로 작용한다. 행동을 목표로 하는 우리의 삶은 원뿔의 밑면 AB와 꼭지점인 S라는 지점을 왕래한다. 행동을 제대로 영위한다는 것은 "주어진 상황에서 관련된 모든 기억들을 얼마나 신속하게 불러내는가"에 달려 있다. 환경에 대한 적응은 바로 여기에 있다. 삶에 잘 적응하는 사람들, 즉 '잘 균형잡힌' 사람들은 상보적인 두 기억의 작용이 원활하게 이루어지는 사람들이다. 한편 오로지 현재 속에 사는 사람, 자극에 대해서 직접적으로 반응하는 사람은 '충동인' (l'impulsif)이다. 반면 과거 속에서 사는 데서 즐거움을 찾는 사람, 현상황에 별 이득도 되지 않는 기억들을 시시때때로 떠올리는 사람은 '몽상가' (le rêveur)이다.

충동인과 몽상가의 사이에 자리 잡은 균형잡힌 정신이란 현재 상황을 정확하고 유연하게 따르면서도 불필요한 호출에는 저항할 줄 아는 힘을 가진 사람이다. 적절한 '망각'은 정상 생활의 조건이기도 하다. 물론 여기서 '정상'이라는 것은 기억과 행동의 조직화라는 생리학적 의미만을 지닐 뿐이다. 베르그손은 이처럼 균형잡힌 다행스러운 성향을 두고 '양식' 혹은 '실천 감각'이라고 부르는데, 이 표현은 윤리학적 함축도 지니고 있다(262). 즉 환경에 대한 적절한 적응이나 행동이 언제나 실용적 특징에 매몰되는 것은 아니다. 실용적 특징은 개인의 이기적 욕심에 봉사하기 쉽지만 그것은 보다 나은 행위를 위한 조건이기도 하다. 이것은 그의 마지막 저서 『도덕과 종교의 두 원천』에서 신비가(神秘家)들을 건강하고 정상적인 정신의 소유자로 묘사할 때에도 나오는 대목이다. 신비가들은 개인적 각성의 시기를 지나면 타인에 대한 사랑의 행동으로 자신의 외연을 확장한다. 베르그손이 다음 같이 묘사하는 정신적 건강함은 그런 과정에 필수 조건이 된다.

> 행동에 대한 취향과 환경에 적응하는 능력, 유연함을 가진 단호함, 가능한 것과 불가능한 것을 예견하는 분별력, 복잡함을 이겨내는 단순한 정신, 결국 탁월한 양식(bon sens)……. (『지속과 동시성』, 241)

베르그손은 두 기억의 관계에서 흥미로운 사실을 관찰한다. 어린 아이들은 현실과 무관한 기억들을 떠올리는 능력이 뛰어나다. 이것은 이미지기억이 아직 행동에 연루되지 않기 때문이다. 아이들은 적절한 반응을 위해 이미지기억들을 서둘러 조직할 이유가 없다. 행동에 곧바로 이용할 수 있는 습관기억이 아직 충분히 발달하지 않았다고 해서 그들이 기억력이 없다고 본다면 커다란 오해이다. 그러나 학습을 하고 습관기억이 발달할수록 이미지기억을 떠올리는 능력은 감소하는 것을 볼 수 있다. 정상적인 지적 발달을 이루지 못한 성인들 역시 이미지기억을 떠올리는 능력이 감소하기는커녕 오히려 어린아이의 그것처럼 풍부하게 남아 있다. 보통의 성인들에게서도 꿈이나 몽유병 같은 특수한 경우에는 이미지기억들이 '앙양'(exaltation)되는 것을 볼 수 있다. 그 속에서 이미지들이 원인을 알 수 없게끔 우발적으로 나타났다가 사라진다. 완전히 망각된 듯한 유년기의 추억을 떠올리고, 언제 배웠는지 기억도 나지 않는 다른 언어를 능숙하게 말하는 경우도 있다. 베르그손은 물에 빠지거나 교수형을 받아 갑작스러운 질식 상태에 빠졌다 살아난 특정한 사례의 경험담을 흥미롭게 들려준다. 소생한 사람은 "짧은 시간에 자신의 목전에서 그의 삶의 역사에서 망각된 모든 사건들이 그 가장 미세한 상황들과 함께 일어난 순서대로 펼쳐지는 것을 보았다"고 증언한다(264). 흔히 이것을 주마등처럼 스쳐가는 기억이라고 말하는데, 특별히 심리학자들은 '파노라마적인 환영'(vision panoramique)이라고 부른다. 이것들은 모두 일시적으로 감각-운동 체계가 교란되고 신경계가 이완됨에 따라 나타나는 현상들이다. 그때 이미지들은 습관기억의 억제를 벗어나 의식의 문턱을 넘어서게 된다. 들뢰즈는 이것을 꿈이미지라고 부른다. 습관기억이 개별자들을 보편적이고 공통적인 범주로 묶어 유사성을 지각하는 데 머문다면 꿈이미지는 개별자들의 독특성과 차이를 분별한다. 차이의 기억과 유사성의 지각은 우리의 정신적 삶에서 두 극단에 있는 요소들이며, 정신활동은 그것들의 다양한 조합에 의해 일어난다.

2. 정신적 삶의 기제들

이제 우리의 고유한 정신적 삶이 어떻게 작동하는지를 파악하는 문제가 남아 있다. 정신의 영역은 베르그손이 스스로를 이원론자라고 부르면서까지 지키고자 했던 영역이다. 그가 데까르뜨주의자들과 혼동될 위험이 있는 이원론자라는 말을 쓰면서까지 단호한 태도를 보인데는 주목할 만한 이유가 있다. 베르그손이 극복하려고 한 적수는 데까르뜨주의자들만이 아니라 특히 과학주의에 물든 부대현상론자들과 관념연합론자들이다. 요즘 식으로 말하자면 베르그손은 이들의 단순한 이론들이 과학이라는 미명 아래 정신이라는 명품을 헐값으로 처리하는 것에 당혹했던 것처럼 보인다. 이런 사정은 오늘날에도 마찬가지가 아닐까? 그러나 베르그손의 대응은 언제나 차분하고 신중하다. 그는 이들에 맞서서 우리의 정신적 삶이 고유한 실재성을 가질 뿐만 아니라 충분히 설명 가능한 영역임을 보여주려고 한다. 『물질과 기억』 3장에서 유난히 많이 제시되는 도식들은 바로 이런 설명 가능성을 목표로 한다.

시간의 실재성 그리고 성격으로 나타난 우리의 정체성, 생명 진화로부터 나타난 우리 신체의 의미, 무의식의 존재 증명……. 이 모든 주제는 정신의 실재성에 이르기 위한 지난한 길이었다. 이제 바로 그 정신이 어떤 방식으로 활동하는지를 말해야 할 때가 왔다. 이미 우리는 앞에서 주의깊은 식별이라는 지적 과정을 보았다. 여기서 살펴볼 것들은 그 연장선상에 있다. 여기서 우리는 '일반관념이란 무엇인가, 관념들은 어떻게 서로 연합하는가, 우리는 어떻게 개념적 사고를 하며 말은 그것과 어떤 관계에 있는가' 하는 문제들을 다룰 것이다. 이 문제들은 모두 순수지각과 순수기억이 신체를 경유하여 역동적으로 운동하는 과정 속에서 설명될 수 있을 것이다. 특히 3장의 말미에서는 순수기억들이 어떻게 지각 속에 현실화되는가를 기억작용의 역동적 운동을 통해 보여준다. 앞서 소개된 역원뿔 도식은 이와 같은 정신적 과정의 구조와 메커니즘을 설명하는 기초적 틀을 제공한다.

일반관념의 기원과 형성

일반관념은 우리가 말하고 사유하는 데 필요한 가장 기본적인 도구이다. 가령 생리적 욕구와 관련된 기초적인 문제를 제외한다면 우리의 대화는 대부분 추상명사들로 이뤄진다. 아름다움, 좋음, 정의로운 것, 선한 것……. 이러한 무수한 추상명사들이 지시하는 것은 개별적 사물이 아니라 그것들로부터 추상된 일반관념들이다. 그러므로 언어와 사유의 본성을 알기 위해서는 일반관념의 발생 과정을 알아야 한다.

　　그리스 철학의 성숙기에 나타난 플라톤의 이데아론은 바로 일반관념에 대해 최초로 이론적 규정을 시도한 것이라고 할 수 있다. 예를 들어 소크라테스는 아름다운 것들의 사례로 아름다운 사람, 아름다운 음악 등 아름다운 사물들을 제시하는 제자에게 그것들 모두를 아름답다고 부를 수 있는 것은 무엇 때문인가 질문했다. 소크라테스는 개별적 사물들이 가진 각각의 아름다운 속성에서 출발하여 아름다움이라는 추상적이고 일반적인 관념을 정의하려 했고, 플라톤은 나중에 그것의 이데아 즉 본질과 같은 것이 있다고 함으로써 일반관념에 대한 실재론적 견해를 제시했다. 그러나 일반관념이 실제로 존재한다고 하면 개별적 지각 혹은 사물들은 그것과는 다른 방식으로 존재한다고 해야 한다.

일반관념과 개별적인 대상들의 관계는 다른 말로 보편자와 특수자(개별자)의 관계로 불린다. 플라톤은 이 둘 간의 관계, 즉 이데아계와 현실계의 관계를 신화적으로 설명하였는데, 아리스토텔레스는 그것을 애매하다고 비판하면서 개념의 논리학으로 대치한다. 개념들의 관계는 언어의 논리적 구조를 보여준다. 개념들은 우선 보편자나 개별자를 지시하는 말들에 불과하다. 하지만 진정한 개념은 보편자가 가진 '본질'을 표현하며 학문적 판단이란 보편자들의 관계라고 본 점에서 아리스토텔레스도 플라톤의 입장을 따른다. 따라서 아리스토텔레스의 보편자가 실재하는 것인지, 아니면 개별적 사물들의 특정한 집합을 지시하는 이름에 불과한 것(유명론)인지를 놓고 중세에는 '보편논쟁'이라 불리는 오랜 논쟁이 진행된다. 아리스토텔레스주의자들 사이에서 벌어진 이 논쟁은 특별히 개념론과 유명론의 대립이라 부른다. 비록 플라톤의 이데아처럼 따로 진리의 세계를 가정하지 않는다고 해도 보편자가 그 자체로 의미 있는 것인지 개별적인 것들의 집합

또는 상징으로서만 의미를 갖는 것인지는 현대까지도 논란거리이다.

베르그손은 유명론과 개념론이 둘 다 순환논법에 빠져 있다고 본다. 그는 이 논리적 모순을 파헤치면서 양쪽이 가진 공통의 전제를 이끌어낸다. 유명론은 한 단어를 일반화(généralisation)함으로써 이름일 뿐인 일반관념을 만든다. 실재론은 개별적 대상에서 속성을 추상(abstraction)하여 보편적 본질로서의 일반관념을 만든다. 두 입장이 가진 순환논법은 다음과 같이 표현된다.

일반화하기 위해서는 우선 추상해야만 한다. 그러나 유용하게 추상하기 위해서는 이미 일반화할 줄 알아야 한다.(266)

그러면 두 입장을 좀더 구체적으로 살펴보자. 베르그손 당대에 두 입장이 중요한 논쟁거리였던 것은 영국 경험론의 유입으로 형성된 지적 분위기 때문이었다. 경험론의 입장에서는 당연히 유명론이 우세하다. 유명론은 일반관념 또는 개념이 개별적 사물을 떠나 독자적으로 실재한다고 생각하지 않는다. 그것은 '외연'(extension)의 관점에서 출발하여, 일반관념이란 그것이 적용되는 대상들 전체를 지시할 뿐이라고 본다. 예를 들면 사람의 개념 또는 사람의 일반관념은 존재하는 사람들 전부를 가리킨다. 우리는 한두 사람을 경험적으로 지각하고 그 대상을 사람이라는 이름으로 부른 다음, 이 이름을 무한히 많은 사람들에게까지 확장한다. 그런데 우리는 다음과 같은 질문을 할 수 있다. 과연 사람들을 다른 존재자들과 어떻게 구별할 수 있을까? 사람이라는 이름을 사람들 전체에 적용하기 위해서는 우선 사람들을 다른 존재자들로부터 구별할 수 있어야 한다. 그렇지 않다면 사람이란 말은 아무 쓸모가 없게 된다. 이러한 구별은 존재하는 모든 것들에서 사람이라는 속성을 가진 존재자들을 '추상'하는 행위이다. 그러므로 사람이라는 공통적 속성을 먼저 추상할 수 있어야 하는데, 이 공통적 속성은 다름 아닌 '내포'(compréhension)이다. 그것은 단순히 형태적 유사성이라는 지각적 특징일 수도 있고, 아리스토텔레스처럼 이성적 동물이라는 본질일 수도 있다. 어느 쪽이든 개별자에서 출발하는 외연의 관점을 포기하고 공통의 유적 속성에서 출발하는 내포의 관점으로 돌아갈 수밖에 없다.

반대로 개념론은 개념이 실재한다는 입장이고 그것이 지시하는 것은 내포이다. 내포는 그 개념이 적용되는 모든 사물들이 가지고 있는 공통된 성질이다. 이 공통적 성질이 어떻게 추상되는지 알아보자. 개별적 사물은 다양한 속성들을 가지고 있다. 예를 들면 여기 있는 빨간 사과는 빨간색과 하트 모양 그리고 새콤한 맛과 단단한 촉감 등의 몇 가지 속성으로 이루어진다. 이 속성들이 개별적 사과로부터 떨어져 생각되면 그 자체로 각각 하나의 유(類, genre)적 성질이 된다. 이제 일반관념은 하나의 이름으로서 무수한 현실적 대상을 지칭하는 것이 아니라 개별적 사물에 내재하면서도 '따로 생각될 수 있는'(추상될 수 있는) 보편적 성질이 된다. 즉 '이 사과의 붉음'이 '보편적 붉음'이 되는 것이다. 여기서 다음과 같은 물음이 제기될 수 있다. 이 보편적 성질이 과연 개별적 대상들 속에 본래 있었던 개별적 성질과 얼마나 다른가 하는 것이다. 이 빨간 사과의 구체적 붉음과 붉음 일반이 본래 다르지 않다면 어떻게 단지 추상되었다는 이유만으로 다른 것이 될 수 있을까? 베르그손의 말대로 "백합의 흰색은 눈덮인 들판의 흰색이 아니다". 개별적 사물들이 가진 유사한 속성들은 단지 유사할 뿐이지 동일한 것은 아니다. 그 미세한 뉘앙스의 차이에도 불구하고 우리가 그것을 동일한 보편적 성질로 생각할 수 있는 것은 이 차이를 무시하고 단지 같은 이름으로 부르기 때문이 아닐까? 그리고 이렇게 무한수의 대상들을 같은 이름으로 부르면서 우리는 말을 '일반화' 하고 있는 것이 아닌가? 추상화는 일반화 없이 진행될 수 없다. 이렇게 되면 우리는 내포가 아니라 외연의 관점으로 돌아오게 된다.

베르그손은 이 두 입장을 논리적 모순에 빠뜨린 공통 가정을 문제삼는다. 그것은 우리가 개별적인 대상들로부터 출발한다는 것이다. 즉 일단 개별적 대상들을 구별한 다음 그것들로부터 일반관념을 형성한다는 것이다. 그러나 베르그손의 생각은 다르다. 과연 개별적 대상이라는 것을 직접적으로 지각할 수 있는가? 이 질문은 얼핏 이해할 수 없는 질문인 것처럼 보인다. 아리스토텔레스는 보편자만이 실재한다는 플라톤에 반대하여 실재하는 것은 우리가 직접 지각할 수 있는 이 사람, 이 말, 이 개와 같은 개별자들이라고 하였다. 마찬가지로 경험론자들도 일반관념은 그것이 적용되는 개별적 사물들 전체라고 보았으며 개념론자들도 일반관념은 개별적 사물에 내재하면서 추상될 수 있는 보편적 성질로 보았다. 여기에 무슨 문제가 있다는 것일까?

베르그손에 의하면 개별적 사물은 겉보기에는 명백한 것처럼 보이지만 실제의 사실과 일치하지 않는다고 한다. 개별적 사물을 지각하기 위해서는 다른 사물들과 구별되는 미세한 차이들을 파악할 수 있어야 하는데, 그것은 이미지기억을 필요로 한다. 이미지기억은 경험의 결과로 형성되며 게다가 그것을 지각에 적용하여 개체들을 구별하기 위해서는 주의깊은 식별이 필요하다. 이렇게 고차적인 활동은 나중에 나타난다고 해야 한다. 따라서 우리가 최초로 파악하는 것은 개별자들도 아니고 유적인 개념도 아니며 오히려 일종의 중간적인 상태, 그저 '눈에 띄는 성질들'이다. 우리는 대상들을 보고 그것들 하나하나를 구분하기 전에 전체적으로 유사한 측면에 주목한다. 이 모호한 유사성의 감정이 눈에 띄는 성질들이다. 베르그손의 표현에 의하면 "초식동물을 끌어당기는 것은 풀 **일반**이다"(270). 소는 토끼풀과 억새풀을 구별할 필요가 없다. 동물에게 개별적 대상의 지각이란 일종의 '사치'이고 '잉여분'이다. 우리도 동물인 한에서 마찬가지의 지각 조건에 좌우된다.

지각의 실용적 목적을 생각한다면 동물이 유사성의 지각에서 출발한다는 것은 자연스러운 일이다. 또한 생물학적 관점에서 볼 때 유사성을 지각하는 것은 명백한 의식에서 일어나는 것이라기보다는 무의식적이거나 자동적인 체험이라고 할 수 있다. 풀의 색과 냄새는 동물의 욕구에 응답하는 한에서 동물을 끌어당기는 어떤 힘으로 작용한다. 그러나 베르그손은 여기서 멈추지 않는다. 유사한 것들에 대한 작용은 물리 세계에서도 관찰된다. 예를 들면 염산은 석회의 탄산염에 항상 같은 방식으로 작용한다. 일반적으로 화학적 결합은 같은 원인이 같은 결과를 낳는 물리 법칙을 따른다. 그런데 미시적 차원에서 본다면 산이 소금으로부터 염기를 이끌어내는 작용과 식물이 흙에서 양분을 끌어내는 작용 사이에는 본질적인 차이가 없다. 아메바와 같은 원초적인 동물도 주변으로부터 다양한 유기물을 자신에게 동화시킨다. 만약 그것이 의식이 있다고 가정한다면 이 다양한 유기물들로부터 그것이 느끼는 것은 유사성이지 차이는 아닐 것이다. 차이가 있기 때문에 유사성이 나타난다고 주장하는 것은 이미 구별을 전제하는 지성의 논리이다. 동일한 것을 향하는 무의식적이고 생명적인 차원에서 아직 명확한 구분은 나타나지 않는다.

결국 광물에서 식물, 미생물, 그리고 동물과 인간에 이르기까지 유사한 것들을 자신에게 동화시키는 작용을 발견할 수 있는데, 베르그손은 일반관념의 씨앗은 여기서 찾을 수 있다고 한다. 특히 다양한 감각들에 대해 동일한 방식으로 반응하는 신경계의 구조를 주목해보자. 신경계는 자극들의 미세한 차이들을 무시하고 대체적으로 유사한 것들끼리 묶어 한결같이 반응하도록 해주는 기제이다. 실제로는 차이가 있다 해도 동일한 반응을 야기하는 자극은 신체에 동일한 태도를 만들고 동일한 지각범주로 분류된다. 감각-운동적 과정 또는 습관이야말로 인간에게 있어서도 일반관념의 기원이 된다.

개체지각에 대해서는 라깡 학파의 정신분석학자 멜라니 클라인 (Melanie Klein)의 부분대상 이론에서도 흥미로운 내용을 볼 수 있다. 그에 따르면 갓난아이는 처음에 엄마를 하나의 전체로서 혹은 엄마라는 개별적 존재로서 파악하지 못한다. 아이는 오직 자신에게 필요한 것, 엄마의 젖가슴, 부드러운 손길과 목소리 등만을 식별한다. 이것을 부분대상이라고 한다. 차츰 시간이 지나면서 아이는 이 특성들을 하나로 종합하여 전체로 파악할 수 있다. 엄마라는 존재는 그때 비로소 파악되는 것이다. 멘 드 비랑도 아이가 말을 시작할 때 모든 여자를 엄마라고 부르고 모든 남자를 아빠라고 부른다는 사실에 주목한다.

비록 엄마와 아빠를 알아볼 수 있다 하더라도 다른 사람들을 구분하지 못하기 때문에 아이는 사람들을 오직 남자와 여자라는 일반적으로 유사한 범주로 분류해서 지각한다. 물론 점차 지각체계가 발달하여 사람들을 구분하고 아이는 각각의 사람들에 맞는 이름을 부를 수 있게 된다.

일반관념이 실제로 형성되기 위해서는 좀더 복잡한 경로가 필요하다. 인간 정신은 처음에 대상들에서 모호한 유사성을 느끼고 체험하며 자동적이고 무의식적으로 거기에 이끌려간다. 그러나 차츰 지성과 기억의 작용에 의해 개체지각과 유의 개념이 형성된다. 원초적 유사성이 주로 먹을 수 있는 것, 위험한 것, 움직이는 것과 정지한 것 등 생물학적 욕구에 관련된 일반적 지각이라면(개구리는 '움직이는' 파리만을 지각한다) 그것이 가진 다양한 뉘앙스에 대한 세부적 지각은 이미지기억을 필요로 한다. 이미지기억은 자연적으로 추상된 유사성들 위에 투사되어 개별적 대상들의 차이를 명확하게 해준다. 한편 지성은 유사성에 반응하는 습관을 반성적으로 분석한다. 이미지기억의 투사가 주의깊은 식별과정을 따른다면 유사성에 반응하는 습관은 자동적 식별과정에 해당한다. 이렇게 개별적 지각이 형성되면 각각의 유사성과 차이가 명확하게 드러나고, 개별적 차이들 위에서 공통적인 것을 의식적으로 추상할 수 있게 된다. 이와 같이 체험된 유사성과 의식적으로 추상된 유사성을 구분하면 유명론과 개념론의 순환은 사라진다. 유명론자들이 출발하는 유사한 대상들의 집합은 느껴지고 체험된 유사성이며, 정제된 언어로 표현된 일반관념은 의식적으로 사유된 것이라고 할 수 있다. 개념론에서도 최초의 유적 성질은 '느껴진' 것이며, 추상된 보편적 성질은 '사유된' 것이다. 출발점에서는 모호한 유사성만 있고 도달점에서 개체지각과 동시에 일반관념의 정제된 형태가 완성된다.

이렇게 해서 기본적인 일반관념들이 형성되면 이제 지성은 필요한 만큼 무수히 많은 인위적 개념들을 만들어낸다. 말이란 무한히 많은 개별적 대상들을 우리가 발음할 수 있는 한정된 자음과 모음의 조합을 가지고 표현하는 운동기제이다. 베르그손은 이것이 자연의 작업을 모방한 것이라고 한다. 즉 다양한 자극들에 동일하게 반응하는 신경계와 같이 우리의 굴절언어도 다양한 개별적 대상들에 한정된 수로 응답하는 기제이지만 그것은 인위적인 기제라는 면에서 자연을 모방한다는 것이다. 그러나 인간의 말이란 성대기관의 구조에서 볼 때 자연적인 현상이라는 학설도 있다. 비록 그것이 나타나는 방식이 다양하다는 면에서 환경적이고 문화적인 요소들이 절대적이기는 하지만, 자연적 바탕을 무시할 수는 없다는 면에서 언어는 자연적인 동시에 인위적인 현상이라고 해야 할 것이다.

의식의 평면들—기억의 왕복운동

일반관념의 형성과정을 보기 위해서는 앞에서 소개한 역원뿔 도식을 좀더 상세하게 보완한 그림이 필요하다(다음 페이지의 도표 15). 이 그림은 일반관념만이 아니라 정신적 삶의 일반적 작동방식을 알기 위해서 필수적이다. 원뿔 SAB를 횡적으로 분할하여 새롭게 나타난 원들 A′B′, A″B″를 베르그손은 의식의 평면들(Les plans de la conscience)

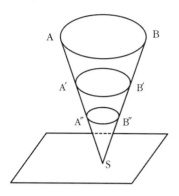

이라 부른다. 맨 아래의 S가 속한 지점은 행동의 평면이라 하고 맨 위에 위치한 평면은 꿈의 평면이라 한다. 여기서 베르그손은 두 평면 사이에 위치한 무수한 원들을 심리적 삶으로 현실화된 기억들의 총체라고 이야기한다. 앞의 〈도표 14〉에서는 순수기억의 존재방식을 보여주기 위해 원뿔 전체가 순수기억을 의미하는 것처럼 이야기했지만, 정신적 삶의 기제들을 보여주고자 하는 지금은 평면 AB만을 순수기억들이라 하고 나머지 평면들은 그것이 축소되면서 현실화되는 과정으로 이야기하는 것이다. 이 차이를 염두에 두어야 한다.

의식의 평면들 전체는 사실상 앞장에서 본 8자 도식 내부의 무수한 원들과 관련된다. 8자 도식은 〈도표 15〉를 종으로 분할한 평면이라고 볼 수 있다. 8자 도식 내부의 원들은 이 입체 도형에서 SAB, SA′B′, SA″B″, ……로 표현된 각각의 원뿔들에 해당한다. 실제로 원뿔 속의 평면들은 신체 S와 의식의 주의 및 긴장이 관계를 맺는 다양한 정도를 나타낸다. 차이가 있다면 여기서 의식의 평면들은 신체 S와 멀어질 때 순수기억의 영역으로 점점 다가간다는 것이다. 8자 도식은 대상에 대한 주의깊은 식별을 보여주는 것이기 때문에 내부의 원들은 한 지점에서 언제나 신체와 관련을 맺고 있지만, 이 원추도형에서 의식의 평면들은 원칙적으로 신체와 분리될 수 있다. 베르그손의 말을 들어보자.

우리는 꿈의 삶을 살기 위해 우리의 감각적이고 운동적인 상태로부터 풀려남에 따라 AB로 분산되려는 경향을 갖는다.(275)

베르그손은 "일반관념의 본질은 행동의 영역과 순수기억의 영역 사이를 끊임없이 움직이는 것"이라고 한다(274). 다시 말해 그것은 행동의 평면과 꿈의 평면 사이를 움직이는 과정 안에 존재한다. 이 말은 일반관념이 완전히 결정된 형태로 존재하지 않는다는 것이다. 유사한 것들에 동일하게 반응하는 습관으로부터 지성으로 정제된 일반관념이 만들어지기까지는, 개체지각이 완성되고 여러 지각을 비교하여 유사성과 차이를 파악하는 것이 필요하다. 그런데 이 개체지각은 이미 지기억이 투사됨에 따라 점점 더 세밀해지고 수적으로도 증가하게 된다. 일반관념은 점점 더 참조할 것이 많아지는 셈인데, 사실 이 과정은 끝이 없다. 따라서 일반관념은 S 지점에서는 신체적 태도나 발성된 말이라는 뚜렷한 형태를 취하고 AB에서는 무수한 차이를 나타내는 이미지들로 나타난다. 무의식적 과정을 무시하고 지성적 과정만을 문제삼는 철학에서는 일반관념을 말, 즉 개념과 동일시하면서 그 내용으로는 무수한 이미지기억들을 지칭할 것이다. 즉 일반관념이 무수한 개체들을 포함한다고 할 때(유명론)는 이미지들을 제시하며, 그것이 보편적 본질을 가리킨다고 할 때(개념론)는 개념을 제시할 것이다. 베르그손은 이런 입장은 정신적 과정을 이미 만들어진 사실(le tout fait)과 사물들(choses)만을 가지고 설명하려 하기 때문에 언제나 핵심을 빗나간다고 본다. 정신적 삶의 핵심은 과정(progrès)과 운동(mouvement)이다.

꿈의 평면과 행동의 평면 사이의 왕복운동은 단지 일반관념의 형성만을 설명하는 것이 아니다. 그것은 우리 자아의 존재방식 자체를 보여준다. 일반관념의 형성과 주의깊은 식별은 자아의 대표적인 지적 활동을 나타내지만 우리는 평상시에 완벽한 몽상가도 완벽한 충동인도 아니기에 언제나 이 두 평면을 끊임없이 왕래한다. 자아는 두 극단을 왕복하면서 중간에 존재하는 모든 평면을 뒤섞는 것이 아니라 그것들을 차례로 통과한다(편력한다). 물론 신체적 주의가 요구하면 경우에 따라 그 중 하나에 잠시 머물기도 할 것이다. 그러나 다시 한번 강조하지만 그 본질은 운동하는 것이다.

여기에 예술의 본성에 관해 주목할 만한 내용이 있다. 자아는 결코 양극단에 고정되지 않지만 삶이라는 실용적 목적에서 벗어나게 되면 S 지점의 영향을 받지 않고 순수기억들의 세계에 근접할 수 있다. 순수기억이 보여주는 것은 자연 자체의 개별적 특성이다. 예술이 추구하는 것은 바로 이 개별성이다. 『웃음』이라는 베르그손의 저서에는 바로 이러한 내용이 서술되어 있다.

자연과 인간 사이에는, 아니 인간과 인간 고유의 의식 사이에는 장막이 —— 보통 사람에게는 두터운 장막이, 예술가나 시인에게는 얇아서 거의 투명한 장막이 —— 드리워져 있다.(『웃음』, 123)

이 장막이란 삶의 실용적 목적을 의미한다. 예술가는 여기서 초탈하여 자연 자체를 우리에게 보여주고자 한다. 그는 자신에게 드리워진 실용성의 장막을 걷어내기 위해 최대의 노력을 기울이면서 결코 유사하지도 반복되지도 않는 일회적이고 개별적인 사태를 화폭이나 시에 담는다. 예술작품의 기원은 개별성의 표현에 있고 우리가 감동하는 것은 그 유일성과 독특성이다. 감동의 크기가 커질수록 예술작품은 보편성을 얻게 되지만 이 보편성은 결과적인 것이지 원인은 아니다.

이제 정신적 삶의 좀더 적극적인 과정을 보자. 의식의 평면들 각각은 기억 전체의 수축된 형태이며 아래로 내려가면서 점점 조여지거나 위로 올라가면서 더 확장되는데, 관념연합의 기제도 여기에 있다. 의식의 수축과 팽창이라는 이중적 운동에 대해서는 이후에 살펴보기로 하고, 여기서는 관념연합 법칙의 의미를 알아보자.

관념연합론에 의하면 관념들과 이미지기억들은 원자와 같은 독립적 존재들이고 내적인 공간을 떠다니다가 서로의 인력권에서 우연히 접근한다. 이 입장은 의식 자체는 수동적으로 있으면서 아무 역할도 하지 않고 단지 관념들이 움직이는 공간에 불과하다고 여긴다. 여기서 두 가지 문제점을 지적할 수 있다. 첫째로 관념들은 원자와 같은 독립적 존재들이 아니다. 베르그손은 관념연합론자들이 관념을 지나치게 '지성화'하고 있으며 의지와의 관계를 무시한다고 비판한다. 실제로 정신적 과정이란 의지와 지성, 감각과 같은 다양한 활동의 유기적 관계로 이루어진다. 이러한 활동들은 순수기억과 이미지기억 그리고 지각이라는 정신의 요소들이 서로를 불러일으키고 서로 결합하는 데 기본적인 영향을 미친다. 관념을 단지 지성적 관점에서 보았을 때 그것은 사변적이고 인식적인 내용만을 갖게 된다. 그것들에 정념적이고 의지적인 특성이 없다고 가정하면 그야말로 원자와 같은 것들이 되는 것이다. 하지만 관념은 이미지기억과 마찬가지로 끝없는 흐름 속에 있으며 이러한 흐름의 회로 속에서 지각이나 감각과 뒤섞인다. 『시론』의 1장이 이것을 잘 보여주고 있다.

두번째 문제는 관념들이 원자와 같은 독립적 존재들이라면 자연히 제기되는 문제이다. 만약 그것들이 부동적이고 형태 없는 정신의 공간 속에서 서로 무관심하게 떠다닌다면 그것들이 서로 또는 현재 지각과 결합해야 할 이유가 어디 있을까? 현재 지각이 그것들 중 하나를 선호할 이유가 무엇인가? 만약 관념들이 자족적인 것이라면 도대체 서로 연합해야 할 이유가 없다. 게다가 그것들이 서로 연합할 수 있다고 해도 왜 유사성과 인접성에 의해서인가? 또한 유사성과 인접성에 의해 연합한다고 해도 이 개념들은 너무 포괄적이어서 왜 수많은 관념들 중에 특정한 것이 선택되어야 하는지를 설명하지 못한다. 결국 관념연합론은 자신의 근본 전제들에 대해 어떤 납득할 만한 근거도 제시하지 않고 있는 것이다.

베르그손에 의하면 독립적 존재라는 관념은 '정신의 인위적이고 차후적 산물'이며, 관념연합의 법칙 역시 차후적으로 고안된 것이다. 정신의 여러 요소들은 앞서 말했듯이 전체 속에서 서로 유기적으로 연관된 회로를 이루고 있으며 끝없이 변전(變轉)하는 상태 속에 있다. 정신의 요소들은 어떤 의미에서는 모두가 서로 닮아 있고 서로 결합할 수 있다. 개별적 이미지들이 아무리 달라 보인다고 해도 조금만 거리를 두면 공통의 유(類, 유사성)를 발견할 수 있다. 이 공통의 유는 이미지들을 같은 범주로 묶어주는 구실을 할 것이다. 또 그것들이 아무리 멀리 떨어져 있더라도 유사한 이미지를 매개로 해서 언제든지 인접성을 발견할 수 있다. 즉 임의의 두 관념 사이에는 언제나 유사성과 인접성이 있다. 따라서 유사성과 인접성 자체로는 관념들의 특정한 결합을 설명할 수 없다. 우리는 이미 결합된 관념들을 놓고 그것들이 유사하거나 인접하기 때문에 결합했다고 차후적으로 설명하는 것뿐이다. 그렇다면 관념들은 왜 특정한 방식으로 결합하는가?

일단 유사성과 인접성에 대한 오해를 불식시켜야 한다. 일반관념에 대한 고찰에서 보았듯이 우리는 유사한 개체들 이전에 유사성을 먼저 지각한다. 유사성이라는 공통의 밑그림 위에서 개별적인 차이들의 다양성이 파악되는 것이다. 또한 우리는 인접한 부분들을 '연합' 하는 것이 아니라 전체를 '분해' 하는 것으로부터 시작한다. 정신의 상태들은 모호하게나마 전체적으로 결합되어 있고 우리는 이 전체 위에서 부분들을 지각하기 시작한다. 그렇다면 관념들이 결합하는 경향은 정신의 본래적 상태로 회귀하는 것이고, 따라서 그 자체가 설명을 요하는 것은 아니다. 다만 문제는 관념들이 왜 특정한 방식으로 결합하는가 하는 것이다. 이것의 원인은 지각이라는 현실적 요구에 있다. 정신은 지각의 단일성을 향해 운동한다. 이 운동은 팽창된 기억 전체가 수축하면서 앞으로 나아가는 운동이다. "우리의 인격성 전체가 기억들의 총체와 더불어 불가분인 채로 우리의 현재 지각 속으로 들어온다."
(279~280) 지각 쪽에서 의식에 호출을 보내면 이것이 기억의 심층에
도달할수록 의식 전체가 확장되어 기억들의 풍부한 목록이 현재화되
기를 기다린다. 이것을 베르그손은 "흐릿한 성단이 점점 더 강력한 망
원경으로 관찰함에 따라 점점 많은 수의 별들로 나뉘어 보이는 것과
같다"고 한다. 한편 전체기억은 특정한 부분기억을 선택하면서 앞으
로 나아간다. 이 과정에서 의식의 팽창된 원들은 점점 수축되기 시작
한다. 이 수축과 팽창의 이중적 운동이 기억을 현실화하는 운동이다.

기억의 현실화 운동과 '삶에 대한 주의'

그런데 사실 수축과 팽창의 이중 운동은 방향만 반대일 뿐 원뿔 도식
의 위아래를 왕복하는 운동이라는 면에서 동일한 수직적 이동운동이
다. 기억이 현실화되는 운동을 좀더 세분해보면 다음과 같은 두 가지
로 나타난다. 하나는 기억 전체가 수축되면서 경험 앞으로 나아가는
수직적 '병진운동'(translation)이고, 다른 하나는 기억의 각 평면들이
자기 자신 위에서 수평적으로 행하는 '회전운동'(rotation)이다. 각 평
면은 회전운동을 하면서 현재 상황에 가장 유용한 측면을 찾아낸다.
병진운동과 회전운동이라는 표현은 일종의 상징이지만 그 핵심은 기
억 전체가 현재의 호출에 응답한다는 것이다. 기억은 언제나 전체로
서 작용하기 때문에 아래로 내려오면서(현실화되면서) 그 전체가 수축
될 수밖에 없다.

한편 현재 의식은 언제나 유용한 것을 추구한다. 그러므로 비록

기억 전체가 거기에 반영되지만 가장 유용한 기억을 중심으로 주변기억들이 배치된다. 따라서 이미지기억들은 공간 속에 병렬된 원자들처럼 존재하지 않는다. 거기에는 언제나 지배적인 기억들, 즉 '빛나는 지점들'(points brillants)이 있고, 각 평면은 그 핵을 다른 이미지들이 모호한 구름처럼 둘러싸는 형태로 운동한다(288). 그것은 마치 하나의 빛나는 별을 중심으로 회전운동하는 성운과 같다. 의식의 평면들에서 일어나는 팽창과 수축의 이중 운동은 이런 방식이다.

    기억들의 유사성과 차이에 대해 좀더 이야기해보자. 이미지기억들은 본래 지각과 다르고, 그것들 사이에서도 결코 같지 않다. 이 차이는 〈도표 15〉에서 AB로 갈수록 커진다. 거기에는 우리 각자가 체험한 개인적 삶의 전체가 순수기억 속에서 가장 미세한 부분까지 보존되어 있기 때문이다. 반대로 현재 지각 S로 갈수록 이미지기억들은 지각과 비슷해진다. 세부사항들을 무시한다면 이미지기억들은 공통의 유 안에서 지각과 뒤섞일 것이다. 이렇게 의식의 다양한 평면들은 아래로 내려갈수록 이미지들 본래의 개별적 특성을 잃고 점점 공통적인 특성들로 축소된다. 그러나 잊지 말아야 할 것은 이 평면들 각각은 축소된 형태로 우리 각자가 가진 과거의 삶 전체를 반복한다는 것이다. 그것들은 AB라는 면으로 다가갈수록 더욱더 개인적인 형태를 취하고 지각으로 다가갈수록 더욱더 평범한 형태를 취한다. 각각의 평면들은 무한수의 '체계화'를 이룬다. 따라서 나의 현재 지각은 내가 어떤 평면에 위치하는가에 따라 다르게 해석될 수 있다. 예를 들면 누군가가 프랑스어로 말을 하면 내 귀에 들린 단어가 바로 프랑스어 일반을 생각나게 할 수도 있고, 과거에 들은 적이 있던 어떤 목소리를 생각나게 할 수도 있다. 개인적 특성을 보여주는 목소리는 순수한 이미지 쪽에 가깝고 프랑스어 일반은 하나의 범주 지각에 속한다. 범주 지각은 유적 특성을 파악하게 하고 유사한 것들에 동일하게 반응하는 행동의 평면에 잘 들어맞는다.

이제 베르그손의 역원뿔 도식에서 관념들의 연합을 설명해보자. 유사성과 인접성에 의한 연합은 의식의 평면들에서 다양하게 나타난다. 우선 행동의 평면을 보자. 여기서 모든 지각은 곧바로 반응으로 연장된다. 앞에서 보았듯이 자동적 식별은 순간적으로 일어나는데 그것은 동일한 반복적 자극에 대처하는 반응의 기제가 이미 형성되었기 때문이다. 따라서 새로운 자극이 들어오면 언제나 과거에 보았던 감정(기시감)으로 자동적으로 흡수되는데 이것이 유사성의 연합이다. 즉 유사성의 연합은 반복적 자극과 자동적 반응이라는 감각-운동적 기제에 그 원인이 있다. 그런데 여기에는 인접성에 의한 연합도 있다. 왜냐하면 이전의 지각에 인접하여 뒤따르는 운동들이 현재 지각에 인접하여 다시 나타나기 때문이다. 여기서 유사성에 의한 연합과 인접성에 의한 연합은 우연적 결합법칙이 아니라 주어진 상황에서 유용한 면을 끌어내고 그것을 자동적 반응으로 연장하는 행동습관에 그 원인이 있다. 물론 그것은 아직 추상화된 관념들의 결합이 아니라 그 전단계에서 일어나는 습관적이고 무의식적인 차원의 결합이다.

그러나 의식의 심층으로 올라간다고 해도 연합법칙이 현재 지각의 유용성에 봉사하는 목적은 사라지지 않는다. 의식의 다양한 평면들에서 일어나는 유사성에 의한 연합은 전체기억의 수축 단계들에 상응한다. 좀전에 보았듯이 기억은 외곽으로 갈수록 개별적 이미지로 흩어지지만 아래로 내려올수록 기억 전체가 수축되어 유적 범주로 묶이기 시작한다. 멀리 떨어진 이미지기억들도 우리가 어떤 의식의 평면에 위치하는가에 따라 그리고 의식의 긴장 정도에 따라 동일한 범주 아래 분류될 수 있고, 바로 여기에 관념들의 유사 연합의 기원이 있다. 전체기억을 수축시키는 긴장의 정도는 현재 지각의 호출에 주의하는 정도와 일치하므로 관념들의 연합은 결국 현재적 행동의 필요에 부응하는 것이다.

한편 인접성에 의한 연합은 시간이나 장소에서의 인접성을 말한다. 장소적 인접은 우연적인 것이므로 베르그손이 중요하게 다루는 것은 시간적 인접성이다. 이미지들의 시간적 연결이야말로 지속의 본성을 드러내주기 때문이다. 의식의 심층에서 순수기억들은 시간적 인접성에 의해 이전 혹은 이후의 기억들 전체에 연결되어 있다. 의식의 다양한 평면들에서도 이 특징은 다소간에 압축적으로 반복되고 있다. 그러나 각각의 평면들이 가진 지배적인 기억(빛나는 점)을 중심으로 부분기억들이 재배치되기 때문에 기억들의 체계화는 매번 조금씩 차이를 보인다. 그래서 지각과 행동에 가까워질수록 시간적 인접성은 전체와의 연결을 상실하고 단순히 유사한 지각과 거기에 직접 이어지는 운동의 관계로 축소된다. 이렇게 해서 결국 전체기억의 연대기적 잇따름은 유사성 속에 흡수된다. 왜냐하면 행동의 가장 단순한 도식은 동일한 지각에 동일한 반응으로 답하는 것이기 때문이다. 이러한 유사성 혹은 일반성 안에서 지각이미지들의 다양한 뉘앙스들은 사라진다.

베르그손은 의식의 평면들을 기억의 다양한 '긴장'의 단계들 또는 우리 정신적 삶의 다양한 '기조들'(tons)이라고 말하기도 한다. 의식이 언제나 전체로 작용한다는 베르그손의 주장이 옳다면, 심리학은 관념연합론처럼 심리적 상태를 구분되는 원자들로 분석할 것이 아니라 정신의 다양한 긴장이 보여주는 각 단계들이 어떻게 작용하는지를 탐구해야 할 것이다. 베르그손은 비록 이러한 시도가 어렵기는 하지만, 우리 각자는 이런 종류의 긴장의 단계들이나 정신적 기조들이 있다는 것을 느끼고 있다고 말한다. 그 예로서 작가는 소설을 쓸 때 작중인물의 심리를 묘사하기 위해 정신의 평면들을 차례로 넘나든다. 그러나 그는 결코 그것들을 뒤섞지 않는다. 특히 심리분석에 능한 소설가들이 자신이 선택한 정신의 수준(평면)에서 일관되게 관념들의 연합을 묘사할 때 우리는 그럴듯하다는 느낌을 받는다. 그렇지 못한 작가들은 정신의 상이한 층을 마구 뒤섞거나 기계적으로 접근하여 조야하고 작위적인 느낌을 주게 된다. 시나 소설만이 아니라 음악이나 회화에서도 마찬가지다. 예술가는 우리 의식의 심층에서부터 표면에 이르기까지 다양한 평면들 중 어떤 수준을 택해 그것을 묘사하는 작업을 한다.

이제 기억의 현실화 운동을 전체적으로 조망해보자. 기억의 현실화는 사실 앞장에서 본 8자 도식에도 간략하게 드러나 있다. 그 도식에서는 이미지기억이 운동적 도식에 삽입되는 과정을 중점적으로 조명하였다. 이 장에서는 순수기억의 운동, 즉 과거에서 현재로, 잠재적 상태로부터 현실적 상태로 건너오는 초심리학적 과정이 핵심이 된다. 순수기억들은 언제나 현재로 밀고 들어올 기회만을 노린다. 망각과 억제의 기구인 뇌는 운동적 도식을 통해 필요한 이미지기억 이외에는 과거에 머물도록 길을 차단한다. 그러나 우리가 과거 속에 '단번에' 위치하기만 하면 의식은 확장과 수축의 이중운동을 시작한다. 확장을 통해 과거 안의 특정 지역에 위치하기 위한 '초점맞추기'가 시도되고, 수축을 통해 현재로 넘어오는 무수한 평면들이 체계화된다. 현재로 넘어오는 과정은 전체적으로 병진운동을 하지만, 각 평면들의 내부에서는 이미지기억들이 '빛나는 점', 즉 유용한 기억을 중심으로 배치되는 회전운동이 일어난다. 일단 현재로 넘어온 순수기억들은 이미지기억들로 구체화된다. 이미지기억들은 심리학적 실재이며 유용한 것을 추구하는 신체의 태도에 종속된다. 이 과정은 의지적 주의를 따른다. 특히 의지적 주의를 따라 해석하고 이해하는 지적인 작업은 꼭대기에서 바닥까지, 즉 관념(의도)에서 이미지들로 전개되는 피라미드 모양의 '역동적 도식'으로 나타난다. 마지막으로 이미지들은 '운동적 도식'이라는 신체적 태도에 삽입되어 지각을 보충하고 완성한다.

신체적 태도는 베르그손의 표현에 의하면 "우리 정신에 추와 균형을 제공하는 것"이다(291). 이것은 거꾸로 서 있는 원뿔을 지탱하는 꼭지점으로 형상화된 감각-운동의 응집력을 나타내며, 의지적 주의보다 더 근원적인 '삶에 대한 주의'를 조건짓는다. 베르그손의 삶에 대한 주의는 생명의 유지라는 근본 목적을 향하는 만큼 쇼펜하우어의 삶에의 의지나 딜타이의 삶의 개념에 비해서 확실히 생물학적 의미가 강하다. 이 책의 2장에서 말했듯이 베르그손의 작업은 여기서도 이미지 존재론과 생물학적 인식론이 결합된 형태로 볼 수 있다. 삶에 대한 주의는 정신과 신체의 근원적 상호의존성을 보여주는 개념이다. 그것은 앞에서 말한 '균형잡힌 정신들', '행동가' 또는 '양식'이나 '실천감각'의 바탕이 되기도 하지만, 그러한 실용적 행동이나 윤리적인 차원을 넘어선다. 그것은 가장 근본적으로는 의식과 신체를 지닌 우리 자신의 존재 조건을 결정하는 것이며, 구체적으로는 '현실감'으로 나타난다.

우리는 마치 크게 부풀린 풍선의 꼭지를 꽉 잡고 있는 어린아이와 같다. 풍선을 놓치면 아이는 저 멀리까지 날아가는 그것을 보며 한숨짓는다. 삶에 대한 주의가 약해지면 이미지들은 자리 잡을 곳을 찾지 못해 정신 속에서 부유하게 된다. 주의가 삶에서 풀려나면 신체의 감각-운동적 긴장도 흩어진다. 베르그손은 이것을 정신적 균형의 파괴로 본다. 수면이나 꿈, 정신착란과 같은 현상은 주의가 풀어짐에 따라 나타나는 현상들이다. 주의의 장애를 겪는 환자들의 말을 들어보면 그들은 종종 '낯설음의 감정'이나 '비현실감'(sentiment de non-réalité)을 느낀다고 한다. 이것은 일종의 묘사하기 어려운 기시감이다. 거기서 우리는 현실로부터 멀어져 이미지기억들의 세계 속에서 길을 잃는다.

이런 상태는 감각-운동적 기능들이 일반적으로 약화되었을 때 나타난다. 이런 경우에는 정신의 기능도 일반적으로 약화된다. 결국 앞장에서 본 것처럼 주의장애나 기억장애와 같은 '역동적' 과정의 상해도 감각-운동적 기능에 뿌리를 갖는다(이 책 179쪽의 역동적 도식의 문제). 한편 감각과 운동의 어떤 연결 기능이 다른 연결들과 분리되는 것을 베르그손은 '기계적' 장애라고 부른다. 감각-운동 연결 자체의 전반적 교란은 앞에서 본 바에 의하면 대상의 윤곽을 파악하지 못하는 일반적(자동적) 식별장애를 야기한다. 그러나 기계적 장애의 경우에는 일반적 식별은 할 수 있어도 감각-운동 과정의 특정한 연결고리가 빠져 상응하는 기억이 삽입될 곳을 찾지 못하기 때문에 기억들은 서로간에 연대성을 잃어버리고 부분적으로만 결합한다. 베르그손은 이러한 자신의 입장으로부터, 삐에르 자네가 연구한 인격의 분열이라는 질병은 일군의 부분기억들이 전체기억으로부터 분리되어 다른 것들과의 연대성을 잃어버린 것이라고 추측한다. 이때 기억은 변덕스럽게 상실되는 것처럼 보이지만 어딘가에서 무의식적으로 작용하고 있다. 이와 같이 기억은 그 자체로 존속하지만 감각-운동 과정의 정상적 활동을 통해서만 현실적으로 발현될 수 있다.

마지막으로 한 가지 재미있는 비유를 소개하자. 베르그손은 기억의 현실화 과정을 종종 기체에서 액체로, 액체에서 고체로 전환되는 과정처럼 묘사한다. 가령 의식의 가장 심층적인 외곽에서 이미지들은 순수기억으로 '증발'한다. 과거 안의 초점맞추기로부터 현재로 넘어오는 과정은 '구름'처럼 나타나 차츰 물방울로 '응축'된다. 그것은 이미지기억이다. 한편 이미지기억들은 지각 속에서 고체화(구체화)된다. 이러한 차원의 변화는 베르그손의 생성의 철학에서 기억해두어야 할 키워드이다. 지속은 다차원적 변화를 포함한다. 이 변화의 결과들은 현실화되고 분화된 것들이다. 변화를 주도하는 힘은 지속의 잠재력에 있다. 이제 그 힘의 본성은 『창조적 진화』의 주제가 된다.

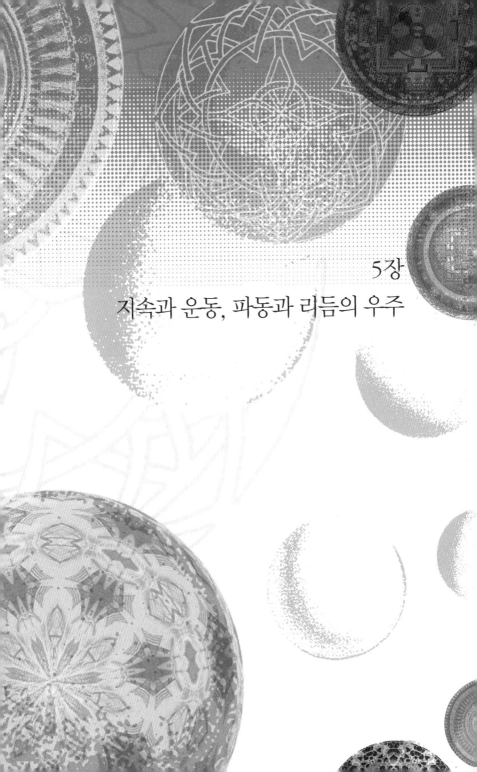

5장

지속과 운동, 파동과 리듬의 우주

「별이 빛나는 밤」(빈센트 반 고흐, 1889)

지각한다는 것은 수축하고 고정하는 것이다. 대상은 그렇게 해서 얻은 자신의 뚜렷한 윤곽과 갖가지 고유한 색조들로 우리를 유혹하지만 거기에 진실은 존재하지 않는다. 일상적 지각의 유혹을 벗어나 요동치는 사물의 핵심으로 침투할 수 있었던 화가 고흐. 그와 함께 빛나는 밤하늘에서 벌어지는 우주의 춤을 음미해보라. 사물이 파동과 리듬으로 재탄생하는 것을 볼 수 있을 것이다.

『물질과 기억』의 마지막 장에서 베르그손은 정신과 신체의 관계를 지속이라는 더 일반적 개념에 연결시키고 있다. 그러므로 여기서 우리는 베르그손 철학의 일반적 문제들 안으로 들어가게 된다. 사실 그는 1장부터 3장까지의 연구만으로 자신의 목적이 거의 달성되었다고 믿는 듯하다. 그는 이 장들에서 신체와 정신을 분리시켜 연구하고 있지만, 2장과 3장에서는 정신과 신체의 관계를 대략 그리면서 특히 정신의 활동 안에서 신체가 하는 역할을 잘 보여주고 있다. 따라서 좁은 의미의 심신문제로 연구 주제를 한정한다면 베르그손은 거기서 멈출 수도 있다고 말한다. 게다가 그는 서론에서 자신이 이원론자임을 분명히 보여주고 있으므로 정신과 신체의 분리와 상호관계를 보여준다면 이 책에서 제시한 문제들은 해결된다. 그러나 마지막 장에서 그는 이제까지 외면해왔던 심신의 통일문제를 지속의 관점 아래서 해결하려고 한다. 그것은 정신과 신체 각각을 극단적으로 나누었던 만큼 어려운 작업이지만, 베르그손은 '지속'이라는 자신의 가장 독창적인 개념틀 안에서 새로운 길을 열어 보여주고 있다.

이 작업은 또 좁은 의미의 심신문제에서 벗어나 철학사 전체를 관통하는 일반적 문제들에 연결된다. 여기서 베르그손은 근대적 합리주의가 가진 난문들을 다시 문제삼고 그것의 실용주의적 동기를 드러냄으로써 잘못 제기된 문제를 해소하는 그의 독특한 방식을 다시 한번 보여준다. 우리는 철학사의 일반적 도식을 전복시키고 새로운 사유를 선보이는 베르그손의 천재적 역량을 또 한 번 맛보는 기쁨을 누릴 수 있을 것이며, 그 동안 간간이 언급되었던 철학사적 문제들을 일목요연하게 정리할 수도 있을 것이다. 무엇보다도 『물질과 기억』의 4장은 그의 철학 전체의 물질 개념을 아주 잘 조명하고 있으며 지속의 관점을 심화시켜 『시론』이나 『창조적 진화』와 같은 그의 다른 저서들로 통하는 길을 보여준다는 점에서도 매우 중요한 부분이다.

1. 철학의 방법 ─직접적 경험으로의 회귀

철학에서 방법이 왜 중요한 것일까? 수학이나 자연과학 등 각각의 학문 분야에서 방법을 올바로 정하고 그것을 대상에 적용하는 것은 원하는 목적을 달성하는 데 필수적이다. 분야에 따라 수학적 방법이나 실험적 방법이 사용되며 두 가지를 병행할 수도 있다. 오늘날 가설-연역적 방법이나 귀납적 방법이라고 불리는 것들은 수학이나 과학에서 작업하는 태도를 일반화한 것이다.

　그런데 철학자들은 전통적으로 이러한 실제적인 방법과는 관련이 없는 사색의 공간에서 작업해왔는데 새삼 왜 그것이 필요한 것일까? 철학자들은 이성을 올바로 사용하기만 하면 되는 것 아닐까? 게다가 이성이 엄밀한 방법에 얽매이지 않고 자유로운 상상의 세계에서 활동할 때 더 풍부한 성과들이 나오는 것이 아닐까? 철학사에서 방법이 중요하게 등장한 것은 근대 이후이다. 데까르뜨의 『방법서설』이나 스피노자의 『기하학적 방법으로 증명된 윤리학』(『에티카』)이라는 책들이 보여주는 것처럼 근대 철학자들은 방법의 문제에 대해 고심했는데 그것은 자연과학자들이 이룩한 업적에 고무되어 철학에서도 그와 같은 진보를 희망했기 때문이다. 그들은 스콜라 철학자들이 보여준 이성의 사변적 유희에서 벗어나 철학이 좀더 생산적인 것이 되기를 원했다.

그런데 사실 고대 그리스 철학에도 방법이라는 것이 없지는 않았다. 소크라테스의 대화법, 플라톤의 변증법은 어떤 의미에서 최초로 진리탐구의 방법을 정식화한 것이라 할 수 있다. 단지 그것들은 엄밀한 방법을 미리 정하고 그것에 따라 작업한 것이라기보다는 이러한 방법을 찾아가는 과정이라는 점에서 그들의 철학하는 삶 자체와 분리되어 이해할 수 없다. 그것들은 이성의 올바른 사용을 보여주는 일반적 모범이라는 점에서 구체적인 성과를 얻기 위해 정확히 규정된 과학적 방법과는 다르다.

한편 자신의 저작에 '도구'를 의미하는 『오르가논』이라는 이름을 붙였다는 점에서 아리스토텔레스의 논리학에서는 소크라테스·플라톤과는 다른 구체적 방법의 등장을 엿볼 수 있을 것 같다. 그러나 아리스토텔레스의 작업은 사유의 일반적 규칙을 연구한 것이고, 특정한 성과를 위한 것이기보다는 여러 분야의 학문적 작업을 하는 가운데 공통적으로 작용하는 규칙들을 찾아내 정리한 것이다. 예를 들면 삼단논법 같은 것은 실제적 발견에는 아무런 도움이 되지 않는다. 그것은 우리의 사고 과정의 단계를 분석한 것에 지나지 않는다. 칸트식으로 말하면 분석적 진리이지 종합적 진리는 아니다. 고대 철학자들은 대체로 이성이 잘 발휘될 수 있는 규칙을 찾는 데 골몰했다고 할 수 있다. 이 전통이 순수 사변의 영역에서 발달한 것이 중세 스콜라 철학이었다.

근대의 철학자들이 방법에 관심을 가진 것은 단지 논리적 분석 때문이 아니라 실제적으로 학문을 향상시킬 수 있는 길을 찾으려는 목적 때문이었다. 그래서 합리론자들은 주로 수학의 연역적 방법을, 베이컨 같은 경험론자는 실험적이고 귀납적인 방법을 선호했다. 물론 로크나 흄 같은 경험론자들은 좀더 신중한 편이었다. 그럼에도 불구하고 우리는 나중에 칸트가 다시금 합리론이 사변의 영역에 머물러 아무런 실제적인 진리도 생산할 수 없었던 것, 경험론은 구체적 경험에 머물러 학문적 진리에 도달할 수 없었던 점을 비판하는 것을 본다. 칸트가 제시한 선험적 종합판단의 이념도 자연과학을 모범으로 하는 진리탐구의 방법을 구체화한 것이라 볼 수 있다. 넓은 의미에서 근대 철학자들에게 공통적으로 나타나는 방법에 대한 강조는 진리론 혹은 인식론이라는 태도에서 유래하고, 그때 진리의 모범은 자연과학이다. 결과적으로 그들의 방법은 그들의 이상과는 달리 미래의 지식을 잉태하는 생산적인 도구이기보다는 이미 만들어진 지식을 정당화하는 회고적인 작업에 지나지 않았다. 칸트와 근대 초기 철학자들의 차이는 칸트가 이 사실을 명백하게 의식하고 있었다는 것뿐이다.

주어진 것을 정당화하는 데 머무르는 철학, 이것은 베르그손이 그의 철학 전체에서 반복적으로 비판하는 내용이다. 만약 그것이 철학의 전부라면 진리는 자연과학의 총체에 지나지 않는다. 철학은 인식론이라는 한정된 영역에서만 의미를 가질 수 있으며, 그나마도 과학을 학(學)의 모범으로 삼았기에 철학의 본령인 사유의 힘을 보여주기보다는 이차적 반성에 머물렀다. 이런 사태는 데까르뜨로부터 최근의 영미 실증주의까지 이어지는 철학사의 필연적 흐름을 보여준다.

데까르뜨 시기에는 비록 과학의 독립적 발달로 인한 충격이 크기는 했으나 천문학과 물리학을 제외한 영역에서는 아직도 철학적 사유의 여지가 무궁무진했다. 사실 데까르뜨의『정념론』이나 로크의『인간지성론』, 흄의『인간본성에 관한 논고』같은 저서들은 심리학 및 심리생리학의 탄생을 자극하는 생산적인 역할을 수행하면서 철학이 가진 창조적 역량을 보여주었다. 그러나 점차 인간정신과 사회현상을 과학화하는 학문들이 등장하면서 이제 철학은 언어의 논리적 분석에 머물러야 한다는 초기 비트겐슈타인이나 논리실증주의와 같은 철학이 나타난다. 이러한 철학은 자연과학을 모범으로 하는 근대의 인식론 중심의 태도를 충실히 따랐기 때문에 나올 수밖에 없는 필연적 결과이다.

베르그손은 이런 태도가 사실상 자연과학이 실용적 목적으로부터 도출한 무의식적 전제, 즉 기계론적 결정론이나 환원주의적 유물론에 면죄부를 주고 결국은 철학의 무용성을 증명할 뿐이라고 본다. 과학은 근본적으로 실용적 동기를 부인할 수 없으며, 아무리 순수한 관점에서 본다 하더라도 가설들의 집합에 불과하다. 더구나 이 가설들을 설정하는 데 영감을 주는 것은 과학 자체가 아니라 인간 정신의 창조적 힘이다. 게다가 가설들의 증명은 시간과 더불어 진행된다. 시간의 시험을 거쳐야 올바른 이론, 생산적인 이론이 결정된다. 과학이 겸손해야 할 이유가 여기에 있는 것이다. 그러나 대다수의 철학자들, 이른바 합리주의 철학자들은 너무도 성급하게 과학만능주의를 부추긴다. 급기야는 기계론적 결정론이나 환원주의적 유물론과 같은 과학자들의 무의식적 전제를 철학적으로 정당화해주고 이성의 승리를 만천하에 선포하기에 이른다. 이성은 과학의 영광 위에서 다시 한번 왕관을 쓰고 과학기술은 모든 것을 해결할 수 있는 신적인 기술로 격상된다. 철학과 과학은 윈윈게임을 하였다. 서로가 서로에게 득이 되었다. 그러나 철학자들이 잊어서는 안 될 것이 있다. 그들이 근대 이후 되찾은 이성의 왕관은 사실 내용 없는 빈 껍질이라는 것이다. 과학자들은 겉으로는 철학에 존경을 보여줄지 모르지만 속으로는 '벌거벗은 임금님'을 외칠 것이다.

진리탐구의 방법이 주어진 지식을 정당화하고 물리주의적 이념을 학문 전체로 확장하는 것이라면, 이것은 방법이라기보다는 철학적 이념에서 비롯한 것이다. 베르그손은 이러한 합리주의 철학이 가진 이념의 독단성을 지적하면서 그것이 전제하는 물질의 관념이 순수공간이라는 허구적 표상 아래 상징화되고 있다는 것을 보여주려 한다. 실재하는 것은 운동이고 끝없는 생성과 시간 속의 흐름이며, 수학적으로 완벽하게 표현될 수 있는 대상이라기보다는 차라리 예측 불가능한 예술적 창조의 대상에 가깝다. 그렇다면 우리는 그것을 어떻게 알 수 있는가? 철학이 실재의 흐름을 따라야 한다면 실재를 파악하는 방법도 달라질 수밖에 없다. 그것은 더 이상 지성에 의한 상징화 작업이 아니라 매개 없는 직관적 파악이어야 한다.

『물질과 기억』 4장에 등장하는 방법에 대한 논의는 이렇게 시작된다. 모든 상징과 인위적 도식이 지성주의적 편견에서 자유로울 수 없다면, 그리고 지성이 실용적 목적에서 유래한 것이라면 의미 있는 철학 방법이라는 것은 오로지 직접적 직관일 수밖에 없다. 하지만 직접성은 우리가 쉽게 접근할 수 있다는 것을 의미하지는 않는다. 우리는 오히려 편견과 가설들로 인해 직접성에서 점점 멀어지고 있다. 『웃음』에서 베르그손이 말하듯이 자연과 우리 사이에는 두터운 장막이 드리워져 있다. 직관적 방법은 직접성을 가로막는 이 장막으로부터 우리를 벗어나게 하는 소극적 측면과 동시에 실재가 가진 고유한 마디를 따라 본래적 사실에 접근하는 적극적 측면으로 이루어진다. 베르그손은 자신의 모든 저작에서 이러한 직관의 두 측면에 충실했다. 들뢰즈는 『베르그손주의』에서 이것을 잘 보여주고 있다. 베르그손은 언제나 주어진 문제 자체를 시험하여 거짓 문제를 분리하는 데서 출발한다. 문제들은 항상 혼합된 상태로 주어진다. 그것은 문제를 구성하는 요소들이 이미 순수하지 못한 개념들로 되어 있기 때문이다. 철학자들은 사회적이고 실천적인 삶의 요구를 충분히 반성하지 않고 주어진 그대로에서 출발하는 경우가 대부분이다. 이를테면 모든 철학자들은 '사실'(fait)에서 출발하지만 그 사실 자체는 별로 분석의 대상이 되지 않았다.

사실이란 데까르뜨가 의식의 명석판명한 관념이라고 말한 것이든, 경험론자들이 직접적 감각경험이라고 한 것이든 모두 일종의 가정이며 충분히 반성되지 않은 것들이다. 바로 이런 측면에서 베르그손은 직관은 '반성'(réflexion)이라고 말하는 것이다(『사유와 운동』, 82). 합리론자들이 말하는 이성적 관념들은 형식적이고 선험적인 것인 한에서 자명성을 갖지만 바로 그런 이유로 경험적 사실에 구체성을 양보한다. 데까르뜨의 코기토나 본유관념 등의 이념은 훌륭하지만 그 추상성으로 인해 많은 후대의 학자들의 비판 대상이 되었다. 경험론자들의 감각은 어떠한가? 이미 앞장에서 많은 비판적 검토가 있었지만 그것은 무엇보다도 감각경험을 지나치게 지성화하여 마치 원자와 같이 불가분의 고정된 존재로 취급하는 데 문제가 있다. 베르그손은 이것을 '탈구된(désarticulé) 경험'이라고 부른다. 그것은 경험이 본래 가지고 있는 질서라고 할 수 있는 실재의 마디들(articulations)이 인위적으로 해체되고 다시 만들어진 경험이다. 마치 진짜 다리를 절단하고 의족을 달고 뒤뚱거리며 걷는 형상이라는 것이다. 이것은 사실 언어와 행동 및 사회적 삶에 적응하도록 만들어진 경험이다. 우리가 모든 경험을 '감각'이라고 부르는 순간 그 내적인 차이와 뉘앙스들은 무시되는 동시에 언어적 소통에는 적합하게 된다. 거기서 우리의 모든 직접적 경험은 사회와 맞닿은 표층자아의 요구에 맞게 변질되어버린다.

베르그손의 탈구되지 않은 경험, 순수하고 본래적인 경험, 한마디로 직접적 경험이라는 이념은 실재의 마디를 따르는 것이라는 점에서 플라톤의 이상을 빌려온 것이다. 플라톤은 "훌륭한 요리사는 뼈를 자르지 않고 고기가 본래 가진 결을 따라 자른다"라고 말한다. 이 결이란 바로 우리가 마디라고 표현한 것과 동일한 용어이다. 모든 사물에는 나름의 결이 있다. 나뭇잎의 결은 얼마나 정교한가? 식물만이 아니다. 모든 생명체는 고유한 구조를 갖는다. 물질도 예외는 아니다. 거기에도 우리가 인위적으로 적용하는 수학적 도식에 저항하는 무언가가 항상 있다. 플라톤은 이 저항하는 것을 '아낭케'(ananke)라고 불렀다. 단지 플라톤은 이 저항하는 생성의 세계를 이데아라는 항구적 형상으로 포착하는 것이 실재의 결을 따르는 것이라고 생각한 반면, 베르그손은 이데아의 추상성을 배격하고 아낭케 자체의 마디들을 찾으려고 하는 데 차이가 있다고 하겠다. 들뢰즈의 표현에 의하면, 플라톤은 여전히 초월적(transcendant) 원인에 의지하는 반면 베르그손은 내재적(immanent) 원인, 즉 직관의 무매개적 작용에 의지한다.

베르그손은 실재의 마디를 '사실의 선들'(lignes de fait)이라고 표현하기도 한다. 실재의 마디를 따르는 것은 동시에 사실의 선을 따르는 것이기도 하다. "경험론은 사물의 구조의 내적인 선들을 따르지 않은" 데 잘못이 있다(307). 합리론과 칸트조차도 경험의 감각적 본성 자체에 대해서는 의문을 제기하지 않는다. 단지 합리론은 그것이 진리의 조건을 충족시키지 못한다고 해서 무시하는 반면 칸트는 그것을 이미 감성형식 안에서 종합된 것으로 파악하고 지적 인식의 재료인 감각적 '현상'으로 격상시킨다. 또한 칸트의 비판철학은 지성의 형식으로부터 물질 자체의 본성에 도달할 수 있다는 합리론의 독단적 지성주의를 비판하면서 감성과 지성이라는 정신형식에 의존하는 것은 현상적 지식에 불과하다고 주장한다. 인식의 상대성과 물자체에 대한 불가지론은 근대 철학이 사실과 경험을 자의적이고 일면적으로 규정한 데서 도달하게 된 필연적 결과이다. 그렇다면 경험을 그 근원에서 파악할 경우 이러한 막다른 골목에 도달하지는 않을 것이다. 베르그손에 의하면 합리주의 철학자들이 출발한 경험은 유용성의 방향으로 굴절되면서 '인간의 고유한 경험'으로 전환되었다. 인간적 경험은 언제나 삶의 요구에 종속되어 있다. 직접적 경험은 인간적 경험의 조건을 넘어서는 지점에서 찾아야 한다. 칸트가 논증한 사변적 이성의 무력함은 바로 실용적 목적에 종속된 지성의 무능력에 지나지 않는다. 그렇다면 인식의 상대성은 결정적인 것이 아니게 된다. 그래서 베르그손은 다음과 같이 확신한다.

〔삶의〕 욕구들이 만들어낸 것을 해체함으로써 우리는 직관을 그것의 최초의 순수성 속에서 회복할 수 있을 것이고 실재와의 접촉을 다시 취하게 될 것이다.(308)

실용적 욕구들을 해체하는 지점에서 실재와의 접촉이라는 직관의 적극적 측면이 나타난다. 베르그손은 이 과정을 미분과 적분에 비유한다. 미분이란 혼합된 것으로 주어진 사실을 본래의 순수한 요소들로 분해하는 작업이고, 적분이란 그렇게 얻어진 요소들에서 진정한 사실을 구성하는 요소들을 가지고 "그것들 뒤의 어둠 속에서 펼쳐지는 실재의 곡선 자체를 재구성하는 일"이다. 이미 이러한 이념에 따라 베르그손은 첫 저서 『시론』에서 '강도'(intensité)라는 혼합된 관념을 양과 질이란 순수 요소들로 분해하였고, 동질적 시간의 관념을 지속과 공간으로 분해하였으며, 자유에 대한 두 가지 잘못된 견해(결정론과 비결정론)를 비판하고 지속의 직관에 기초하여 창조적 행위로서의 자유 개념을 이끌어낸다. 이 각각의 경우에서 두 종류로 분해된 요소들 중 질적 다양성, 지속으로서의 시간, 그리고 창조적 행위로서의 자유는 직관에 의해 진정한 사실을 구성하는 것들로 파악된 것들이다. 좀더 상세히 말하자면 실재의 요소는 질적 다양성과 지속으로서의 시간이며, 거기서부터 자유라는 복합적인 현상이 설명될 수 있다. 나아가 『창조적 진화』에서는 지속으로서의 시간에 기초하여 실재적 생성의 현상, 즉 생명과 물질의 진화라는 거시적 현상을 설명한다. 여기서 도입되는 대표적인 이분법은 지성과 본능이다.

이제 『물질과 기억』으로 돌아와 보면 이 책에서도 동일한 방법이 적용되고 있음을 잘 알 수 있다. 1장에서 나눈 순수지각과 기억(이미지) 혹은 지각과 정념, 2장에서 나눈 습관기억과 이미지기억, 3장에서 나눈 이미지기억과 순수기억이라는 요소들은 베르그손이 특유의 분해 방법으로 도출한 것이다. 이 책 전체에서 보자면 분해된 두 요소는 크게 순수지각과 순수기억이다. 나머지는 그 중간에 있는 다양한 단계를 표현한다. 여기서도 순수지각이 '권리적인' 것인 데 비해 순수기억은 직관에 의해 파악된 최종적인 요소이며 질적 다양성으로서의 지속의 개인적 보존 형태이다. 그러나 주목할 것은 순수지각은 생성의 세계로부터 매순간 행해진 순간적 절단면으로서의 물질계에 대한 표상이라는 것이다. 그것은 정신과 물질에 동시에 속하는 것이어서 이 절단면의 형식으로서의 물질을 지속이라는 생성의 세계에 연결해주는 지점을 보여준다. 이에 근거해 베르그손은 『물질과 기억』의 마지막 장에서 물질도 순수기억처럼 지속하는 본성을 가진다는 것을 보여주려 한다. 여기서 등장하는 이분법은 연장의 지각과 순수공간의 도식이다. 이 이분법은 이미 『시론』에서도 잠시 나타난 적이 있는 구분이지만 이제 생명체의 활동과 관련하여 훨씬 더 구체적으로 설명된다.

2. 실재적 운동

이 책 2장의 서두에서 우리는 운동과 변화, 생성의 의미에 대해 잠시 언급한 적이 있다. 이제 여기서는 주로 근대 이후의 운동 개념이 간략히 고찰된다. 그러나 베르그손은 이미 학위논문 제출 당시 부논문으로 「아리스토텔레스에 있어서 장소 개념」을 제출하였다. 여기서도 암암리에 아리스토텔레스의 운동 개념에 대한 비판을 전제하고 있다.

고대 그리스에서 운동이라는 말은 실재 세계에서 일어나는 변화 전체를 의미하였다. 우선 물체들의 이동운동에 관해서 아리스토텔레스는 자연적 운동과 강제적 운동을 구분하였다. 강제적 운동은 인위적 원인으로 일어나는 운동이며, 자연적 운동은 사물들이 각각의 본성에 따라 자연적 장소로 향하는 것이다. 예를 들면 4원소들 중 물과 흙은 아래로, 공기와 불은 위로 향하는 본성을 가진다. 그밖에 사물들의 질적 변화, 동식물의 성장도 운동으로 간주된다. 생물학자인 아리스토텔레스에게 운동이라는 현상의 모범은 생물의 성장이다. 그러나 근대 물리학의 탄생 이후 운동은 오로지 공간이동이라는 의미로 사용되었다. 이것은 수학적 계산 속에 들어오는 것만을 물리 세계의 전체로 보는 태도에서 유래한다. 베르그손은 이러한 의미가 가진 협소함 그리고 그로부터 파생하는 환상을 분석하면서 운동의 진정한 의미, 질의 변화로서의 실재적 운동을 이끌어낸다. 그러나 이것이 곧장 아리스토텔레스로 돌아가는 것을 의미하지는 않는다. 베르그손은 공간의 문제에 관해서는 아리스토텔레스의 자연적 장소 이론을 비판하는 근대 물리학 관점의 타당성을 부각시킨다. 단지 그것이 실재하는 공간이 아니라 지성적 인식의 도구라는 점에서 비판이 제기된다.

공간이동의 가장 단순한 예로는 나의 손을 A라는 지점에서 B라는 지점으로 옮기는 운동을 들 수 있다. 이 운동을 보는 관점에는 두 가지가 있다. 나의 시각에 나타난 외적 이미지의 관점과 나의 근육을 움직이는 내적 의식의 관점이다. 나의 시각에서 운동은 AB라는 선의 형태로 나타나며 나의 의식 속에서 그것은 단일한 행위로 나타난다. AB라는 선은 공간 속에 있는 점들의 자취이므로 복수적(가분적)이지만 나의 운동에 대한 의식은 시간 속에서 완성되는 불가분적 행위이다. 그러나 엄밀하게 말하자면 여기에서 선의 형태로 나타난 운동은 운동이라기보다는 공간적 자취, 즉 이미지에 불과하다. 선은 무한히 나눌 수 있지만 그렇다고 해서 운동을 나눌 수 있다는 말은 아니다. 운동을 나눌 수 있다는 것은 선의 임의의 점에서 운동이 멈출 수 있다는 것을 전제하는데, 그럴 경우 우리가 보는 것은 운동이 아니라 정지이다. 운동은 지나가는 과정이고 정지는 부동성이기 때문에 선의 형태로 표상된 운동은 진정한 운동이라고 볼 수 없다. 운동이 지나간 궤적(trajectoire)은 운동이 지나가는 경로(trajet)와는 다르다. 궤적은 공간상의 자취이지만 경로는 움직이는 과정 자체이다. 물론 우리의 감각 기관들은 운동을 인식할 수 있을지도 모른다. 우리가 운동을 공간적 궤적으로 환원하여 무한히 나눈 다음 재구성하는 일은 지성적 상상력이 하는 일이다.

게다가 우리는 공간상의 위치들을 시간상의 순간들로 대치한다. 손을 움직이는 운동은 나의 내적 의식에서는 시간적 과정으로 나타난다. 그런데 우리는 운동의 경로가 위치들로 나누어지는 만큼 지속의 흐름도 순간들로 나누어진다고 생각한다. 하지만 운동이 본래 나누어질 수 없는 것이라면 지속의 순간들도 역시 존재할 수 없다. 우리는 시간이 공간에 대칭적으로 존재한다고 생각하는 경향이 있어서 (선의 극한이 점이듯이) 지속의 극한을 순간들로 놓는다. 이렇게 해서 시간은 순간들의 합으로 재구성되는데, 이것이 베르그손이 『시론』에서 분석한 '공간화된 시간'이다. 결국 외적 운동이 공간적 위치들로 환원되지 않는 불가분적 과정인 것처럼 내적 지속도 순간들로 환원되지 않는 불가분의 전체이다. 베르그손은 이렇게 해서 순수공간과 공간화된 시간이라는 지성적 환상을 이끌어내고, 거기에 실재적 운동과 지속을 대치시킨다.

이런 환상은 제논의 역설에서 가장 극적으로 나타난다. 제논은 운동을 설명하면서 바로 위에서 지적한 두 가지 오류를 범하고 있다. 즉 운동을 공간상의 궤적으로 대치하여 무한히 분할 가능한 것으로 취급하고, 또한 운동자는 언제나 그 궤적의 임의의 점에서 정지할 수 있다는 것을 가정하고 있다. 그 결과 이분법의 역설에서는 운동자가 앞으로 나아가기 위해 무한히 중간 지점을 통과해야 한다는 주장이 나오게 된다. 아킬레우스가 한 발 앞선 거북이를 따라잡을 수 없다는 주장도 같은 논리에서 나온다. 세번째 역설인 '날아가는 화살은 정지해 있다'라는 주장도 화살의 궤적을 무한분할하고 그것의 임의의 점에서 화살이 멈춘다는 것을 가정할 때만 가능하다.

일상적으로 운동을 공간적 위치들의 합으로, 시간을 순간들의 합으로 보는 것은 행동과 소통의 필요성 때문에 생겨난 언어적 효과이다. 우리의 삶은 생성의 흐름을 나누고 고정하여 그것을 든든한 지반으로 만들 때 비로소 영위될 수 있기 때문이다. 마치 유동적인 액체를 굳혀서 벽돌을 만들어야 튼튼한 집을 지을 수 있는 것과 같다. 그러나 베르그손은 철학자의 의무는 이러한 일상적 삶의 욕구를 넘어서서 운동과 시간의 본성에 대해 사고하는 것이라고 한다. 철학자는 인간적 조건을 넘어서야 한다. 제논이 만들어낸 역설은 철학자에게 속한 의무를 게을리 하고 일상적 요구를 사변의 영역으로 옮겨 극단적으로 밀고 나가는 데서 유래한 결과다.

그렇다면 실재적 운동이란 무엇인가? 위에서 말한 공간상의 위치들의 합은 무엇보다도 기하학적 표상이다. 근대 의식철학의 창시자인 데까르뜨는 유클리드 기하학의 도형들을 좌표평면상에 재배치하는 해석기하학을 창안한 것으로도 유명하다. 그는 데까르뜨 좌표계라고 불리는 3차원 수직교차 좌표계를 고안하여 공간을 수학적으로 기술하고 점의 위치이동을 그래프로 표시하여 운동을 측정하는 길을 마련하였다. 이것은 자연의 운동을 수학화하는 지름길로 평가되었다. 그러나 아직 물질계에 적용되기 이전에는 점의 운동이 상대적이라는 것이 문제로 남아 있다. 흔히 x, y로 표시되는 수직교차 축들로부터 한 점에 이르는 거리를 위치라 하고, 운동은 이 거리의 변화로 정의되

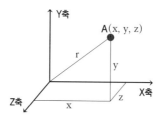

〈그림 14〉 데까르뜨 좌표계와 물체(A)의 위치

므로 점의 위치이동 즉 길이의 변화만이 운동으로 인정된다(그림 14). 그런데 이 거리 변화의 절대값은 점의 위치를 이동시키거나 축을 이동시키거나 똑같기 때문에 수학에서는 같은 점이 정지로 생각될 수도 운동으로 생각될 수도 있다. 즉 점의 운동은 상대적인 것이다.

그러나 물리학에서는 사정이 달라진다. 물리학은 수학을 적용하기는 하지만 우주 속의 구체적 변화를 고려한다. 이미 아리스토텔레스도 제논의 역설을 고찰하면서 수학과 물리학의 차이를 언급하였다. 그에 따르면 수학적으로는 무한분할이 가능하지만 물리적으로는 불가능하다. 제논의 역설은 수학적 무한분할 가능성을 물리학에 적용한데서 나타난 오류라는 것이다. 이와 유사한 문제점이 근대 물리학에서도 나타난다. 임의로 취해진 질점(point matériel, 질량을 갖는 물체가 위치한 점)을 상대적 관점에서 정지하는 것으로 놓든 운동하는 것으로 놓든 전체 속에서 변화가 일어난다는 사실은 부정할 수가 없다. 특수한 운동들을 상대적인 것으로 다루었던 데까르뜨도 운동 전체는 절대적인 것으로 간주하지 않을 수 없었다. 그 이유는 그가 운동을 기하학자의 입장에서 정의하고서는 물리학자의 입장에서 연구했기 때문이다. 베르그손은 수학적으로 볼 때 모든 운동이 상대적인 이유는 운동하는 것, 즉 운동자를 표현할 수 있는 수학적 상징이 없기 때문이라고 한다. 좌표축 내의 점은 위치만을 가지며 구체적 물체를 지시하지 않는다. 수학적 점은 단지 길이의 측정을 위해 구상된 것이다. 반면 물리학에서 다루는 질점은 물체의 실제 위치를 의미한다. 그러므로 그것이 운동한다면 정지로 취급할 수는 없을 것이다. 여기에 덧붙여 베르그손은 우리가 운동할 때 느끼는 의식은 허상이 아니라는 것도 강조한다. 의식현상도 환상으로 취급할 수 없는 실재적 사실을 구성한다는 것을 물리학자들은 잊고 있다.

그런데 물리학에서 운동을 수학에서처럼 단순히 위치이동(장소변화)으로 취급하는 것은 어려운 문제를 초래한다. 데까르뜨는 물질의 본성을 연장으로 정의하였는데, 이것은 물질이 공간과 동일시되는 기하학적 세계관에서만 의미가 있다. 이 경우 한 물체와 다른 물체가 구분되는 것은 그것들이 오직 공간 내의 서로 다른 위치를 점유하고 있기 때문이다. 데까르뜨의 상대적 운동체계에서 두 개의 물체가 어떻게 구분되는가 하는 것은 설명하기 어렵다. 그러기 위해서는 뉴턴처럼 절대공간을 인정해야만 한다. 장소들 간의 차이가 절대적인 것이 되어야 장소변화가 의미 있는 현상이 되기 때문이다. 뉴턴은 공간을 물질과 구분하여 무한하고 텅 빈 균일한 절대공간을 가정하고, 그 안에서 물체의 운동이 일어나는 것으로 생각하였다. 그런데 이 가설은 증명되지 않은 일종의 형이상학적 가정으로, 특히 라이프니츠에 의해 많은 비판을 받았다.

베르그손은 절대공간의 문제점을 라이프니츠의 생각을 빌려 다음과 같이 요약하고 있다. 라이프니츠는 절대공간 안에서는 왜 신이 현재와 같은 방식으로 물체들을 공간에 배열했는지(충족이유율)를 알 수 없고, 또한 식별 불가능한 두 개의 물체는 동일하기에 공간상의 다른 위치를 점할 수 없다(동일성 원리)는 두 가지 증명을 통해 뉴턴의 절대공간을 반박하고 있다. 베르그손에 의하면 하나의 장소가 다른 장소와 절대적으로 구별되기 위한 조건은 둘 중에 하나다. 하나는 장소들 자체에 질적 특성이 있어서 그 질에 의해 다른 장소와 구분되는 것이다. 이 경우에는 공간이 서로간에 이질적인 부분들로 구성되어 있어야 한다. 다른 하나는 (공간이 이질적이 아니라 동질적인 부분들로 이루어졌을 경우) 전체의 공간이 고정되어 있어서 한 장소가 전체와 맺는 관계에 의해 다른 장소와 구분되는 것이다. 이 경우에는 전체 공간이 유한해야 한다. 이 유한한 공간 안에서 서로간의 위치가 절대적으로 구분된다는 생각은 아리스토텔레스의 자연적 장소 이론에 가깝다. 물리학자는 이 두 가정 모두 받아들이기 어려울 것이다. 이 문제를 해결하기 위해서는 전자에서는 이질적인 부분들 밑에서 동질적인 공간이 기반을 이루고 있다는 가정이 필요하고, 후자에서는 유한한 공간의 경계에 다른 공간들이 더 존재한다는 가정이 필요하다. 양쪽 다 무한하고 동질적인 공간이라는 존재를 인정해야 가능하다. 그런데 이런 공간은 그 안에서 모든 장소가 상대적인 순수 기하학적 공간이 아닌가? 여기서 모든 장소는 다시 상대적으로 된다.

사실상 뉴턴은 절대공간을 신의 속성으로 간주함으로써 현실 세계와는 관련이 없는 것으로 생각하였다. 그는 경험 세계에서 계산할 수 있게끔 수량화된 공간을 제시하고 실제로 이에 따라서 운동을 수학적으로 측정하였는데, 이것은 데까르뜨의 상대공간을 물려받은 것이다. 그렇다면 수학과 달리 물리학의 입장에서는 운동이 실재적인 것이라는 사실을 여전히 설명해야 한다. 뉴턴은 실재적 운동이 어떤 힘으로부터 나온다는 점에서 상대적이지 않다고 주장한다. 그러나 그가 말하는 힘(F)은 질량(m)과 속도(가속도∶a)의 함수로 나타난다(F=ma). 속도(v)라는 것은 운동체의 운동량(p)에 속한다(p=mv). 근대 물리학에서 운동하는 사물은 질량으로서만 취급되며 아리스토텔레스식의 본질적 실체 개념은 거부된다. 그렇다면 두 공식이 보여주듯이 힘은 결국 운동에 종속되고 운동이 상대적이라면 그것도 상대적이 된다. 그럼에도 불구하고 이렇게 (상대적으로) 정의된 힘에서 절대적인 운동을 기초하려고 한다면 별 수 없이 절대공간의 가설로 돌아갈 수밖에 없다. 베르그손은 여기에 뉴턴의 모순이 있다고 본다. 논리적으로 볼 때는 매우 치명적인 오류이다. 그러나 뉴턴은 수학 공식들을 적용하여 실제 세계의 운동을 측정하는 길을 열었기 때문에 이러한 철학적 오류는 관대하게 받아들여지고 있을 뿐이다.

한편 라이프니츠는 힘이 그 자체로 독자적인 실체로 존재한다고 본다. 그는 '생동하는 힘'(vis viva)을 상정하여 물질의 운동은 그 힘의 변환으로 나타나는 결과라고 주장하였다. 이와 달리 내적인 힘을 주장하는 멘 드 비랑은 우리가 스스로 신체를 움직일 때 느끼는 근육적 노력의 감정이야말로 의식의 가장 명백한 사실이라고 주장한다. 그는 운동을 내적 힘의 발현이라고 보는 것이다. 물론 멘 드 비랑의 운동 개념은 물질의 외적 운동에는 해당하지 않는다. 베르그손은 앞에서 손을 움직이는 운동의 예를 들면서 거기서 외적 이미지와 내적 의식을 구분하였는데 멘 드 비랑이 말하는 노력의 감정은 운동의 내적 의식에 해당한다고 할 수 있다. 그러나 베르그손에게 내적 운동의 의식은 노력의 감정만이 아니라 지속하는 의식의 흐름 전체에 해당한다. 베르그손이 라이프니츠와 멘 드 비랑에게서 비판하는 것은 무엇보다도 운동은 외적이든 내적이든, 그 자체로서 실재성을 갖는 것이기 때문에 어떤 다른 원인(이 경우에는 힘)을 제시할 필요가 없다는 것이다.

베르그손에 의하면 실재적 운동은 무엇보다도 질적 변화이다. 그것은 근육적 감각 속에서 내적으로 파악되든 시각이나 촉각과 같은 외적 감각 속에서 파악되든 실제로 일어나는 질적 변화이다. 베르그손은 질적 변화의 예로 다음과 같은 예를 든다.

> 소리는 침묵과 절대적으로 다르며, 또한 어떤 소리는 다른 소리와 절대적으로 다르다. 빛과 어둠 사이, 색깔들 사이, 색조들 사이에서 차이는 절대적이다. 전자에서 후자로의 이행 역시 절대적인 현상이다.(328)

이러한 예들에서 운동(변화)은 결코 단순한 '관계'로 환원되지 않는다. 그렇다면 물체들의 운동은 어떨까? 우선 물체가 운동하거나 정지해 있다고 말하는 것은 그것이 고정된 윤곽을 가진 개별적 대상이라는 것을 함축한다. 아리스토텔레스의 자연학에서는 운동하는 존재자의 본성이 운동에 우선한다. 비록 플라톤에 반발하면서 개별자에 무게를 두었지만 개별자는 여전히 본질적 형상을 안에 포함하고 있다. 근대 물리학은 이 개별자의 본성을 거부한다. 앞서도 말했지만 개별자는 단순히 질량으로서 다른 요소들과의 관계 속에서만 존재한다. 베르그손은 개별자를 실체로 보지 않는 점에서는 근대 물리학의 입장을 수용하지만 운동이 단지 상대적이고 수학적으로만 표현되는 실재라는 점은 받아들이지 않는다. 그렇다면 "물질의 이러저러한 결정된 부분들에서 어떻게 위치 변화가 일어나는지를 아는 것이 문제가 아니라 전체 속에서 국면의 변화가 어떻게 이루어지는지를 아는 것이 중요하다"(328~329). 즉 우리는 언제나 부분(물체)이 아니라 전체에서 출발해야 한다. 부분들의 변화는 그때 비로소 의미 있게 파악될 수 있다. 그럼에도 불구하고 우리의 상식은 거꾸로 진행한다. 우리는 보통 독립된 물질적 대상에 기대어 운동을 설명한다. 이런 상식은 어디까지나 아리스토텔레스의 생각에 바탕을 두고 있다. 이제 베르그손이 어떻게 이러한 생각의 실용적 기원을 찾고 그것을 더 커다란 전체의 연속성 속에서 고찰하는지를 살펴보자.

3. 지각과 물체

실재 전체의 운동 속에서 물체는 어떻게 지각되는가? 베르그손은 감각질(qualité sensible)들의 연속성으로부터 시작한다. 왜일까? 그것이 우리에게 주어진 직접적 경험이기 때문이다. 『시론』에서는 의식 내면의 상태변화, 질적 흐름을 직접적 경험으로 제시한 바 있다. 이제 의식 외부 세계, 지각세계에서 나타나는 직접적 경험으로 향해보자.

> 하나의 물체, 즉 하나의 독립적인 물질적 대상은 우선 우리에게 성질들의 체계로 나타나는데, 거기서는 ── 시각과 촉각의 소여들인 ── 저항과 색이 중심을 차지하며, 다른 모든 성질들은 말하자면 이에 매달려 있다. …… 우리가 눈을 뜨자마자 우리의 시각장은 전체적으로 채색된다. 그리고 고체들은 필연적으로 인접하고 있기 때문에 우리의 촉각은 결코 진정으로 중단됨이 없이 대상들의 표면이나 모서리들을 따라가게 되어 있다.(329)

유사한 구절을 『창조적 진화』에서도 찾아볼 수 있다.

세계를 언뜻 보자마자, 심지어는 우리가 거기서 물체들의 경계를 정하기도 전에 우리는 거기서 성질들을 구분해낸다. 하나의 색이 다른 색에 이어지고 하나의 소리가 다른 소리에, 하나의 저항이 다른 저항에 부단히 이어진다. …… 이 성질들은, 분석해보면 각각 무한수의 작은 진동들로 분해된다. 거기서 진동을 보건 그것을 아주 다른 방식으로 표상하건 간에 한 가지는 확실한데, 그것은 모든 성질은 변화라는 것이다. 게다가 변화 밑에서 그 주체가 되는 사물을 찾는 것은 부질없는 일이다.(『창조적 진화』, 445~446)

베르그손이 감각질의 연속성에서 시작하는 데는 그가 탈구된 경험이라고 부른 것에 진정한 경험을 대립시키려는 의도가 있다. 따라서 근대의 감각이론과 아주 간략한 비교 고찰을 해보자. 경험론자들이건 합리론자들이건, 철학자들은 감각경험이 직접적 경험이라고 생각하지만 거기서 두 가지를 나눈다. 이미 갈릴레오와 데까르뜨, 로크 같은 근대의 학자들이 감각경험을 제1성질과 제2성질로 나누었다는 것은 잘 알려져 있다. 제1성질은 물체의 형태, 운동, 정지, 수와 같이 기하학의 대상이 되는 것들이다. 제2성질은 색, 소리, 맛, 냄새, 저항(촉각)과 같은 것들이다. 제1성질은 대상 자체에 속하고, 제2성질은 대상 속에 있는 어떤 힘이 나의 감각기관에 자극을 주어 나타난다. 여기서 두 가지를 주목하자. 로크와 같은 경험론자도 제1성질만이 대상의 참된 모습을 재현하며, 제2성질은 주관적이고 가변적이라고 생각하였다. 데까르뜨는 제1성질이 엄밀히 말해서 지성의 지각이지 감각에 속하는 것이 아니라고 하였다(가령 물 속에 잠긴 막대기의 휘어진 부분을 교정하는 것은 지성이지 감각이 아니다). 다시 말해 그것은 경험의 영역에 속하는 것이 아니라는 뜻이다. 한편 제2성질에 속하는 것들을 감각질이라고 한다. 게다가 로크나 흄에게 그것은 원자와 같이 고정된 성질이며 베르그손이 말하듯 서로 연속되어 구분할 수 없는 전체 속으로 용해되는 질적 흐름이 아니다. 이런 점에서 베르그손은 근대인들의 감각경험을 탈구된 경험이라고 보는 것이다.

그렇다면 이러한 감각질의 연속성 속에서 우리는 어떻게 개별적인 물체를 지각하는 것일까? 데까르뜨와 로크는 물체를 실체로 정의하였다. 전자는 '연장실체'라는 용어를, 후자는 '내가 모르는 어떤 것'이라는 표현을 사용하였다. 연장실체는 사실상 무한분할이 가능한 사물을 지시하므로 데까르뜨의 기하학적 세계관을 연장한 것이나 다름없다. 하지만 내가 모르는 그 무엇이라는 표현은 좀 억지스럽다. 감각에서 출발한다면 내가 모르는 그 무엇에 대해서는 언급이 불가능할 것이기 때문이다. 바로 이런 점을 비판하면서 버클리와 흄은 물질적 실체를 부정하였다. 사실상 우리가 앞에서 보았듯이 근대 물리학의 관점에 충실하다면 물질에 대해 실체라는 말을 하기 어렵다. 운동의 주체인 사물은 본질이나 실체가 아니라 질량으로서 속도나 가속도, 힘, 운동량과 같은 다른 요소들과의 함수 관계 속에서만 의미를 갖기 때문이다. 그래서 이 실체라는 표현은 아무래도 중세신학적 잔재라는 지적들이 많다. 특히 데까르뜨에서 그러하고, 로크는 그것을 특별한 의미 없이 단지 실재론을 유지하기 위해 사용하고 있다.

감각질의 연속성으로 되돌아오자. 모든 것이 모든 것과 연대하고 있으며 무한한 전체 안에서 연속되어 있다면 작은 변화도 만화경을 돌릴 때처럼 전체 안의 변화가 된다. 그런데 왜 우리는 전체는 정지하고 있는데 운동자만이 위치 이동을 하고 있다고 생각하는 것일까? 일단 운동자를 고정하기 위해서는 그것을 윤곽이 뚜렷한 사물로 인식할 수 있어야 한다. 즉 형태의 인식이다. 다음에 이 형태를 가진 사물이 다른 사물들과 구분되기 위해서는 수가 지각되어야 한다. 그렇게 윤곽지어지고 다른 것들과 구분되는 사물은 운동하거나 아니면 정지해 있을 것이다. 그런데 형태, 수, 운동, 정지는 바로 로크가 제1성질이라 부르고 데까르뜨가 지성의 지각이라 부른 것이다. 어느 쪽이든 그것들이 우리의 지적 인식을 구성하는 것이라는 데 이견이 없다. 베르그손은 바로 이 부분을 집중 공략한다. 그 기반은 지성의 실용적 기원이다. 감각질의 연속성으로부터 뚜렷한 윤곽을 분리해내고 전체의 운동 안에서 부분들의 운동에만 주목하는 것은 바로 삶의 필요성 때문이다. 생명체는 욕구를 가진 존재이며 그것을 충족시키기 위해 대상을 선별한다. 욕구와 그 충족 대상이라는 이원성은 감각질의 연속성에서 최초의 분리를 생산한다.

> 물질의 본성이 어떠하건 간에, 생명은 이미 거기에 첫번째 불연속성을 세울 것이라고 말할 수 있다. 이 불연속성은 욕구와 그것을 만족시키는 데 소용되어야 하는 것이라는 이원성을 표현하는 것이다.(331)

생명체는 행동을 통해 생명을 영위하고, 그것을 용이하게 하기 위해 대상들을 분리하며, 나아가 대상들이 존재하는 물질적 지대를 구성한다. 생명체가 느끼는 욕구야 분명한 것이지만 이로부터 행해지는 대상들의 분리와 구성은 순수인식의 관점에서 이루어지는 것은 아니다. 이 책 2장에서 본 것처럼 우리의 지각은 순수인식이 아니라 대상에 대한 '가능적 행동'을 반영한다. "우리의 욕구들은 모두 감각적 성질들의 연속성으로 향하면서 거기서 구분되는 대상들을 그려내는 빛나는 묶음들(faisceaux)이다"(332). 이 말은 생명체의 본성과 기원에 관련되는데,『창조적 진화』에서 더 명확히 설명되지만 여기서는 감각질들의 연속성 안에서 분리를 생산하는 측면에만 주목하고 있다.

우리의 욕구들은 이 연속성 안에서 한 물체가 재단되고, 그 다음에는 그것이 거기서 관계를 맺을 다른 사람들이나 대상들의 경계를 정한다는 조건에서만 충족될 수 있다. 감각적 실재성으로부터 이와 같이 절단된 부분들 사이에 전적으로 특별한 이러한 관계들을 세우는 것이야말로 우리가 삶이라고 부르는 것이다.(332)

우리는 여기서『앙띠 오이디푸스』의 '욕망하는 기계'들을 미리 보는 듯한 느낌을 갖는다. 물론 들뢰즈는 베르그손의 생명체를 더욱 잘게 분할하여 부분대상, 즉 기관-기계(machine-organe)들로 대치했다.

그것은 어디서나 작동하고 있다. 때로는 멈춤없이, 때로는 중단되면서. 그것은 숨쉬고, 뜨거워지고, 먹는다. 그것은 똥을 누고 성교한다. 그것이라고 불러버린 것은 얼마나 큰 잘못인가? 그것들은 어디서나 기계들인데 이 말은 결코 은유가 아니다. 접속되고 연접해 있는 기계들의 기계들이다. 기관-기계는 원천(source)-기계에 연결되어 있다. 하나는 흐름을 내보내고 다른 하나는 흐름을 절단한다. 유방은 젖을 생산하는 기계요, 입은 유방에 연결되어 있는 기계. …… 우리는 각자 자신의 작은 기계들을 가지고 있다. 에너지-기계에 대해서 기관-기계가 있고, 언제나 흐름들과 절단들이 있다.(들뢰즈·가따리, 『앙띠 오이디푸스』, 15)

『창조적 진화』에서 베르그손 자신도 지적하고 있지만 개체라는 것은 물질계에서는 물론 생명계 안에서도 명확한 구분이 아니다. 가령 지렁이를 절단하면 두 개의 개체가 된다. 고등동물에게도 생식은 개체성을 위협하는 현상이다. 따라서 개체는 고정된 실체가 아니라 단지 개체화되려는 경향을 가진 존재일 뿐이다. 들뢰즈는 이것을 극단적으로 밀고 나가서 생명체와 물체의 구분을 폐기하고 생명체들 내에서도 욕구에 따라 서로 다른 기계들이 존재한다고 말한다. 베르그손이 위에서 '빛나는 묶음들'이라고 표현한 욕구가 들뢰즈에서는 부분대상들, 즉 기관-기계들을 서로 가르는 기준이라 할 수 있겠다.

베르그손은 여기서 더 나아가 행동이 기반하는 일상적 형식을 순수인식의 영역으로 이전할 때 생기는 환상을 다시 지적한다. 앞서 보았듯이 근대 물리학조차도 개체를 실체화하지는 않는다. 실체화는 언제나 철학자들의 환상의 소산이다. 그러나 과학이 개체를 실체화하지 않는다고 해도 원자라는 나누어질 수 없는 요소를 상상하는 데는 또 다른 환상이 있다. 근대의 원자론은 사실 고대의 데모크리토스의 원자론을 계승하고 있는데, 거기서 원자는 고체처럼 단단한 것으로 서로 충돌함으로써 만물을 생산한다. 그런데 이 원자는 사실상 우리가 일상적으로 볼 수 있는 물체들을 그대로는 아니더라도 그 기본적인 작용을 간직한 채로 크기만 분할한 것이다. 따라서 베르그손의 다음과 같은 의문은 자연스럽다. "왜 우리는 고체적 원자를 생각하는가? 왜 우리는 충돌을 생각하는가?" 그것은 우리 일상적 삶에 가장 필요한 것이 고체들이기 때문이다. 대상이 단단하지 않고 '흐물흐물' 하거나 '푸석푸석' 하다면 우리는 그것에 영향을 행사할 수 없다. 끊임없이 형태 변화를 하는 물체, 만지면 오그라드는 물체를 상상해보라. 충돌에 의한 접촉 역시 고체적 대상을 다룰 수 있는 유일한 수단이다. 이런 실용적 이유가 아니라면 도대체 원자론의 성립은 불가해한 것으로 남게 된다. 사실 미립자라는 것이 있다면 그것이 무엇이건 간에 우리 인식의 한계 때문에 그것들의 운동을 그것 자체에 의해서 설명할 수는 없다. 우리는 일상적 물체들의 운동으로부터 유추하여 미립자들의 운동을 설명하는데, 이때 우리의 상상력은 언제나 작용과 반작용이라는 고체적 대상들의 충돌에서 벗어나지 못한다. 화학은 여전히 그런 방식으로 작업한다. 이처럼 근대 원자론은 상식을 좀더 멀리 밀고나간 것에 지나지 않는다.

그러나 이런 환상은 상식에서 조금만 벗어나도 금방 실체를 드러낸다. 고전물리학은 19세기에 와서 다양한 도전을 받는다. 베르그손은 그 근거로 맥스웰(J. C. Maxwel)의 전자기작용, 그리고 반데르발스(J. D. Van der Waals), 톰슨(J. J. Thomson), 패러데이(M. Faraday)의 이론을 차례로 제시한다. 전자기작용은 두 물체가 실제로 접촉하지 않아도 서로를 밀어내는 것을 보여준다. 또한 물질의 기본상태는 고체가 아니다. 반데르발스에 의하면 고체, 액체와 기체 상태에는 연속성이 있다. 한편 패러데이는 원자들을 '힘들의 중심' 혹은 '무한한 역선(힘의 노선)들이 교차하는 수학적 지점'이라고 말하는데, 이것은 원자들의 개별성을 부정하는 것이다. 그에 따르면 원자들은 "중력이 전개되는 공간 전체"를 점유하며, "모든 원자들은 상호침투한다". 근대 물리학에서는 원자들 사이에 인력이나 반발력이 있다고 간주하는데, 패러데이는 힘과 원자의 관계를 뒤바꾸어놓은 것이다. 톰슨은 압축 불가능한 유체를 가정하여 그것이 공간을 채우고 있으며 원자는 이 연속성 안의 소용돌이 운동 속에 용해된다고 한다.

이 이론들에서는 공통적으로 "힘이 물질화되고 원자가 관념화되며 …… 우주가 자신의 연속성을 회복한다"(335). 『물질과 기억』은 1896년에 출판되었는데, 만약 20세기 초반의 양자역학이나 파동역학이 좀더 일찍 알려졌다고 가정한다면 베르그손의 설명은 거기까지 연장되었을 것이다. 물론 어떤 식으로든 물질과 우주의 연속성에 대한 그의 통찰은 강화될 뿐 약화되지는 않을 것이다. 게다가 드 브로이(L. de Broglie)의 파동역학이 베르그손의 지속이론에서 영감을 얻은 것이라는 사실을 생각한다면 더욱더 그러하다.

감각질의 연속성에서 출발한 베르그손은 그 연속성을 분할하고 절단하는 상식의 사변적 적용인 근대 과학을 고찰한 후 19세기 물리학에 이르러 우주의 연속성을 재확인한다. 그는 소용돌이, 역선과 같은 상징들이 말하는 내용이 자신의 심리학적 분석의 결과인 흐름의 연속과 일치한다는 것을 강조한다. 물론 그것은 물리학에서는 상징들에 불과하다. 그러나 베르그손은 그 상징들의 의미를 다음과 같이 해석한다.

> 그것들은 구체적 연장을 가로질러 가면서 우리에게 긴장 또는 에너지의 변양(變樣), 교란, 변화를 보여준다.(337)

바로 다음 절에서 베르그손은 지속을 '긴장'이라는 용어로 설명한다. 이제 긴장의 변양들인 파동과 리듬이 등장한다. 그런데 이 인용문에서 보이는 것처럼 그것은 일종의 에너지의 변양들이기도 하다. 우리는 베르그손의 지속이론이 우주론으로 발전하는 데 가장 심층적인 영향을 준 것이 19세기 에너지 물리학이라는 점을 지적할 수 있다. 에너지 보존법칙(열역학 제1법칙)과 에너지 저하법칙은 에너지가 열과 일 그리고 전기 등으로 다양하게 변환될 수 있다는 것을 보여주었다. 에너지는 우주의 통화가 되었으며 에너지 물리학은 당시 과학자들이 고전역학에서 벗어나는 계기를 마련해주었다. 베르그손의 지속의 우주론은 이러한 시대정신에 민감하게 반응한 것이었으며 그 의미와 가치를 탁월하게 분석한 결과라고 볼 수 있다.

4. 지속의 긴장과 이완—파동과 리듬의 우주

앞에서 고찰한 실재적 운동과 물질의 연속성은 사실상 『시론』에서 발견한 지속 개념의 보완과 확장이라는 측면에서 중요하다. 우리는 첫째로 실재적 운동이 있으며 그것은 '질적 변화'라는 것을 보았다. 이것은 우리가 운동할 때 느끼는 의식이나 외적 감각들의 변화 속에서 볼 때는 명백하다. 공간이동으로 나타나는 외적 운동은, 뚜렷한 윤곽을 가진 사물이나 원자와 같은 고정된 요소를 가정할 때 가능하다. 그러나 이렇게 명확한 사물이나 요소는 우리 지각 또는 지성의 습관이 고정시킨 결과이다. 따라서 두번째로 주목해야 하는 사실은 운동의 주체로 가정된 분리된 물체들이 우주 전체 속에서는 '연속성'으로 나타난다는 것이다. 이것은 적어도 19세기 물리학이 물질의 본성에 대해 내린 결론이며, 우리의 외적 지각에서 나타나는 감각질의 연속성과도 모순되지 않는다. 이 두 가지 설명은 『시론』을 보충하면서 내적 의식에서 파악된 질적 흐름이라는 지속의 개념을 물질 전체로 확장하는 의미를 갖는다. 이제 지속은 내적 의식이나 외적 지각, 물질 자체에 공통적으로 존재하는 흐름이며, 각각은 긴장과 이완의 정도에 의해서만 차이를 갖는다는 지속의 일원론이 모습을 드러낸다. 이 입장을 정당화하기 위해서 우선 필요한 것은 감각질과 물질 사이에서 연속성을 재발견하는 일이다.

베르그손은 감각질이 갖는 질적 특성을 물질과 화해시키는 것으로부터 시작한다. 물질계의 운동에 대해서 우리는 그것의 양적 도식이 상징에 불과하고 그 자체로서 볼 때는 지속을 점하는 불가분적 변화라는 것을 앞서 여러 차례 설명한 바 있다. 감각과 물질을 질과 양이라는 대립되는 요소들로 놓을 경우 데까르뜨적 이원론이나 평행론에서 빠져나올 길이 없다. 따라서 베르그손은 감각질의 측면에서는 질과 양을 매개하는 파동의 개념으로, 물질의 측면에서는 연장과 공간을 매개하는 확장의 개념으로 감각질과 물질 사이의 거리를 좁히려 한다. 확장의 개념이 다음 절의 주제이고 이 절에서는 '파동'이라는 물리적인 개념을 철학적으로 발전시킨다.

베르그손은 감각질이 단지 주관적 상태에 불과한 것이 아니라 객관적인 무언가를 가지고 있다는 것을 다음과 같은 사례를 들어 주장한다. 우리는 보통 붉은색과 푸른색과 같은 확연한 차이뿐만 아니라 같은 붉은색 안에서도 색조의 차이에 따라 서로 다른 색상을 지각한다. 그것들 사이의 질적 차이는 우리에게 물론 절대적인 것으로 나타난다. 그런데 과학은 이 차이가 각 대상이 반사하는 빛의 파장의 길이 차이에서 기인한다는 것을 보여준다. 가령 적색 빛은 가장 긴 파장을 가지므로 파동의 수는 가장 적다. 그것은 1초 동안 대략 400조의 잇따르는 파동을 보여준다. 여기에 재미있는 수치가 있는데, 엑스너(F. M. Exner)라는 광학자는 우리가 의식하는 시간의 가장 짧은 간격이 천분의 2초라고 하였다. 따라서 빛의 한 파동이 다음 파동으로 넘어가는 간격을 인식할 때에도 이 시간이 걸린다. 그렇다면 만약 우리가 적색 빛이 1초 동안 보여주는 400조의 파동들을 순차적으로 지각하려면 얼마의 시간이 필요할까? 대략 2만 5천년이 걸린다고 한다. 이것은 물론 상상할 수 없는 시간이다. 엑스너가 제시한 시간이 옳든 그르든 어마어마한 시간이 걸린다는 것을 부정할 수 없을 것이다. 베르그손이 여기서 말하고자 하는 것은 우리 의식적 지각의 한계이다. 어떤 생명체든 세계를 인식하는 데 나름의 방식을 가지고 있는데, 그것은 동시에 일정한 한계 내에서 이루어진다. 이 한계들이 곧 한 종에 고유한 지각체계를 의미한다. 위에서 예를 든 빛의 파동과 관련해서 말해본다면 이 지각체계는 무한한 수의 파동을 한 종에 고유한 방식으로 고정해서 파악하는 기제이다.

베르그손의 가정을 계속 따라가 보자.

지각된 두 색의 환원 불가능성이 특히 우리[의식]의 한 순간에 그것들이 행사하는 수조의 파동들이 짧은 지속 안에 응축되어 있다는 사실에 기인한다고 생각할 수는 없을까? 만일 이 지속을 잡아 늘일 수 있다면, 즉 그것을 더욱 느린 리듬으로 살려낼 수 있다면, 우리는 이 리듬이 늦추어짐에 따라 색깔들이 연해지고, 아직 색이 있다 하더라도 잇따르는 인상들로 늘어지면서, 그러나 점점 더 순수한 진동(파동)들과 뒤섞이게 되는 것을 보게 되지 않을까?(339)

이것은 대체로 그럴듯한 가정이 아닐까? 물론 실제로는 검증할 수 없는 내용이다. 위에서 보았듯이 어마어마한 시간이 필요할 테니 말이다. 그러나 베르그손이 여기서 말하고자 하는 내용, 즉 "지각된 질들 자체가 내적인 연속성에 의해 상호 연결된, 반복되고 잇따르는 파동들로 해체될 수 있다"는 것은 다음과 같은 사례에서도 짐작할 수 있다. 가령 콘트라베이스가 매우 낮은 음계의 소리를 천천히 연주하는 것을 듣는다고 상상해보자. 우리가 평소에 듣는 음악보다도 훨씬 천천히 연주한다고 해보자. 도레미라는 멜로디의 '도' 음을 약 10초 동안 연주한다면? 그렇다면 우리는 도레미라는 멜로디를 도대체 하나로 연결할 필요성을 느끼지 못할지도 모른다. '도' 음 하나를 들으면서 현의 무수한 떨림을 지각하다 지쳐버릴 것이다. 이 현의 느린 진동, 그것이야말로 베르그손이 말하는 질의 해체 과정이 아니겠는가?

베르그손은 심지어 우리가 감각질들 뒤에서 그것들을 묶어주는 실체에 대해 믿는 것이 조금이라도 의미가 있는 것이라면, 가령 로크가 말하는 '내가 모르는 어떤 것'이라는 형태로나마 질들과 다른 무엇을 인정하고 싶다면 그것은 아마도 이러한 진동들, 떨림들, 파동들일 것이라고 말한다. 베르그손은 그것을 질의 객관성이라고 부른다. 그러나 이 객관성이라는 말을 오해하면 곤란하다. 그것은 외적으로 수량화될 수 있는 본성에 속한다는 의미가 아니라 오히려 질의 내면적 깊이를 보여주는 것이고 우리에게 그것이 생생하게 살아 있다는 느낌을 야기하는 것이다.

질의 객관성, 즉 질이 자신이 제공하는 것 이상으로 가지고 있는 것은, 바로 그것이, 말하자면, 자신의 유충 안에서 행사하는 막대한 양

의 운동들로 이루어질 것이다. 질은 표면에서는 펼쳐져 있고 부동적
이다. 그러나 그것은 심층에서는 살아 있고, 진동하고 있다.(341)

여기에서 유충이라는 말이나 살아 있다는 말은 문자 그대로의 의
미로 이해해서는 안 된다. 그것은 진동하는 실재의 모습을 비유적으
로 표현한 것에 지나지 않는다. 게다가 베르그손은 물질조차도 무수
한 순차적 진동으로 완벽하게 설명할 수 있다고 보았기 때문에 이 심
층적 차원에서는 정신과 물질의 구분, 질과 양의 구분이 무색하게 된
다. 과학이 객관적 수량화를 통해 성립된다면 그것은 이러한 지속의
진동에 기초를 둔다(347~348). 그러나 이 진동은 더 심층적 차원에
서 존재하는 것이어서 동질적 공간이나 시간과는 완전히 다르다. 그
것의 본성은 사실 『시론』에서 규정한 질적 다양체와 관련해서 설명되
어야 한다.

『시론』에서 베르그손은 수학자 리만의 생각을 빌려와 '질적 다양
체'와 '수적 다양체'를 구분하는데 이것은 똑같은 무게를 갖는 존재
의 두 측면이 아니다. 여기서 질적 다양체(multiplicité qualitative)는
지속하는 실재를 다른 방식으로 표현하는 것이고, 수적 다양체는 공
간화된 실재, 지성이 파악하는 대상 세계의 도식이다. 질과 양의 구분
에서 '진짜'는 언제나 질의 쪽에 있다. 따라서 질이야말로 지속과 동
등한 무게를 갖는 존재론적 규정이다. 그러나 사실 질은 겉으로는 부
동적이고 고정된 것으로 나타난다. 이 점에 주목하여 베르그손은 이
제 질보다 더욱 심층적인 진동과 파동의 세계를 드러내 보여준다. 이
것은 질적 다양체라는 생각을 포기했다기보다는 그것을 좀더 심층적

으로 정의하는 것이라고 보아야 한다. 감각질의 세계가 아무리 유동적이라고 하더라도 우리가 거기서 고정된 색깔, 소리, 맛 등을 구분하는 것은 질의 외양이 어느 정도 그러한 구분을 하게끔 안정적이기 때문이다. 우리는 『차이와 반복』에서 들뢰즈가 이 생각에 의지하여 질과 양의 발생을 '강도' 개념으로 다시 추적하는 것을 볼 수 있다(『차이와 반복』, 510~511).

　　지각된 두 색의 환원 불가능성을 설명하는 앞서의 인용문에도 나와 있듯이 베르그손은 안정적 질의 발생을 설명하기 위해서 '수축'(contraction) 또는 '응축'이라는 개념을 도입한다. 지각된 두 항들이 서로 다른 것으로 나타나는 이유는 "한정되지 않은 이 다양체가 순간들을 분절하기에는 지나치게 좁은 지속 속에서 수축될 수밖에 없는 필연성에 기인한다"(342). 여기서 한정되지 않은 다양체는 본래 질적 다양체를 의미하는 것이지만 이제 그것의 본성을 무한한 파동들로 설명하고 있다. 다양체의 구성소인 파동들은 시간 속에서 무한히 진행되지만 우리 의식은 그것을 순간 속에서 포착한다. 순수지각은 이 무한한 생성 속의 순간적 절단으로 이루어진다는 것을 상기하자. 그러나 이것은 어디까지나 원리적 차원이고 우리가 그것을 아무리 짧은 시간 속에서 포착한다고 해도 현실적으로 이 순간은 일정한 지속을 점하고 있다. 지속하는 우리 의식 속에서 지각된 파동들은 우리 지각 체계의 구조에 따라 '수축'될 수밖에 없다. 지각의 고정성은 바로 수축이라는 무의식적 행위에 기인한다. 앞에서 보았듯이 1초 동안 진동하는 적색 빛의 진동수는 약 400조에 달하지만 우리에게 그것이 하나의 고정된 빛깔로 나타나는 것은 우리 의식의 수축작용에 기인한다.

지각하는 것은, 요컨대 무한히 펼쳐진 한 존재의 막대한 기간들을 더욱 강렬한 삶의 더욱 구분된 몇몇 순간들로 수축시키는 것으로, 그렇게 해서 매우 긴 역사를 요약하는 것으로 이루어진다. 지각한다 는 것은 고정한다는 것을 의미한다.(347)

그렇다면 이와 같은 수축작용 자체는 어디서 유래하는가? 우리 는 앞에서 각 생명종들에는 고유한 지각체계가 있으며 그것은 감각질 을 각 종의 방식으로 수축하게 한다고 말한 바 있다. 베르그손에 의하 면 우리의 의식이 체험하는 지속은 특정한 '리듬'을 갖는다. 각 종에 는 고유한 리듬이 있다. 우주의 무한한 파동들은 생명종들의 고유한 리듬에 의해 서로 다른 방식으로 수축되어 나타난다. 게다가 자연 속 에는 우리의 고유한 수축과 무관하게 무한수의 진동들, 파동들이 잇 따르고 있다. 그것은 물론 수량화될 수 있는 완벽하게 동질적인 지속 은 아니다. 우리는 그것을 상상할 수조차 없다. 그러나 우리가 동질적 시간이라는 환상에서 벗어난다면 "지속의 유일한 리듬은 없으며" 자 연계에는 무수한 지속의 리듬이 있다는 것을 짐작할 수 있다. 천체의 운동이나 기상 현상, 무엇보다도 생명체들의 삶은 이러한 리듬을 잘 보여준다. 베르그손은 이 다양한 지속을 "비동등한 탄력을 갖는 지속" 이라고 표현하면서 그 각각이 "의식의 긴장이나 이완의 정도에 필적 하는 것"이라고 한다. 결국 지속은 의식의 긴장과 유사한 원리에 의해 우주 도처에서 다양한 리듬을 산출한다.

그러나 이것은 물론 지속 자체가 본성상 다른 다양한 리듬들로 분해된다는 말이 아니다. 이 다양한 리듬들은 모두 지속을 구성하며 지속의 상이한 모습을 드러낼 뿐이다. 『창조적 진화』에서는 지속을 의식과 생명, 물질이라는 세 종류로 크게 한정하고 있지만, 사실상 어떤 측면에서 보는가에 따라 물질에도 다양한 리듬이 있을 수 있기 때문에 지속의 다양한 리듬이라는 생각이 모순되는 것은 아니다. 이 내용은 존재론의 어려운 분야와 관련되는데, 들뢰즈는 『베르그손주의』의 4장에서 이 부분을 매우 공들여 설명하고 있다. 베르그손은 나중에 『지속과 동시성』에서 "하나이고 보편적이며 비인격적인 시간"을 결정적인 것으로 제시하지만, 그렇다 해도 의식과 물질, 생명을 구분하거나 일반적으로 변화를 설명할 때는 언제나 긴장과 리듬이라는 생각으로 되돌아온다. 그것만이 부분적 변화와 전체의 지속이라는 생각을 연결해줄 수 있기 때문이다. 베르그손이 "변화는 도처에 있다. 그러나 그것은 심층적으로 존재한다"라고 말하거나 "단순한 장소의 변화는 자신 안에 우주적인 변형을 응축하고 있다"라고 말할 때가 바로 그러하다(349).

5. 구체적 연장과 동질적 공간

다시 감각질과 물질이 어떻게 연결되어 있는지를 설명하는 문제로 되돌아오자. 앞에서는 감각질이 자신 안에 무수한 파동들을 포함하고 있다는 사실로부터 물질의 현상과 감각현상이 접근할 수 있는 길을 보여주었다. 이제 물질 역시 어떤 면에서 감각적인 것과 공통적인 부분을 가지고 있다는 것을 보여주어야 한다. 이것은 물질이 연장을 점하고 있다는 사실로부터 설명된다.

앞에서 우리는 물체들의 윤곽이 절대적인 것이 아니며 물질은 전체 우주 속에서 하나로 연결되어 있다는 견해를 19세기 과학과 더불어 소개했다. 이때 물질의 연속성이란 좀더 자세히 말하자면 구체적인 연장적(étendu) 특성이다. 물질은 특정한 공간을 점하고 있는데, 이 공간은 수학적인 순수공간이 아니라 언제나 감각질과 하나로 뒤섞인 질적 공간이다. 사실 이 내용은 우리가 감각질의 연속성을 설명할 때 제시한 것과 같은 사례로부터 설명될 수 있다. 가령 색깔은 구체적 공간 속에서 연속적으로 펼쳐져 있는데, 이때 색깔이라는 속성과 연장됨이라는 속성은 선명하게 구분되지 않는다. 데까르뜨와 로크는 이

색이라는 성질로부터 연장을 구분하고 연장을 물질의 고유한 성질로 보았는데, 이에 대해 버클리가 색과 연장을 과연 구분해서 지각할 수 있는가를 물은 것은 정당하다. 이 점에서 베르그손은 버클리를 높이 평가한다. 다만 그렇다고 해서 색과 연장 모두 주관이 가진 관념들로 축소한 것은 버클리의 잘못이다. 베르그손은 감각질과 연장 모두 주관이 아닌 객관세계에 속한 것으로 본다. 단지 거기에 의식이 가한 수축작용으로 인해 그것들이 우리에게는 '주관적'인 것으로 파악되는 것뿐이다. 그러므로 주관과 객관의 차이는 수축과 이완, 또는 긴장과 이완의 차이에 지나지 않는다. 바로 이런 이유로 베르그손은 지각과 물질 사이에 부분과 전체의 차이 혹은 정도 차밖에 존재하지 않는다고 말하는 것이다.

베르그손은『시론』에서 이미 구체적 연장과 순수공간을 구분하고 있다. 이 구분은 거기에서 아주 본질적인 구분이기도 하다. 구체적 연장은 직관적이고 본능적으로 느낄 수 있는 공간적 특성이다. 베르그손은 동물의 뛰어난 공간감각을 예로 든다. 학자들에 따라서는 이것마저도 지성의 역할로 규정하는 사람들이 있다. 하지만 대체로 자기(磁氣)현상이나, 후각 그리고 전파감지 능력 같은 것이 구체적으로 거론되면서 동물의 공간감각을 지성(이 경우는 지능) 자체라고는 볼 수 없다는 것이 알려졌다. 단지 우리 인간은 동물에게서 볼 수 있는 공간 감각이 부족하기 때문에 장소를 찾아갈 때도 본능보다는 기하학적 추론에 더 의지한다. 이 능력은 기하학적 사고를 가능하게 하는 추상적 능력이고 인간 지성의 가장 빛나는 부분을 구성한다. 따라서 동물이 느끼는 공간은 질적이고 구체적인 연장이며 인간이 추론하는 공간은 양적이고 추상적인 공간이다. 여기에는 분명한 차이가 있는데, 우리는 보통 인간적 관점에서 모든 연장을 순수기하학적 공간인 것처럼 해석한다. 공간과 연장, 물질과 감각질에 관한 모든 착각이 여기서 비롯한다.

그렇다면 대상의 윤곽을 뚜렷하게 구분하는 우리 인간들의 행위는 공간적 사고의 산물이라고 할 수 있다. 물론 동물도 대상의 윤곽을 파악한다. 감각질들이 본래 연속적이라고 해도 어느 정도의 구분이 있는 것은 사실이다. 이 구분은 연장 자체가 가진 질적 특성, 곧 파동과 리듬의 우주에서 기인한다. 거기에 각 생명종이 가진 지각체계가 감각질의 파동을 수축시킴으로써 나름대로 구분되고 정돈된 세계를 구성하는 것이다. 마투라나와 바렐라에 따르면 생명체와 환경의 상호작용으로부터 하나의 세계가 창출(발제, enaction)된다(바렐라, 『인지과학의 철학적 이해』, 269). 이것이 곧 지각세계이다. 그러나 인간이 지각세계에서 나타나는 구분을 기하학적인 방식으로 선명하게 고정하는 것은 지성의 작용이다. 이때 지성이 사용하는 도식은 순수공간 혹은 동질적 공간이다. 동질적 공간은 무한한 분할을 가능하게 하는 기반이다. 실재를 임의로 분할하기 위해서, "우리는 구체적 연장인 감각질의 연속성 아래 무한히 변형할 수 있고 무한히 줄어들 수 있는 그물망을 깔아놓아야만 한다. 이렇게 단순히 사유된 기체, 임의적이고 무한한 분할의 이상적인 도식이 바로 동질적 공간이다"(350).

데까르뜨는 이러한 공간을 물질과 동일시하고 수학과 물리학이 하나로 통합된 합리적 세계를 구상하였다. 반대로 버클리는 공간이 촉각적 경험이라고 주장하면서 그것이 다른 여러 감각들 간의 관계를 맺게 해준다는 점에서 질적 경험의 일부라고 보았다. 한편 칸트는 데 까르뜨에 반대하여 순수공간이 합리적 본성을 갖지만 외부세계에 존 재하는 것은 아니며, 버클리에 반대하여 공간은 질적 경험이 아니라 고 한다. 그는 공간과 시간을 감성적 인식능력의 본질적 조건으로 봄 으로써 시공을 내면으로 가져왔다. 공간은 우리가 감각적 다양성(감 각질)을 받아들여 정돈하고 질서를 지우는 내적 형식이다. 베르그손 은 앞선 철학자들에 대한 비판과 공간의 관념성에 대해 칸트에 동의 하는 면이 있지만, 칸트가 공간은 감성의 형식이 아니라 지성의 형식 이라고 보았던 점과는 차이가 있다. 이 차이는 상당히 크다. 베르그손 의 공간은 칸트가 지성의 범주들이라고 한 것보다도 더 근본적이기 때문이다. 그것은 인간의 추상하는 능력, 구분하고 소통하는 능력과 같은 모든 지적인 능력의 배후에 있다.

베르그손은 철학사에서 나타난 대표적인 입장들이 다다른 오류 는 공간의 관념에 대한 잘못된 인식에서 유래한다고 본다. 그는 역동 론과 기계론, 칸트 그리고 영국 관념론과 과학주의적 실재론을 예로 든다. 우선 역동론은 라이프니츠의 힘의 형이상학 그리고 기계론은 갈릴레오, 데까르뜨, 뉴턴 등의 수리물리적 철학을 말한다. 라이프니 츠도 수리물리학을 했지만 그의 철학을 지배하는 더 높은 원리는 힘 의 형이상학이다. 『물질과 기억』의 출발점인 이미지들의 세계로 잠시 돌아가 보자. 이미지들의 세계는 지속하는 흐름의 우주에서 우리가 매순간 행하는 절단으로부터 나타난 순간들의 세계이다. 역동론은 이 런 세계에서 나타나는 대상들, 즉 생명체와 물체들 중에서 생명체를 모범으로 하여 이미지들의 질적 본성을 주장한다. 물질계는 힘이나 자발성, 의지와 같은 질적 특성의 결핍 혹은 타락으로 설명된다. 라이프니츠가 물질을 '잠자는 정신' 혹은 '순간적 정신'이라고 말한 것은 유명하다. 그는 뉴턴의 절대공간에 반대하고 공간이 '사물들(모나드들) 간의 공존의 질서', 즉 사물들 간의 상대적인 위치관계만을 나타낸다고 본다. 반면 기계론은 이미지들의 세계에서 물체들의 수학적 특성을 모범으로 하고 감각과 같은 질적 특성을 주관적 성질로 간주한다. 기계론자들은 공간이 실재한다고 보는데, 공간이 사물의 운동에서 배경이 되든(갈릴레오, 뉴턴) 물체와 하나가 되든(데까르뜨) 간에 그것은 기하학이 작동하는 배경이 된다.

이와 같은 대립에도 불구하고 역동론도, 기계론도, 심지어 칸트조차도 공간을 사변적인 것, 즉 순수인식과 관련된 것으로 보는 점에서는 공통적이다. 베르그손이 지적하는 합리주의 철학의 근본 오류는 언제나 공간의 문제와 직결되어 있다. 공간은 순수인식의 기반이라기보다는 "실재의 움직이는 연속성에 받침을 확보하고, 거기에 행동의 중심을 고정하는" 실용적 기원을 가진다(352). 우리는 행동을 목적으로 실재의 연속성을 고정하고 다수로 분할한다. 동질적 공간은 이러한 고정과 분할의 원리이고 우리가 구체적 연장들 밑에 던지는 '그물망'이다. 이처럼 우리가 사물을 대체로 구분해서 인식하는 활동의 기원은 생물학적인 것이며, 그것을 순수공간의 도식에 의해 기하학적 형상들로 명확히 구분하는 것은 인간에 특유한 것이다. 그러나 인간적 기원 역시 생물학적인 것임은 말할 나위가 없다.

이제 영국 관념론과 과학주의적 실재론으로 넘어가 보자. 영국 관념론은 버클리의 입장을 가리키는 것으로 특히 연장의 지각과 관련하여 철학사적으로 중요한 내용을 보여주고 있다. 버클리는 우리가 오직 촉각으로만 물질적 대상이 가진 구체적 연장성을 파악할 수 있다고 하였다. 실제로 우리가 손으로 물체를 만져볼 때 그것이 가진 3차원적 성질을 알 수 있다. 그런데 촉각이 아닌 다른 감각은 어떤가? 확실히 소리나 냄새, 맛에서 공간적 특성을 느끼기는 어렵다. 그렇지만 시각은 그렇지 않다. 우리는 눈으로도 물체가 차지하고 있는 연장을 파악할 수 있다. 예를 들면 사과의 동그란 모양 속에서 매끈하거나 울퉁불퉁한 면은 빛과 함께 나타나는 음영을 통해 파악할 수 있다. 이와 같이 사물이 가진 입체감은 촉각의 도움을 받지 않아도 우리 눈에 들어오는 것 같다. 그러나 버클리 그리고 나중에 프랑스의 경험론자 꽁디약은 촉각만이 가장 확실하게 입체감을 지각하며, 시각은 촉각과 연합하는 습관을 무수히 들인 다음에 비로소 그것을 파악할 수 있다고 주장한다.

베르그손은 여기에 의문을 제기한다. 만약 시각이 본래 아무런 연장적 특성을 갖지 않는다면 어떻게 연합이 가능한가? 만약 촉각만이 공간지각을 단독으로 할 수 있다면 청각이나 후각, 미각과 마찬가지로 시각도 아무리 오랜 연합 습관을 들인다 해도 공간지각을 한다는 것은 불가능할 것이다. 시각에 이미 고유한 연장적 감각이 있기 때문에 촉각과 결합한 후에 더 명확해지는 것이 아닌가? 무엇보다도 눈으로 파악하는 평면도 공간지각의 일종이다. 베르그손 말대로 "표면이 표면으로 지각되는 것은 3차원 공간과 달리 될 수가 있겠는가?"(358) 우리가 앞에서 보았듯이 영국 경험론자들이 증거로 채택한 것은 의사 체슬든의 백내장 수술로 시각을 찾게 된 선천적 시각장애인

소년의 사례이다. 이 소년은 눈을 떴을 때 크기와 거리 등 공간지각을 하지 못했으며 따라서 멀리 있기 때문에 작게 보이는 물체와 가까이 있어서 크기 보이는 물체들의 크기를 비교하지 못했다. 그러나 그는 점차 새로운 세계에 적응하면서 공간지각을 하게 되었다. 경험론자들은 그가 차츰 시각과 촉각의 연합습관을 발달시켰다고 설명하겠지만 여기에 대해 프랑스의 계몽주의자 디드로는 시각 자체도 처음에는 작동하기 위해 얼마간의 훈련을 필요로 한다고 주장했다. 시각 이미지들 자체가 서로간에 조화되기 위해 시간이 필요하다는 것이다. 게다가 베르그손 당대의 심리학자들인 윌리엄 제임스, 뒤낭 등도 이와 같은 견해를 보여준다. 따라서 베르그손은 시각에 고유한 연장적 인식을 인정해야 한다고 말한다.

촉각만이 공간지각을 한다고 해도 버클리에게는 또 다른 문제가 있다. 촉각과 시각을 일치하게 해주는 원리가 무엇인가 하는 것이다. 이 점에서 과학주의적 실재론(통속적 실재론)은 다음과 같은 상식적인 해답을 내놓는다.

이 책의 2장에서 말한 것처럼 베르그손 당시의 과학주의는 둘로 나뉜다. 유물론의 입장은 공간 속의 운동들만 인정하면서 감각들에 대해서는 부대현상설을 주장한다. 여기서 감각들은 일종의 '인광'들처럼 뇌수의 분자운동들로부터 부차적으로 느껴지는 것이다. 평행론은 공간 속의 운동, 즉 분자운동이 심리적 상태들로 번역된다고 본다. 양자에는 정확하게 상응성이 있다고 가정된다. 그러나 유물론이든 평행론이든, 문제는 공간적 운동과 감각들 간에 아무런 상응하는 원리가 있을 수 없다는 것이다. 『물질과 기억』에서 베르그손이 처음부터 계속 비판하는 것은 바로 이 부분에서 대부분의 철학적 입장들이 일종의 기적에 의지하고 있다는 사실이다. 버클리의 관념론은 감각적 성질들 사이, 특히 촉각과 나머지 감각들 사이의 공통점을 인정하지 않으며, 데까르뜨나 로크의 실재론은 연장과 감각적 성질들을 아주 다른 것으로 놓는다. 그런 이유로 서로 다른 것들을 이어주기 위해 독단적 가정이 생겨난다. 게다가 베르그손은 영국 관념론과 과학주의적 실재론 사이에 무의식적으로 작동하고 있는 공통점이 있다고 본다. 실재론자들이 상상하는 빈 공간 안에서 서로 밀고 충돌하는 원자들은 촉각에서 가장 추상적이고 순수한 성질을 객관화한 것이다. 서로 접촉하고 충돌하는 단단한 고체적 특성만이 실재의 모습이라고 보았다는 점에서 관념론이나 실재론은 닮아 있다. 이것은 앞에서도 보았듯이 행동하기 위해 단단한 지반을 요구하는 생물학적 필요성에 부응하는 착각이다.

따라서 베르그손은 촉각에 특권을 부여할 이유가 없다고 본다. 촉각은 다른 감각들과 더불어 감각질들의 연속성을 구성하며 이 감각질은 연장과 분리되지 않는다. 다시 말해 모든 감각은 연장적 성질을 띠고 있다. 칸트도 공간이라는 내감의 형식에 의해 모든 감각들이 정돈된다고 본 점에서 감각들이 차별없이 연장에 참여한다고 보았다. 그러나 그가 말하는 형식으로서의 공간은 구체적 연장과는 전혀 다르다. 그것은 기하학의 배경이 되는 순수공간이다. 그가 선험적 종합판단의 모범으로 제시한 것이 바로 수학이고 그것은 형식으로서의 공간 안에서 선험적으로 인식된다. 이처럼 기하학을 모범적 인식으로 보는 철학자들은 예외없이 선험적 공간을 주장한다.

구체적 연장, 즉 감각적 성질들의 다양성은 공간 안에 있는 것이 아니다. 우리가 이 감각적 성질들의 다양성 안에 놓는 것이 바로 공간이다. 공간은 실재적 운동이 자리 잡는 지반이 아니다. 반대로 공간을 자신의 아래에 놓는 것이 바로 실재적 운동이다.(362~363)

베르그손의 이 말은 공간이 선험적이라는 생각을 그 발생에서부터 포착한 것이다. 존재하는 것은 연장된 감각질의 다양성이며, 공간은 차후에 우리 인간에 의해 그 밑에 있다고 가정되어 세계를 기하학적으로 인식할 조건이 된다. 『창조적 진화』에서는 이러한 공간이 어떻게 생명 진화 속에서 형성되는지를 탐구하고 있다. 인간의 지성은 공간적 사고와 더불어 비약적으로 발전한다. 공간은 실재적 연장들 속에서 보이는 모호한 윤곽들, 물질의 운동(파동)이 보여주는 경향들을 지성적 상상력이 극단으로 밀고 나가는 데서 성립한다. 과학은 이런 의미에서 실재의 운동을 반영하고는 있으나 그것이 가정하는 공간은 어디까지나 지성의 산물이다. 그러나 우리는 표현상의 이점과 물질적 삶의 요구에 종속되어 존재하는 것을 공간적인 것, 부동적인 것으로 가정하고 정지와 운동의 순서를 '역전' 시킨다. 제논의 역설이 보여주는 모순들은 여기서 기인한다. 운동을 공간이동과 동일시하는 모든 합리주의 철학도 마찬가지다. 이런 철학들에서 공간 내의 운동과 의식 내의 감각들은 결코 뛰어넘을 수 없는 거리 속에서 서로 낯설게 남아 있다.

6. 정신과 신체의 관계

이제까지의 논의는 우주론적이고 존재론적인 내용이지만 정신과 신체의 관계를 보기 위해서도 중요하다. 심신문제는 그것들이 서로 연결되어 있으면서도 어떻게 구분되는가를 보여줄 때 풀릴 수 있다. 이것은 존재 자체의 연속성에서 어떻게 구분이 이루어지는가 하는 존재론적 문제와 크게 다르지 않다. 지금까지의 논의를 간추리면 세 가지 차원으로 구별할 수 있다. 첫번째는 파동과 리듬의 세계, 두번째는 감각질과 연장의 세계, 세번째는 순수공간의 세계이다.

　우리가 직접 경험하는 세계는 두번째 감각질과 연장의 세계이다. 이 두 가지는 서로 혼합되어 있고 나눌 수 없으며 연속적이다. 이 연속성을 나누는 것은 우리 지각의 실용적 목적 때문이라는 것을 이미 보았다. 이 지각의 구분 혹은 절단이라는 작업에 받침의 구실을 하는 것이 순수공간이다. 순수공간은 비록 실재하는 것은 아니지만 지성이 대상을 (상상 속에서) 임의로 나누고 재구성할 수 있게 해주는 무한분할의 도식이다. 그것은 우리의 지각과 사고에 너무도 뿌리 깊이 박혀 있어서 칸트가 그것을 감성의 형식이라고 한 것도 무리가 아니다. 우리는 베르그손의 철학을 칸트의 입장과 간략히 비교해보기로 한다. 베르그손은 근대 합리주의와 끊임없이 대결하는 가운데 자신의 입장을 수립했기 때문에 어쩌면 근대 철학의 완성자로 불리는 칸트의 인식론적 구도는 베르그손의 세계를 이해하는 데 도움이 될 수도 있다.

칸트의 구도에서 공간과 시간은 감성형식으로서 대상을 지각할 때 이미 기본틀로 작용한다. 그렇게 해서 형성된 것이 감성적 현상이다. 이것은 베르그손에게서 감각질과 연장의 세계에 해당하지만, 칸트의 감성적 인식은 그 연속성에 대한 인식이 아니라 그것을 뚜렷한 대상들로 구분하는 인식이다. 베르그손의 입장에서 비판하는 것은 칸트에게서는 시간이 공간에 종속되어 그 본래적 역할을 하지 못하고 있다는 것, 그리고 공간은 감성만이 아니라 지성의 형식이기도 하다는 것, 마지막으로 공간은 선험적이고 순수한 인식형식이라기보다는 삶의 실용적 성격에서 기인한 인간적 선입견의 도식이라는 것이다. 그런 의미에서 그것은 형식보다는 이념에 가깝다. 여기서 우리는 이성의 불가피한 환상을 지시하는 '이념'이라는 용어를 칸트의 변증론에서 빌려왔다.

그러나 베르그손과 칸트에게서 한 가지 공통점을 주목할 수 있다. 그것은 칸트가 말한 인식형식이라는 것이 인간에게 고유한 것이기 때문에 다른 생명체들은 세계를 다르게 볼 수 있다는 것이다. 이런 이유로 칸트의 인식론을 인간상대주의로 평가하는 경우가 있다. 베르그손의 경우에도 감각질과 연장의 세계를 각 생명체가 가진 지각체계에 의해서 다르게 파악할 수 있기 때문에 지각은 어떤 의미에서는 생물학적 구조에 상대적인 '현상'이다. 오직 인간만이 순수공간의 작용으로 절대적 윤곽을 갖는 물체들을 구분한다는 것도 역시 유사하다.

　물론 중요한 차이점이 있다. 칸트에게서는 물자체와 현상 간의 구분이 뚜렷하기 때문에 인식이 현상에 국한되는 한에서는 분명한 상대주의적 함축이 있다. 게다가 물자체는 인식이 불가능하며 그 존재를 가정하는 것도 일종의 모순이다. 베르그손의 경우에는 감각질의 내부에서 진동하는 우주, 파동과 리듬의 세계야말로 물질 자체라고 할 수 있다. 그러나 이 파동의 세계에서 감각질의 세계에 이르기까지 단절은 존재하지 않는다. 감각질은 파동과 리듬의 우주가 각 생명종의 지각체계, 즉 그것이 가진 고유한 '긴장' 또는 '활력'에 의해 수축되어 나타난 것이다. 반대로 우리가 파악하는 감각질이 무한히 느린 리듬으로 이완된다면 그것은 물질 자체의 운동에 가까워진다. 수축과 이완이라는 용어들은 정도 차이만을 가지고 있어서 물질의 내적 파동으로부터 그것이 표면상 나타난 감각질까지 죽 연속되어 있다는 것을 보여준다. 이와 같이 지속의 긴장이나 이완이라는 관점에서 물질을 바라보게 되면 물질은 불가해한 것이 아니며 우리 의식의 지속과도 절대적으로 다른 것은 아니다. 바로 그렇기 때문에 순수지각 속에서 의식은 부분적이나마 물질과 절대적으로 일치할 수 있게 되는 것이다. 이처럼 베르그손은 순수지각을 강조하면서 영국 관념론과 칸트의 상대주의를 동시에 논박하고자 한다.

　〈도표 16〉의 비교가 보여주는 것은 표면적인 유사성과 차이에 지나지 않는다. 진정한 차이는 칸트의 구도가 공간적 차원에서 성립하는 반면 베르그손의 구도는 시간적 차원에서 성립한다는 것이다. 공간적 차원은 대부분의 철학이 서 있는 지반이다. 사유의 요소들이 완

〈도표 16〉 베르그손과 칸트의 구도 비교

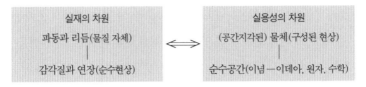

실재의 차원		실용성의 차원
파동과 리듬(물질 자체)	⟷	(공간지각된) 물체(구성된 현상)
감각질과 연장(순수현상)		순수공간(이념—이데아, 원자, 수학)

이 도표에서 수직선(│) 표시는 연속되어 있다는 것을 의미한다. 파동과 리듬이 감각질과 연장이라는 현상으로 되는 첫 지점에서 순수지각이 성립한다. 베르그손이 말하는 실재의 차원은 칸트에서는 불가지의 세계이다. 파동과 리듬의 세계가 물자체라면 감각질과 연장은 '감각적 잡다'에 해당한다. 또한 칸트에서는 구성된 현상인 물체 지각이 인식의 전체이고 순수공간이 그 형식이 되지만 베르그손에서 그것은 실용성의 차원을 절대화한 것에 지나지 않는다. 특히 순수공간은 칸트식으로 말하면 변증론에서 이념의 역할을 하는 것이고 이데아, 원자, 수학도 순수공간 위에서 성립한다.

벽하게 서로 배제하는 장을 전제하고 그에 따라 개념들을 절대적으로 구분하고 개념이 지시하는 대상을 확고하게 지정하는 철학, 무엇보다도 원자나 관념 같은 부동의 실체를 인정하는 입장……. 이런 철학들에서 시간은 아무 역할을 하지 않는다. 현상은 오직 궁극적 원소들 혹은 감각적 다양성에 형식이 가해져 단번에 구성되고, 시간은 단지 현상들이 순차적으로 배열되는 장에 지나지 않는다.

　파동과 리듬에서 감각질과 연장으로 이어지는 지속의 존재론에서 물질과 지각은 엄격하게 구분되지 않는다. 순수지각 속에서 정신은 이미 물질에 접하고 있다. 감각질과 연장은 정신의 수축에 의해 나타난다. 이 점에 착안하면 정신과 신체의 관계를 해명하는 문제도 어느 정도 실마리가 잡힐 것이다. 심신문제를 공간적 차원에서 해결하려고 해서는 안 된다. 그럴 경우 데까르뜨의 이원론이나 평행론, 부대현상설 같은 이율배반들에 빠지게 된다. 거기에는 정도 차가 없이 절대적 차이만 있다. 그러나 베르그손은 물질과 정신 사이에 무한한 정도 차를 인정한다. 뿐만 아니라 물질의 파동에서도 여러 리듬을 인정한다. 파동하는 우주는 시간 속에서 다양한 리듬으로 무한히 흐르는 우주이다. 궁극적 입자와 같은 것을 인정하지 않는 베르그손에게 존재하는 것은 오직 파동과 리듬뿐이고 이것들로부터 다양한 현상들이 생겨난다. 마치 보이지 않는 기체로부터 액체, 고체가 생겨나는 것과 같다. 우리는 이미 드 브로이 이전에 완벽한 물질파의 개념으로 세계를 설명하려는 시도를 볼 수 있다.

그러나 베르그손은 정신이 물질과는 분명히 구별된다고 한다. 그것은 시간의 본성을 다른 방향에서 끝까지 추적할 때 나타나는 존재이다. 그런데 물질과 정신을 둘 다 시간적 본성을 가진 것으로 놓았을 때 그것들의 구별이 과연 절대적인 것일 수 있을까? 이런 이유로 『창조적 진화』에서는 방향의 차이만을 갖는 두 운동, 해체하는 운동과 생성하는 운동으로 이 둘을 규정한다. 게다가 베르그손은 물질이 그 전체로 볼 때는 "그 안에서 모든 것이 평형을 이루고 보완되고 중화되는 어떤 의식처럼 존재한다"고 한다(366). 지속의 관점에서 볼 때 물질의 부분들이 서로 미세한 면까지 영향을 미치는 하나의 열린 전체를 이루기 때문에 바로 이런 의미에서 그것은 '의식'과 유사한 방식으로 존재한다는 의미다. 그렇지만 그것은 상당히 균일한 방식으로 진동하기 때문에 진정한 의식과는 다르다.

따라서 베르그손이 물질과 정신이 다르다고 했을 때 그 의미를 파악하는 것이 중요하다. 정신은 단지 서로 중화되고 균형을 이루는 파동이 아니다. 물질이 균일하게 반복되는 파동이라면 정신은 수축하는 활동이다. 자신의 과거와 현재를 엄청난 긴장으로 수축시키고 또한 물질의 파동을 자신의 방식으로 수축시키는 정신이야말로 진정한 시간의 요리사가 아닌가? 그런데 물질의 파동과는 다른 방향으로 운동하는 이 정신의 활동을 기억(mémoire)이 아니라면 무엇으로 부를 수 있을까? 물질의 운동은 끝없는 진동이고 떨림이지만 그것은 계속적인 반복에 지나지 않는다. 반대로 이 진동을 수축하는 정신은 어느 정도 자유롭게 창조하는 존재이다. 베르그손은 정신이 절대적으로 자유로운 존재라고 말하지 않는다. 자유는 정도 혹은 등급을 가지고 있다. 정신이 물질의 운동에 삽입되어 그것을 삶을 위해 응축하는 만큼 자유의 실현은 여러 수준과 정도로 나타날 수밖에 없다. 그러나 정신과 물질은 둘 다 시간적 본성을 가진 존재들인 만큼 시간 속에서 서로 결합할 수 있다. 단지 물질은 과거를 반복할 뿐이며 정신은 과거를 '기억'하고 보존한다. 과거의 기억이야말로 미래를 위해 새로운 것, 즉 차이를 만들어낼 수 있는 기초가 된다.

> 만일 물질이 과거를 기억하지 못한다면, 그것은 물질이 과거를 끊임없이 반복하기 때문이다. …… 그러나 다소간 자유롭게 전개되는 존재는 매순간 새로운 어떤 것을 창조한다.(371)

부록

| 부록 1 |
이미지의 어원과 베르그손의 이미지 개념

이미지의 어원과 철학사적 변천

이미지는 프랑스어로는 '이마쥬'라고 발음하지만 우리는 이미 외래
어 표기로 낯익은 영어식 발음을 사용하기로 한다. 베르그손이 이미
지로부터 존재론을 시작하는 것은 매우 특이하다는 느낌을 줄 것이
다. 전통적인 관점에서 볼 때 이미지라는 말은 존재론과는 어울리지
않기 때문이다. 플라톤은 후기 저작『소피스테스』에서 우리가 사는 세
계, 즉 현상계를 영원한 원본(pattern)의 세계, 즉 '이데아'(Idea)계를
모방한 모상(模像)으로 본다. 우리에게는 '시뮬라크르'에 대한 들뢰
즈의 분석으로 잘 알려져 있는 텍스트이다.『티마이오스』에는 데미우
르고스라는 신이 진리의 세계인 이데아계를 본으로 해서 이 세계를
제작했다는 신화적 설명이 등장한다. 결국 진리의 세계와 현상계는
원본과 모상의 관계이다. 모상은 그리스어로 '에이돌론'(eidolon)이
라고 하는데 그림자 또는 거울에 비친 상과 같은 의미를 가지고 있다.
우상을 뜻하는 영어 아이돌(idole)의 기원이기도 하다. 즉 모상은 진

실을 감추는 허상이라는 의미를 갖는다고 할 수 있다. 이미 용어 사용에서 플라톤은 진리와 현실 간의 위계를 설정하고 있다. 우리가 사용하는 이미지라는 말도 플라톤적인 의미에서의 모상과 유사한 면이 많다. 실제로 프랑스어에서는 모상을 이미지로 번역한다. 그렇다면 이미지들의 존재론이란 허상의 존재론이 될 것이다. 고대 그리스 철학에서 진정한 존재, 즉 실재란 움직이지 않는 것, 생성소멸하지 않으며 영원히 동일하게 남아 있는 것을 지칭하기 때문에 허상의 존재론이란 모순적인 용어가 될 수 있다.

이미지라는 말의 좀더 직접적인 어원을 알아보자. 플라톤은 『소피스테스』에서 모상을 둘로 나누는데 하나는 '에이콘'(eikon)이고 다른 하나는 '판타스마'(phantasma)이다. 에이콘은 대상의 형태를 실제와 비슷하게 나타내는 도상(圖像)인데 현대의 아이콘(icon)이라는 용어가 여기서 유래한다. 단순히 복사물이라는 뜻을 가진 에이콘은 이데아계를 곧바로 모사한다고 간주되어 현상을 설명하는 데 적합한 것으로 승격된다. 한편 판타스마는 시뮐라크르라고도 불리는데, 복사물을 다시 복사한 것이며 우리 기억 속의 심상을 의미하기도 한다. 이것은 이데아가 본래 가지고 있는 특성을 변질시키거나 왜곡시킬 위험을 안고 있다. 따라서 플라톤은 우리를 현혹시키는 판타스마로부터 에이콘을 잘 구별해내는 것이 올바른 인식이 된다고 본다.

그러나 아리스토텔레스에 와서는 조금 사정이 달라진다. 이데아는 사실 플라톤이 만든 용어이고 당시 그리스의 일상어에서는 사물의 본질적 특성을 '형상'(eidos)이라고 한다. 플라톤의 이데아 개념을 비판하는 아리스토텔레스에 의하면 형상은 이데아계에 따로 존재하는 것이 아니고 구체적 사물들의 내부에 있다. 우리는 감각을 통해 사물들의 형상을 인식한다. 한편 판타스마는 감각을 통해 우리 안에 들어온 외부대상의 형상이 기억으로 남아 있는 흔적, 즉 심상을 지시하기도 한다. 일상어에 충실한 상식의 철학자 아리스토텔레스는 플라톤과 달리 판타스마에 적극적인 의미를 부여한다. 그는 심상들을 토대로 지성적 인식이 형성된다고 보는데, 이런 심상이라는 의미의 판타스마가 중세에 라틴어 '이마고'(imago)로 번역되었고, 이것이 이미지라는 말의 직접적 기원이다.

근대로 넘어오면서 사정은 좀더 복잡해진다. 이데아와 판타스마두 용어는 중세를 거쳐 갖가지 우여곡절 끝에 근대 철학의 중요한 개념들로 자리 잡는다. 데까르뜨는 의식의 깊은 곳으로 들어가서 우리가 가장 직접적으로 알 수 있는 것을 '관념'(idea)이라고 불렀는데 이말은 단어 자체에서 드러나듯이 이데아 또는 에이도스에서 유래한다. 그러나 같은 용어이면서도 내용은 완전히 다르게 쓰이고 있다. 이데아나 형상이 우리 밖의 대상이 가진 본질적 특성을 의미하는 반면 관념은 우리 마음속에 있는 대상, 즉 '표상'(representation)을 의미한다. 표상은 대상을 마음속에서 재현한다(represent)는 뜻으로 관념보다 나중에 쓰인 말이다. 그것은 관념과 거의 같은 의미로 사용되지만 좀더 구체적인 뉘앙스를 가질 때는 마음속의 상, 즉 이미지를 의미하기도 한다. 아무튼 관념과 표상은 둘 다 어떤 내외적 원인으로 마음에 나타난 것이고 우리가 알 수 있는 최초의 대상이라는 점에서 인식의 기초단위라고 할 수 있다. 그러나 마음속에서 생각하고 상상하는 것들이 밖에 있는 대상을 충실히 반영할 수는 없듯이 관념은 이데아나 형상에 비해 유동적이고 허약한 것이 되었다.

　그러면 관념은 정확히 무엇을 지칭하는가? 데까르뜨와 로크는 우리가 인식하는 내용을 수학적 성질과 감각적 성질로 나누어 관념이 이 두 가지를 다 포함한다고 본다. 게다가 그들에 의하면 수학적 성질은 대상의 본질을 반영하고 감각적 성질은 오류의 가능성을 내포한다. 엄밀히 말하면 전자는 플라톤이 말하는 지성적 인식이고 후자는 플라톤이 무시한 감각적 인식이다. 이런 점에서 데까르뜨는 여전히 플라톤의 영향을 받고 있다. 플라톤이 이데아를 설명할 때 가장 모범이 되는 예는 수학적 성질들이다. 데까르뜨나 로크도 대상의 수학적 성질은 불변적이고 고정적이며 확실한 인식이라고 보았던 것이다. 반면에 감각적 성질들은 외부대상의 객관적 특성을 반영하지 않고 마음에 의해 변질될 수 있다는 면에서 이미지에 가깝다. 이미지는 인식의 재료는 될 수 있지만 불완전한 것이어서 그 자체가 인식은 아니다. 가령 형태의 관념이나 표상은 우리에게 어느 정도 공통적인 본성을 지시하지만 붉은색의 이미지는 내가 가진 구체적 이미지를 뜻한다. 내가 갖는 이미지와 다른 사람이 갖는 이미지는 대상과 상관없이 다를 수 있다.

　아무튼 이렇게 관념이라는 말이 지적이고 감각적인 두 가지 의미로 혼용된 것은 데까르뜨와 로크가 마음에서 출발하면서도 외부사물이 존재한다는 것을 확신하는 실재론자들이기 때문이다. 현대적 용어로 말하면 의식내재성에서 출발하면서 의식초월적(외적) 세계에 대해 언급하는 모순을 범하고 있는 것이다. 경험론자인 로크에게 이 모순은 더 크다. 왜냐하면 경험론은 의식에 주어진 것은 오직 감각경험일 뿐이라고 주장하기 때문이다. 경험론에 충실한 버클리는 감각경험에만 충실하다면 논리적으로 외부에 대상이 존재한다는 것을 알 수 없을 것이라고 결론지었다. 우리가 알 수 있는 것은 감각 또는 감각의 종합인 지각(perception)뿐이다. 고로 존재하는 것은 지각들이다. 이렇게 되면 관념이라는 말은 대상의 실재성을 반영하는 것이 아니라 주관적 이미지와 같은 것이 되고 버클리는 주관적 관념론으로 기울어진다. 게다가 이때 이미지는 외부사물이 존재하고 그것의 반영이라는 의미에서의 그림자나 거울상이 아니라 확고한 근거가 없이 마음속에 떠오르는 상을 의미한다. 그렇다고 해도 데까르뜨에서 버클리에 이르면서 관념이라는 말이 사물의 본성에서 마음속의 상까지 다양하게 지칭하게 된 것은 확실히 아이러니라고 하지 않을 수 없다. 관념은 고대 철학에서 실재와 현상을 분리하기 위해 사용된 이데아나 형상에서 판타스마에 이르기까지 거의 모두를 포함하게 되었기 때문이다.

그러나 고대 철학과 근대 철학의 가장 큰 차이는 우리가 외부 사물을 직접 인식할 수 있는가, 그렇지 않은가 하는 문제에 관련된다. 이데아나 형상은 사물의 본질을 직접 드러내는 것이고 우리는 정신 안에 있는 이성에 의해 투명하게 그것들을 인식할 수 있다. 그러나 관념이나 이미지는 마음이라는 매개를 통해서만 나타난다. 에이돌론이나 판타스마는 대상이 있고 그것의 복사물이라는 의미에서 이차적인 것이지만 관념이나 이미지는 대상과 관련이 없이 혹은 대상을 반영하는지 아닌지를 정확히 알 수 없는 상태에서 마음속에 일어나는 일차적 표상이다. 실재론자들이나 관념론자들에게도 이 사정은 마찬가지다. 따라서 실재론자들의 과제는 대상과 관념이 어떻게 일치할 수 있느지를 증명하는 것이고, 관념론자들은 이 과제를 무시했기 때문에 종종 비판을 면치 못하게 되었다.

그러면 오늘날 우리의 상식에서 관념과 이미지는 어떤 관계를 가지고 있을까? 관념이 정신 쪽에 가깝다면, 이미지는 불완전하긴 하지만 좀더 생생하다는 점에서 어느 정도 사물 쪽에 가까운 것으로 보인다. 대체로 관념에서 표상으로 그리고 이미지로 감에 따라 추상성에서 구체성에 더 가까워진다. 베르그손은 바로 이러한 측면을 강조한다. 즉 이미지는 정확히 대상의 실체를 지시하는 것은 아니지만 마음속의 관념만도 아닌 중간적 위치에 있다는 것이다. 버클리의 관념론은 모든 것을 마음속의 지각(관념)으로 환원한 면에서 지나친 입장이고 데까르뜨나 로크는 마음에서 출발하면서도 우리 마음 밖에 대상이 실재한다는 것을 주장한 데서 근거가 약한 독단적 입장이다. 게다가 이원론자인 데까르뜨는 정신의 본성은 사유이고 사물의 본성은 연장, 즉 순수한 수학적 특성이라고 보았기 때문에 정신과 사물 간에 넘을 수 없는 벽을 놓았다. 반대로 버클리는 주관의 세계에 머물렀기 때문에 외적 세계에 적용되는 물리학의 성공을 설명할 수가 없었다.

한편 칸트는 수학과 물리학의 확실성을 설명하기 위해 실재론과 관념론을 비판하고 양자를 종합하는 통일적 관점을 제시한다. 그는 우선 데까르뜨나 로크가 실체라고 부른 사물 자체는 우리가 알 수 없는 것이고 감각과 지성이라는 두 가지 능력은 우리에게 나타난 현상에만 관련된다고 하였다. 현상은 우리가 알 수 있는 것의 전체이지만 버클리가 말하듯이 주관적인 것은 아니다. 왜냐하면 우리의 감성과 지성은 모두에게 공통된 선험적 능력이기 때문이다. 따라서 우리는 공통된 인식체계를 가지고 있고 서로 소통할 수 있다. 자연과학의 성공도 이러한 현상의 차원에서 설명될 수 있다. 베르그손이 볼 때 칸트의 문제는 인식을 현상으로 제한한 데 있다. 애초에 물질을 데까르뜨와 버클리가 주장하는 두 대립된 지점의 중간에 위치시켰다면 칸트의 비판은 불필요했을 것이라고 그는 추측한다.

그런데 우리에게 나타난 것으로서의 칸트의 현상은 베르그손이 말하는 이미지와 어떻게 다른가? 얼핏 보기에는 칸트의 현상도 베르그손의 이미지처럼 관념과 물질의 중간에 위치한 것처럼 보인다. 그러나 중요한 차이가 있다. 베르그손은 관념과 이미지 그리고 물질 사이에 정도 차만 있다고 본다. 그래서 물질은 현상이나 이미지의 배후에 있는 어떤 실체가 아니다. 칸트는 이것을 '사물 자체(물자체)'라고 부르고 우리 인식능력으로는 접근할 수 없는 것이라고 했다. 그러나 설령 우리가 알 수 없는 것이라 하더라도 그 존재를 가정하는 것 자체가 독단적일 수 있다. 베르그손의 이미지론은 모든 독단론을 부정하면서 시작한다.

베르그손의 이미지 개념

그러나 베르그손의 이미지는 그보다 더 심층적 개념인 지속(durée)으로부터 이해되어야 한다. 지속을 설명하는 맥락은 다양하지만 여기서는 운동과 관련해서 살펴보기로 하자. 운동하는 물질로서의 이미지들은 고전물리학의 세계이다. 고전역학에서 물질의 운동은 위치이동(locomotion)으로 정의된다. 위치이동은 양적 계산이 가능하고 수학적 법칙으로 설명할 수 있는 상당히 좁은 의미의 운동이다. 그러나 근대 철학자들은 수학적 법칙 안에 포섭되는 세계를 물질의 세계라 하고 이것을 합리적으로 이해할 수 있는 세계의 모습 전체로 보았다. 이러한 입장이 곧 기계론적 세계관이다. 그러나 고대 그리스에서 운동은 훨씬 폭넓은 의미를 가지고 있다.

아리스토텔레스는 『영혼론』에서 운동을 네 가지로 분류하였는데 그것은 장소 이동, 질적 변화, 양적 증가와 감소이다. 양적 증가는 동식물에 있어서는 성장을 말한다. 곧 운동은 현상계에서 일어나는 모든 생성소멸과 변화의 양태를 아우르는 개념이다. 생성소멸과 변화는 시간 속에서 일어난다. 더 정확히 말하자면 그것은 시간 속에서 일어난다기보다는 그 자체가 시간적인 현상이다. 파르메니데스는 시간적 본성으로 인하여 자기동일성을 유지할 수 없는 이 모든 운동과 변화를 진정한 존재로 볼 수 없다고 하여 환상으로 내몰았다. 플라톤은 운동과 생성을 존재가 아닌 것, 즉 비존재(me on, non-being)라고 했다. 참존재는 영원의 세계에서 자기동일적으로 있는 원본, 논리적이고 수학적인 본성을 가진 것, 보편적 성질들이다. 이렇게 해서 가지적(intelligible) 세계와 감성적(sensible) 세계라는 두 세계의 분리가 이뤄진다. 감각적이고 변화하는 것들은 원본의 복사, 영원성의 타락으로 간주된다. 운동·변화를 참존재, 즉 실재(reality)로 취급하지 않는 전통은 이렇게 시작된다.

그러나 우리의 상식으로는 변화하는 것들이 더 구체적이고 더 가깝게 느껴진다. 우리는 그것들을 존재하지 않는다고 말할 이유가 없다. 이런 맥락에서 상식을 선호한 철학자 아리스토텔레스가 개별적이고 감각적인 것들의 운동·변화에 대한 적극적인 설명을 시도한 것은 철학사에서 잘 알려진 내용이다. 그러나 아리스토텔레스에 와서도 상황은 크게 나아지지 않는다. 개별적인 것들은 형상과 질료로 이루어져 있는데, 본질은 언제나 형상 쪽에 있다. 개별적인 "이것, 이 사람"은 형상이라는 고정적 본질을 가지고 운동하는데, 이때 운동은 본질의 실현이다. 형상이라는 가능태가 현실화되는 과정이 운동이다. 이런 면에서 위치이동조차 질적 변화로 이해된다. 아리스토텔레스의 예를 들면 아래로 떨어지는 돌은 아래로 내려가려는 자신의 본성을 실현하는 것이다. 이처럼 운동은 언제나 운동하는 존재자의 본성에 종속되어 있고 그 본성이란 플라톤의 이데아처럼 불변의 자기동일성인 것이다. 고정불변하는 것에 대한 그리스인들의 신념으로 인해 아리스토텔레스에서도 운동은 이차적인 것이 될 수밖에 없었다.

이 생각은 운동이 불가능하다는 것을 논증한 파르메니데스의 제자 제논의 역설에서 극적으로 나타난다. 예를 들어 제논이 "날아가는 화살은 정지해 있다"라고 말할 때 그는 화살의 운동을 순간적 정지점들의 합으로 보고 있다. 무수한 정지점들의 합이 운동을 구성한다면 결국 운동은 정지와 동일하게 된다. 그러나 이것은 잘못된 가정을 가지고 있다. 만약 화살이 어느 순간에 정지한다고 하면 그것은 더 이상 운동이 아니다. 고무줄을 A지점에서 B지점으로 늘이는 경우에 이 늘어남이라는 과정을 정지점들로 분해할 수 있을까? 화살의 운동은 고무줄의 늘어남과 마찬가지로 불가분의 과정이다. 이처럼 운동을 고정적인 사유와 언어로 재구성하려는 그리스인들의 경향을 두고 베르그손은 "사물의 진행 앞에서 그들은 사유와 언어가 취하는 태도를 잘못되었다고 하기보다는 사물의 진행이 잘못되었다고 보는 편을 택했다"
고 말한다(『창조적 진화』, 463).

베르그손의 지속은 그리스적 의미에서 포괄적으로 이해된 변화
와 운동이다. 그러나 그것을 실재하는 것으로 본다는 점에서는 그리
스적 사고방식을 넘어선다. 수학이나 논리학과 같은 추상의 세계를
제외하고 우리가 감각하는 모든 성질들은 사실 끊임없는 변화들로 이
루어져 있다. 변화 아래에서 변화하는 주체를 찾는 것은 세계에 대한
논리적 재구성에 지나지 않는다. 예를 들면, 우리가 붉은 꽃을 지각할
때 이 꽃의 붉은색은 사실 수많은 파동으로 이루어져 있다. 이에 따라
무수히 많은 붉은색의 뉘앙스들이 나타나지만 우리는 그것들을 간단
히 통일하여 붉은색이라고 부른다. 여기에 언어의 고정시키는 역할이
있다. 색과 같은 감각뿐만 아니라 물체의 안정된 외양 아래에도 무수
한 소립자들의 운동이 있다는 것은 현대 과학이 잘 드러내주고 있다.
그러나 우리는 사물이 고정된 형태를 가지고 있다고 믿고 있고 변화
가 상당히 두드러져 현저하게 눈에 띌 때에야 형태가 변화했다고 생
각한다.

실제로 변화는 헤라클레이토스가 흐르는 물에 비유한 것처럼 그
렇게 균일하지는 않다. 거기에는 질적으로 다르고 강도나 속도의 면
에서도 다른 다종다양한 변화들이 있다. 그렇기 때문에 어떤 경우에
는 상당히 안정된 모습을 취하는 것이 가능하다. 그렇다면 이러한 안
정성은 어떻게 파악되는 것일까? 베르그손은 그것을 환경에 대한 생
명의 적응과정의 결과로 가능하게 되었다고 본다. 생명체는 안정된
지반 위에서만 행동할 수 있다. 만약 매순간 변화하는 세계 속에서 아

무엇도 고정된 것으로 파악하지 못한다면 삶은 불가능할 것이다. 각 생명종은 나름의 인식체계를 가지고 있는데, 이것은 세계를 고정시켜 파악하는 독특한 종적 특성을 이룬다. 예를 들면 박쥐는 자외선이나 적외선을 지각하지만 인간은 그렇지 않다. 어떤 동물들은 인간과는 아주 다른 시각체계를 가지고 있다. 결국 고정성이란 존재의 차원이 아니라 인식의 차원에서 성립한다고 볼 수밖에 없다.

> 사실상 물체는 매순간 형태 변화를 하고 있다. 아니면 차라리 형태는 없는 것이다. 왜냐하면 형태는 부동적인 것에 속하며 실재는 운동이기 때문이다. 실재적인 것은 연속적인 형태 변화이다. 즉 형태는 변화 위에서 취해진 순간성일 뿐이다.(『창조적 진화』, 447~448)

이처럼 베르그손의 지속의 철학은 그리스 철학의 관점과는 반대편에 서 있다. 참으로 존재하는 것은 운동과 변화이며 오히려 고정된 형태야말로 변화의 순간적 외양일 뿐이다. 바로 이 순간성이 이미지로 나타난다. 순간성은 무수히 많은 관점에서 연속적으로 포착될 수 있고 이에 따라 이미지도 연속적으로 나타난다. 많은 비슷한 이미지들이 계속해서 나타날 때 우리는 그 모든 이미지들을 하나하나 세밀하게 지각하지 못한다. 대신 중간 정도에 해당하는 이미지, 두드러지게 눈에 띄는 이미지를 대표로 파악하고 다른 것들은 그것의 증가나 감소, 또는 변형으로 파악하는 습성이 있다. 베르그손에 의하면 바로 이 '중간적 이미지'를 우리가 사물의 '본질'이나 '실체'라고 착각하는 것이다. 이렇게 볼 때 이미지들은 운동하는 실재의 한 단면이지 허상은 아니다. 이미지는 실체도 아니고 허상도 아니지만, 실재의 일부인 것이다.

고정적 관점에서는 운동 역시 이미지들의 연쇄가 우리에게 불러일으키는 일종의 착시효과로부터 만들어진다. 이미지들 중에서 생명체가 고정된 것으로 지각한 중심적 형태는 지성에 의해 철학적 개념으로 승격된다. 형상이든 실체든, 일단 만들어지면 거기서부터 운동이 재구성된다. 다시 말하면 우리가 흐르는 실재 속에서 순간적 이미지를 절단하여 실체화한 다음, 그것들을 연속적으로 이어붙여 움직임이라고 착각하는 것이 운동이다. 제논의 역설은 바로 이런 바탕 위에서 성립한다. 베르그손은 이러한 착시효과를 '영화적 환상'이라고 부른다(『창조적 진화』, 452). 영화는 기본적으로 사진기의 필름이 풀리면서 장면의 다양한 사진들이 차례로 연속될 때 나타나는 시각적 착각을 이용하여 만들어진다.

물론 운동을 재구성하는 방식에서 고대 철학과 근대 과학은 중요한 차이를 가지고 있다. 고대의 형상과 같은 개념은 이미지들의 연쇄에서 중심이 되는 것을 모범으로 삼아 만들어진 반면, 근대 과학은 모든 이미지들을 동일선상에 놓고 그 관계를 연구한다. 예를 들면 파르테논 신전의 소벽에 조각된 말의 형상은 말이 달리는 자세에서 가장 빛나는 부분을 포착하고 있다. 이것이 말의 본질적이고 특권적인 형상이 된다. 이 형상을 중심으로 말의 연속적 운동이 이해되는 것이다. 그러나 말이 달리는 운동을 시작부터 끝까지 연속해서 스냅사진으로 찍었다고 해보자. 거기에 특권적인 자세는 없으며 모든 사진들은 동일한 자격을 갖는다. 고대 철학은 우리가 눈으로 보는 지각의 방식으로 운동을 이해한다면 근대 과학은 사진기나 현미경과 같은 기계의 도움을 받아 훨씬 더 정밀한 이미지를 절단해내어 운동을 재구성한다. 따라서 운동은 고대 철학에서는 형상에 종속된 질적 변화로 나타나고 근대 과학에서는 이미지들의 위치이동으로 나타난다. 이 이미지들은 실체와 같이 고정된 본질을 나타내지는 않는다. 그러한 해석은 철학자들의 몫으로 남겨진다. 결국 고대 철학이 이미지들의 배후에 특권적 이미지를 모범으로 하는 형상을 놓았다면 근대 과학과 철학은 이미지들을 모두 같은 것들, 임의의 순간성들로 다루지만 데까르뜨나 로크는 그 배후에 어떤 실체를 가정하고 있다는 점에서 여전히 이미지를 허상으로 취급한다.

그러나 이미지들 배후에 있는 것으로 생각된 실체나 형상은 인간 지성의 작품이다. 베르그손에 따르면 이미지들은 그 자체로 존재하는 실체가 아니고 지속이라는 더 커다란 우주적 과정의 일부로서 나타난 단면들이다. 그렇다면 운동은 그것이 질적 변화이든 위치이동이든, 지속의 일부로 이해되어야 한다. 단 형상이나 실체를 제거하고 이미지들만 남겨놓는다는 조건에서 그러하다. 여기서 우리는 들뢰즈가 이러한 이미지들의 운동을 자신의 영화철학에 독창적으로 원용하고 있는 것을 볼 수 있다. 들뢰즈에 의하면 운동은 베르그손이 영화적 환상이라고 부른 순간적 이미지들의 연쇄가 아니라 실재적 지속의 움직이는 단면으로 나타난다. 하지만 들뢰즈는 영화의 개념을 베르그손과 다르게 생각한다. 오늘날의 영화는 바로 베르그손이 말하는 지속의 움직이는 단면을 표현한다는 것이다. 베르그손의 이미지 이론이 들뢰즈에 의해 새롭게 조명받고 있는 만큼 그의 말을 인용해보기로 하자.

순간이 운동의 부동적 단면인 것처럼 운동은 지속, 즉 전체 혹은 한 전체의 움직이는 단면이다. 이것은 운동〔공간이동〕이 훨씬 더 심오한 그 무엇, 즉 지속 혹은 전체 안에서의 변화를 표현한다는 것을 의미한다.(들뢰즈, 『시네마 1 : 운동-이미지』, 21)

『물질과 기억』을 읽는 데 도움이 되는 책들

베르그손 원전

『물질과 기억』의 한국어 번역본(박종원 옮김, 아카넷)은 2005년 9월에
출간되었으며, 필자도 역자와 함께 교정작업 및 용어선택, 각주작업
등에 참여하였다. 이 책은 베르그손의 전 저작 중에서 가장 난해하고
전문적이어서 번역에 많은 어려움이 있었지만, 상당히 명료한 직역으
로 내용을 따라갈 수 있게끔 많은 노력을 기울인 우수한 번역본이다.
해제에서는 꽁디약에서 멘 드 비랑으로 이어지는 프랑스 유심론 전통
을 부각시켜 이 책의 철학사적 위치를 잘 조명하고 있으며, 짧지만 명
료한 내용 요약도 저작의 이해에 많은 도움을 줄 것이다. 특히 원전의
쪽수가 본문 옆에 표기되어 있어 원전과 대조해 읽는 이에게 편하다
(이런 장점은 이어서 소개할 두 권의 저작에도 해당된다). 2006년 문화
관광부 우수학술도서로 선정되었고, 2쇄부터는 몇 가지 오류가 교정
되어 출간되고 있다.

　『물질과 기억』은 물론 하나의 완결된 작품이지만 베르그손의 다

른 책들을 읽는다면 분명 더 깊은 이해를 얻을 수 있다. 다행히도 주저가 거의 번역이 되었으며 이를 중심으로 소개하면 다음과 같다.

『의식에 직접 주어진 것들에 관한 시론』(최화 옮김, 아카넷, 2001)은 1장에서 감각의 의미와 주의작용, 근육적 노력, 고통의 감각 등에 관한 내용들, 그리고 2장에서 진행되는 공간 관념의 분석 부분이 각각 『물질과 기억』의 1장과 4장에 대한 예비적 독서로 유익하다. 특히 해제에서는 베르그손에 대한 풍부한 자료들을 제시하고 있으며, 그의 생애와 철학에 대한 모범적인 요약이 돋보인다. 문장이 우리말처럼 부드럽고 각주에도 많은 정성을 기울인 좋은 번역서이지만 각주의 내용에 대해서는 약간의 유보가 필요한 부분이 있다. 역시 문화관광부 우수학술도서로 선정되었다.

『창조적 진화』(황수영 옮김, 아카넷, 2005)는 많은 설명이 필요없는 원숙기 베르그손의 대표작이다. 앞의 저작들에 비해 사유의 폭이 훨씬 넓은 범위에 걸쳐 있으며 베르그손 문체 특유의 우아함과 리듬감이 가장 두드러지는 작품이다. 번역은 이 모든 점을 염두에 두고 세세한 뉘앙스까지 옮기려고 애썼다. 1장 초입(19~41쪽)의 지속에 대한 간략한 설명은 의식의 흐름과 변화 일반에 대한 베르그손의 생각을 잘 드러내고 있으며, 특히 「동물적 삶의 도식」(188~198쪽)에 관한 내용은 신경계와 감각-운동 체계의 의미를 진화론적 입장에서 잘 보여주고 있고, 지성과 공간의 관계에 대해서도 중요한 부분(231~240쪽)이 있는데, 각각 『물질과 기억』의 1장과 4장을 이해하는 데 도움이 된다. 4장의 「생성과 형태」(442~462쪽) 부분은 생성과 이미지 개념, 그리고 영화에 대한 베르그손의 생각을 이해하는 데 필수적인 텍스트이다. 이 책 역시 문화관광부 우수학술도서로 선정되었고, 2쇄부터 몇 가지 오류가 교정되어 출간되고 있다.

『사유와 운동』(이광래 옮김, 문예출판사, 1998)은 위의 세 저작들에 비하면 비교적 평이하게 접근할 수 있는 저작으로 베르그손 철학의 입문서로 좋다. 하지만 이 책에도 중요한 내용들이 많다. 특히 직관, 가능성의 개념, 회고의 논리, 거짓 문제들과 같은 주제들은 나중에 들뢰즈가 자신의 『베르그손주의』에서 중요하게 취급한 내용들이다. 그러나 이 주제들은 주로 『창조적 진화』에 관련된다. 번역은 비교적 매끄럽지만 몇 가지 중요한 오류들도 눈에 띈다.

『도덕과 종교의 두 원천』(송영진 옮김, 서광사, 1998)은 베르그손의 마지막 저서로 유일하게 윤리학적 내용을 다루고 있다. 『물질과 기억』보다는 『창조적 진화』의 연장선상에서 진행된다.

한편 『웃음, 희극의 의미에 관한 시론』(정연복 옮김, 세계사, 1992)은 베르그손의 저작 중에서 유일하게 예술을 다루고 있다. 비록 예술에 관한 일반 이론이 아니라 희극의 경우에 한정해서 다루고 있지만 그래도 역시 예술철학에 관한 그의 견해를 볼 수 있다. 특히 『물질과 기억』의 3장 「일반관념과 기억」에 등장하는 개체화하는 차이와 유형적 인식을 가져와 대비시키면서(123~133쪽) 예술 일반과 희극을 비교한다. 번역은 1980년에 간행된 김진성의 것이 있고 1992년 출판된 정연복의 것이 있지만 둘 다 매끄럽고 신뢰할 만하다. 이 책에서는 구하기 쉬운 정연복의 것으로 인용했다.

마지막으로 『정신적 에너지』(L'Energie spirituelle)는 아직 번역되지 않았는데, 이 책은 『물질과 기억』의 2, 3장을 보완하는 논문모음집이다. 주로 심리생리학적 고찰을 중심으로 구성되어 있다. 그 중에서 「지적인 노력」이라는 논문은 지적 습관의 형성을 탐구하는 데 쓰인 '역동적 도식'의 개념을 다루는데, 『물질과 기억』의 2장에서 등장하는 '운동적 도식'과 관련하여 반드시 참고해야 한다.

지금까지 소개한 저서들이 베르그손의 주저이며 모두 『전집』 (Oeuvres, P.U.F., 1959)으로 출판되었다. 나머지 저서는 베르그손 자신이 출판을 원하지 않았던 것들이다. 특히 『지속과 동시성』(Durée et simultanéité, Alcan, 1922)은 아인슈타인의 상대성이론의 시간 개념을 지속의 관점에서 비판하기 위해서 쓰여졌지만 상대성이론의 수학적 계산과정을 따라가는 데 문제가 있을 수 있다는 판단에 따라 베르그손 자신이 출판을 거부한 작품이다. 그러나 그 철학적 메시지는 그의 철학을 이해하기 위해 중요한 의미를 가지고 있다. 우리는 들뢰즈가 『베르그손주의』에서 이 책을 중요하게 다루는 것을 볼 수 있다. 이 책을 포함해서 박사학위 부논문인 「아리스토텔레스의 공간론」은 서간들, 강연집 등과 함께 『잡문집』(Mélanges, P.U.F., 1971)에 수록되어 출판되었으며, 최근에는 강의록과 미출간 유고 및 서간집 등이 차례로 출판되고 있다.

베르그손에 관한 연구서들

여기서는 우리말 연구서나 번역서만을 소개하기로 한다.

김진성의 『베르그송 연구』(문학과지성사, 1985)는 베르그손에 관한 논문들을 모아 놓은 형태이다. 그 중에서 「베르그송과 프루스트」는

『물질과 기억』의 2, 3장을 중심으로 프루스트 문학에 미친 베르그손의 영향을 가늠해볼 수 있는 좋은 글이다.

김형효의 『베르그송의 철학』(민음사, 1991)은 알기 쉽고 평이하면서도 꼼꼼하게 베르그손 철학의 주요 주제들을 잘 정리해주고 있다.

황수영의 『베르그손 : 지속과 생명의 형이상학』(이룸, 2003)은 베르그손의 철학을 단순한 소개의 수준을 넘어서 저서의 순서에 따라 세부적으로 분석·소개하고 있다. 몇 가지 작은 교정을 거쳐 계속 출간되고 있다.

송영진의 『직관과 사유』(서광사, 2005)는 고대 철학에 대한 베르그손의 비판을 소개하고 인식론에 관한 최근 연구성과를 반영하였다.

들뢰즈의 『베르그송주의』(김재인 옮김, 문학과지성사, 1996)는 들뢰즈의 철학에 비추어 이해해야 하는 측면이 있어 초보자에게는 어렵다. 이 책에서 들뢰즈는 베르그손의 철학을 차이 개념과 잠재태-현실태의 도식에 의해 매우 함축적으로 분석하고 있다. 번역은 대체로 무난하지만, 몇 군데 어색한 부분이 눈에 띈다. 특히 용어 '이미지-회상'과 '습관-회상'은 '이미지-기억'과 '습관-기억'으로 바꾸어 번역해야 한다.

에릭 매슈스의 『20세기 프랑스철학』(김종갑 옮김, 동문선, 1999)은 베르그손의 철학을 현대 프랑스 철학의 선구자로 내세우면서 이후의 전개에 주목하고 있다. 그러나 그의 베르그손 소개 중에 "오늘날 베르그손은 거의 읽히지 않는다"(26쪽)라는 표현은 "오늘날 베르그손은 프랑스 철학의 고전으로 간주되어 고교 철학과정에서 필수로 읽힌다"로 바뀌어야 할 것이다.

『물질과 기억』을 이해하기 위해 필요한 참고 도서

아리스토텔레스의 『영혼에 관하여』(유원기 옮김, 궁리, 2001)는 서양 철학의 심신이론을 이해하기 위해서는 필수이다. 영혼과 육체, 감각과 지각, 운동, 동물적 삶과 식물적 삶, 지성적 삶 등에 관한 기초적인 논의가 시작된 저작이다.

데이비드 흄의 『오성에 관하여』(이준호 옮김, 서광사, 1994)는 서양 경험론 전통을 이해하는 데 필수적인 저서이다. 여기서 흄은 베르그손이 비판하는 심리학적 입장인 관념연합론의 원조가 되는 사상을 창안했다.

황수영의 『근현대 프랑스철학 : 데까르뜨에서 베르그손까지』(철학과현실사, 2005)는 감각과 지각에 관한 인식론 그리고 심신이론의 견지에서 프랑스 철학을 연구하면서 특히 프랑스 유심론의 관점에서 베르그손을 연구한다. 『물질과 기억』의 1, 4장의 인식론적 논의를 이해하는 데 도움이 될 것이다.

제럴드 에델만의 『신경과학과 마음의 세계』(황희숙 옮김, 범양사, 1998)는 1992년에 미국에서 출간된 책으로 신경과학에 관한 상세한 지식을 바탕으로 인간의 마음에 대한 포괄적 이해를 겨냥하고 있다. 뇌의 신경망 구조를 다원적 관점에서 연구하는 신경다원주의 입장이다. 장마다 다소 편차가 있지만 대체로 까다로운 논의가 많아 주의를 요한다. 세심하게 읽는다면 마음과 뇌에 대한 생물학적 기초를 강조한다는 점에서 베르그손의 주장을 현대적으로 이해하기 위한 정보를 많이 얻을 수 있다.

수전 그린필드의『브레인 스토리』(정병선 옮김, 지호, 2004)는 현대 신경생리학의 중요한 주제들을 상당히 알기 쉽고 짜임새 있게 잘 소개한 책이다.『물질과 기억』의 기초적인 생리학 지식을 보완하고 현대적 논의에 연결하기 위해 꼭 읽어야 할 책이다. 특히 습관과 기억 그리고 감정에 관한 3, 4, 5, 7장이 중요하다.

존 에클스의『뇌의 진화』(박찬웅 옮김, 민음사, 1998)는 인간의 뇌를 진화상으로 연구할 뿐 아니라 구조와 기능적 측면에서 세부적으로 고찰하며, 문화적이고 인격적인 측면까지 포괄적으로 연결해서 설명하고 있다. 많은 도식들과 사례들을 곁들인 교과서 스타일의 참고 서적이다. 뇌에 관한 진화적·해부학적 지식을 얻고자 하는 사람들에게 많은 도움을 준다.

안토니오 다마지오의『데카르트의 오류 : 감정, 이성, 그리고 인간의 뇌』(김린 옮김, 중앙문화사, 1999)는 뇌에 관한 인지과학적 접근이 주로 지적 능력의 연구에 치우친 점을 비판하면서 이성과 감정의 관계를 잘 보여주고 있다. 지적 능력의 생물학적 기제를 매우 설득력 있게 보여주는 점에서『물질과 기억』의 이해에 도움이 된다.

마투라나와 바렐라의『인식의 나무 : 인식활동의 생물학적 뿌리』(최호영 옮김, 자작아카데미, 1995)는 생명체의 인식활동을 인식이 아니라 행동의 차원에서 설명하고 생명체를 환경과 상호작용하는 존재로 정의하며 신경계를 진화 속에서 형성된 행동기제로 보는 점에서『물질과 기억』의 기본 입장과 매우 유사하다. 따라서『물질과 기억』이 현대생물학자의 눈으로 볼 때 어떤 의미로 나타날 수 있는지 짐작할 수 있게 해주는 책이다. 6, 7장이 특히 중요하다. 실제로 이 현대의 생물학자는 메를로-뽕띠의 애독자이며, 메를로-뽕띠의 주요 저서들은 베르그손의 『물질과 기억』에서 직접적인 영향을 받았다.

바렐라·톰슨·로쉬가 함께 쓴 『인지과학의 철학적 이해』(석봉래 옮김, 옥토, 1997)는 인지과학의 여러 입장들을 잘 정리하여 소개하면서 저자들의 입장인 비표상주의에 무게를 둔다. 저자들은 창발, 발제 등의 용어를 사용하여 생명체의 지각을 환경과 분리하지 않고 주변과의 상호작용에서 나타난 창발적 현상으로 설명한다. 서양철학 및 동양의 불교 전통과의 접근도 시도하는 종합적인 저서이다.

올리버 색스의 『아내를 모자로 착각한 남자』(조석현 옮김, 이마고, 2006)는 인지장애의 여러 유형들을 아주 재미있게 보여주고 있다. 제목에서 드러나듯 상당히 유연한 이야기체로 구성되어 있어 읽는 데 무리가 없지만 내용상으로는 간과할 수 없는 중요한 부분이 많다. 저자는 주로 우뇌장애를 연구하면서 그간의 신경학이 좌뇌 연구에 치중한 점을 비판하는데, 베르그손의 당대 신경학이 주로 좌뇌 연구였던 점을 감안할 때 색스의 비판은 베르그손의 신경학 비판을 이해하기 위한 중요한 실마리를 제공한다. 아울러 베르그손 시대에 연구되지 않던 우뇌장애의 흥미로운 양상들에 대해 많은 읽을거리를 제공한다.

역시 같은 저자의 『화성의 인류학자』(이은선 옮김, 바다출판사, 2005)도 인지장애의 새로운 유형들 및 기억장애의 현대적 연구를 보여준다. 『물질과 기억』의 2, 3장을 이해하기 위해 반드시 읽어야 한다. 시지각의 작동방식과 기억상실 혹은 기억의 상기 문제에 관한 중요한 사례들이 들어 있다.

J. D. 버날의 『과학의 역사 2 : 근대편』(김상민 옮김, 한울, 1995)은

근대 과학에서 19세기까지의 발달을 간략하게 보여주고 있다. 『물질과 기억』의 4장에서 진행되는 자연과학적 논의에 대한 기초적 지식을 얻는 데 도움이 될 것이다.

『서양근대철학』(서양근대철학회 엮음, 창비, 2001)과 『서양근대철학의 열 가지 쟁점』(서양근대철학회 엮음, 창비, 2004)의 초입에서 과학혁명과 근대 과학을 다루는 부분은 근대 과학의 철학적 기초를 이해할 수 있게 해준다. 역시 『물질과 기억』의 4장을 이해하는 데 유익하다.

들뢰즈의 『시네마 1 : 운동-이미지』(유진상 옮김, 시각과언어, 2002)와 『시네마 2 : 시간-이미지』(이정하 옮김, 시각과언어, 2005)는 각각 『물질과 기억』의 1장과 3장을 이해하는 데 필수적이다. 특히 『시네마 1 : 운동-이미지』의 1장과 4장, 『시네마 2 : 시간-이미지』의 3, 4, 5장이 중요하다. 후자의 번역은 매끄럽다. 그러나 양자 공히 번역 용어에 주의하면서 읽어야 할 것이다.

들뢰즈의 『차이와 반복』(김상환 옮김, 민음사, 2004)은 박사학위 논문이면서 저자의 독창적 철학이 처음으로 개진된 책이지만 베르그손의 철학, 특히 『물질과 기억』의 잠재태의 현실화 과정에서 많은 영감을 얻었다.

들뢰즈·가따리의 『앙띠 오이디푸스』(최명관 옮김, 민음사, 1994)는 흐름과 절단이라는 존재론적 토대를 구상할 때 베르그손의 지속의 철학, 특히 『물질과 기억』 4장에서 영감을 얻었다.

『물질과 기억』Matière et mémoire 원목차

찾아보기